幼儿园
安全管理实用手册

苏　晖　主编

中国农业出版社

编写人员

主　编：苏　晖

副主编：齐素艳　刘淑环

编　委：苏　晖　齐素艳　刘淑环
　　　　刘海燕　余　青　闻　昕
　　　　卫　蕾　刘　维　崔红健
　　　　马雪娜　王　伟　葛莉君
　　　　庞翠艳　马蕾蕾　刘秀玲
　　　　任丽静　郭小艳　乌玉红

用心呵护，用爱守候

　　生命只有一次，无法重来。孩子是国家与民族的希望，也是每一个家庭的幸福所在，让儿童健康、快乐、幸福地成长，需要全社会乃至孩子身边每一个成年人的共同努力才能实现。

　　幼儿园作为孩子集体生活的场所，安全是一切工作的前提与基础，一旦孩子在园出现重大伤害事故，幼儿园难辞其咎。纵观过去的几年，对幼儿园安全事故的报道常常见诸报端，人身伤害、食品安全、药品安全等问题依然层出不穷，屡屡对儿童造成伤害的烫伤、触电、摔伤、溺水、走失等惨剧不断发生。

　　近年来政府对学前教育的持续投入，给学前教育发展带来了前所未有的良好局面。公办、民办幼儿园数量不断增加，但也出现了相应问题：保教人员数量短缺、专业经验不足，客观上形成了园所管理者、教职工队伍在各方面经验欠缺的事实。而安全工作是幼儿园一切工作顺利开展的前提，幼儿园的安全管理水平、教职工组织活动中的安全意识和能力、幼儿的安全自护教育等，只要任何一个环节出现了问题，都会造成一个孩子及家庭无法弥补的伤痛，也会给管理者、教职工留下终生的心理阴影。

针对幼儿园的安全，苏晖园长及她的团队从现实问题入手，在"十一五"、"十二五"期间，围绕"幼儿的安全教育""幼儿园的规范化管理"等方面进行了持续、深入的研究。在广泛调研幼儿园安全问题的基础上，以《幼儿园教育指导纲要》中的健康领域目标为依据，从幼儿的身心健康、安全教育入手确定了研究目标；具有前瞻性地规范了幼儿园的安全工作管理制度和流程，强化了各岗人员的安全意识及责任，形成了园本的幼儿安全教育课程；从园所管理、教师发展、幼儿教育、后勤职工的规范等方面进行了阐释，构建了全方位、立体化的安全管理网络。

此书的出版,恰逢2016年3月1日教育部颁布了新修订的《幼儿园工作规程》，其中专设"幼儿园的安全"一章，强化安全管理意识与责任，增加了"促进心理健康"的要求等。本书中的内容与新《规程》的精神不谋而合，详细解答了在安全管理、安全教育、幼儿园规范化管理、幼儿身心健康及家园共育等方面如何实施，并列举了大量的案例，为园长、教职工提供了可操作、可借鉴的具体指导，为园所管理、科学保教提供了有力的支撑。

从管理幼儿日常生活的角度，帮助教师明确了在"幼儿一日生活"各环节中容易出现的安全问题和应对策略，细化了一日活动组织各环节流程，为教师日常带班提供了具体、可操作的安全工作规范。

从培养幼儿安全自护能力的角度，引导教师挖掘每一个教育契机，运用游戏中贯穿、生活中渗透、活动中体验、环境中展示、家园中互动、随机性教育等策略，将安全常识有机地渗透到"幼儿一日生活"中，有效地提高了幼儿的自我保护意识和能力，提高了教师随时抓安全教育契机对幼儿进行安全教育的能力。

从幼儿园安全工作管理的角度，完善了一系列安全工作制度，使幼儿园的各个工作岗位具体化，各项安全工作制度化、常规化。同时结合社会上安全事故的案例，分析一日工作中各岗位存在的安全隐患，制定相应的防范措施，使各岗位工作人员明确了安全工作规范，同时规范了意外事故发生后家长工作的流程等。针对不可避免的意外事件和灾难性事件，制定了应急防范措施和预案。

这是一本通过园本教研编写的幼儿园管理与保教工作的书，是一线幼教工作者工作实践的成果，它研究真问题，解决真问题，内容实用性强、操作性强，对于其他幼儿园有着很好的借鉴与推广作用。

最后，衷心希望我们每一位幼教工作者都能以儿童为本，从实际出发，用心呵护儿童成长，为孩子守住安全底线，奠基幸福人生。

北京市学前教育处处长 张小红

2016年3月于北京

让幼儿园成为孩子的乐园

《幼儿园教育指导纲要》中明确指出：幼儿园必须把保护幼儿的生命和促进幼儿的健康放在工作的首位。这就要求幼儿园的教育目标必须以幼儿为本，从幼儿生命健康成长的需要出发实施教育。调查结果显示：5岁以下丧生的儿童中，意外死亡是造成他们失去生命的第一原因。孩子的夭折，鲜活生命的逝去，带给家庭的创伤永远无法愈合。学前儿童由于年龄小，缺乏生活经验，对环境中的事物缺乏全面的认识，防范意识比较弱，又由于幼儿身体各系统发育不成熟，身体协调能力差，发生磕磕碰碰的事故是常见的。幼儿园是3～6岁幼儿的主要活动空间，虽然保护幼儿安全和健康已成为各幼儿园工作的重中之重，但近年来，各地幼儿园内意外事故时有发生，这不能不引起社会和广大幼教工作者的关注和忧虑。

一、幼儿园安全管理的界定

安全管理作为幼儿园全面管理中的一项重要内容，是指为实现幼儿无危险、无事故的目标而进行的相关活动，要保证此项工作顺利进行，就要从规范制度、研制标准、指导行为、落实活动等方面提高管理的效能。

幼儿园的安全工作是与幼儿园的每位工作人员密不可分的，横向涉及到幼儿园的各个角落，纵向涉及到幼儿一日活动的各个环节。要减少或杜绝幼儿在园安全事故的发生，每一名教职员工都要具备安全防范意识，而这要通过制度和标准来规范管理，引导教职工自觉规范行为，增强工作责任心，使幼儿园安全工作落在实处。本篇从安全管理的途径和方法入手，使教师的实践工作有章可循。幼儿园的安全管理具体可从以下三方面入手。

在管理层面：规范各岗人员安全工作质量标准和流程，细化幼儿园一日工作各环节内容，杜绝安全隐患。

在教师层面：提高教师的任职资格和教学水平，提高组织幼儿一日生活各环节中的安全防范意识，细化各环节工作流程。

在幼儿层面：培养幼儿的自我保护意识，提高幼儿的自我保护能力，避免幼儿人身伤害事故的发生。

二、幼儿园实施安全管理的理论依据

1. 海因里希安全法则。海因里希首先提出了事故因果连锁论，用以阐明导致伤亡事故的各种原因及与事故之间的关系。该理论认为，伤亡事故的发生不是一个孤立的事件，尽管伤害可能在某瞬间突然发生，却是一系列事件相继发生的结果。同理，幼儿园发生的意外事故虽有偶然性，但是不安全因素或动作在事故发生之前已暴露过许多次，如果在事故发生之前抓住时机及时消除不安全因素，许多事故是完全可以避免的。

2. "三全"安全管理理念。安全管理实行"全员管理、全过程控制、全方位展开"，从过去的事后把关检验为主，变为预防、改进为主；从管结果变为管因素，把影响安全问题的诸因素查出来，发动全员、全部门参加，依靠科学的程序、方法使每日工作全方位、全过程都处于受控状态。幼儿在园的安全同样得益于全体教职工的共同努力，只有每位教职工在工作中保证各环节行为规范的基础上才能实现。

3. 目标管理的理论。美国著名管理学家德鲁克提出了目标管理思想，即以目标为中心进行管理活动的一种现代管理方法。办学的关键是管理，管理的关键是管人，对人的管理重在激励，其目的是通过目标的激励来调动教职工的积极性，从而实现目标；其特点是以目标作为各项管理活动的指南，并以实现目标的成果评价教师和幼儿。幼儿园安全管理通过对幼儿园安全制度和标准的制定，规范教职工的行为，从而保证幼儿安全目标的实现。

4. 陶行知"生活即教育"的理论。陶行知认为："儿童离不开生活，生活中有许多教育资源和教育契机。"安全教育也应把握生活中的教育资源和契机。

5. 国家出台的相关法律法规。2001年《幼儿园教育指导纲要（试行）》正式颁布，明确指出"幼儿园必须把保护幼儿的生命和促进幼儿的健康放在工作的首位"，其中安全教育成为健康教育的有机组成部分。同时国家还陆续出台了《未成年人保护法》及中华人民共和国教育部令第23号《中小学幼儿园安全管理办法》，这是幼儿园进行安全管理工作的法律依据。

三、幼儿园安全管理的重要性

"安全无小事"，幼儿园安全管理工作历来是幼儿园全面管理的重中之重，无论从幼儿园方面，还是从家长方面，都希望幼儿能够平安、健康地成长。幼儿一旦发生安全意外，会给幼儿、家庭带来痛苦和伤害，幼儿园的所有工作在家长眼中都会大打折扣，严重影响幼儿园的声誉。因此，无论从哪个角度来说，幼儿的生命安全都是幼儿园管理中的大事。

从幼儿的角度分析：学前儿童由于年龄小，缺乏生活经验，动作发展不完善，容易发生各种意外伤害事故。作为教育单位，保护儿童的生命安全是我们首要的责任。生命只有一次，生命健康是一切发展的可能与基础，《儿童权利公约》中明确将儿童生存权、受保护权作为位居首位的基本权利。

从家庭的角度分析：独生子女家庭使得孩子成为每个家庭的唯一，儿童意外伤害不仅给家长带来强烈的精神打击，也给家庭造成了巨大的经济负担。幼儿园是3～6岁幼儿的主要活动空间，因此家长对幼儿在园的安全高度关注。

从幼儿园的角度分析：幼儿园作为集体保育单位和教育机构，保护幼儿的安全健康是幼儿园的首要任务。幼儿园的安全工作成为开展一切工作的基础，幼儿园的安全管理涉及到幼儿园的每一个岗位、每一名员工，为确保幼儿的身心安全，防止意外事故的发生，必须探索一套行之有效的安全管理方法和途径。

从社会的角度分析：近年来，各地幼儿园内人身伤害事故屡见报端，特别是一些重大伤害事故引起了社会的极大关注，并成为各媒体报道的焦点，这引发整个社会对在园幼儿安全的高度关注。为保障幼儿的生命安全，制定和实施有效的安全防范措施成为社会共同的呼声。

四、幼儿安全教育现状

维护幼儿的生命安全是每一位教育工作者的责任和义务，做好预防幼儿意外伤害事故的工作至关重要。预防工作只是成人单方面地重视是远远不够的，重要的是要让幼儿形成保护自己生命的安全意识，并提高自我保护的能力。目前幼儿园在安全教育方面存在的问题主要表现为四个特点：①目前安全教育更多地侧重成人对幼儿的保护，对幼儿进行自我保护教育方面较为薄弱；②大部分幼儿园的安全教育不能每月有计划的定期开展，较为随意，没有纳入到幼儿园的课程管理之中；③缺乏一套适合小、中、大班儿童年龄特点的安全教育课程，目前已有的一些安全教育课程内容过深、过难，不适合幼儿园孩子理解；④安全教育内容缺乏层次性、系统性。

经多方面了解有关幼儿园安全教育方面的研究现状，借鉴已有的研究方法成果，我们认真查阅了相关文献，但查阅到的大部分为零散的经验总结、活动案例。较系统、深入地研究这方面内容的资料，只有北京市教委出版的《幼儿园安全管理与教育》丛书。此丛书为我们开展本课题研究提供了许多可以借鉴的内容，但它在教师日常工作中针对幼儿身边遇到的安全教育方面还缺乏层次性、系统性。针对不同年龄班、不同阶段孩子生活中遇到的各种安全教育内容与方案，还有待我们在下一步的研究中进一步完善、补充。

因此，在此阶段对幼儿进行有效的安全教育，提高其安全意识和自我防护能力，也是幼儿园教育的重要任务之一。只有教会孩子一定的自我保护能力，才能使幼儿尽可能地远离伤害。

五、国内外幼儿园安全工作研究现状分析

（一）国内

当前幼儿园安全工作管理亟待加强，虽然3～6岁幼儿的安全教育受到了社会、家庭的高度关注，幼儿园也将安全工作作为工作重点常抓不懈，但对此项工作的相关研究却极少。

从已取得研究成果看，当前幼儿园安全管理的研究有的偏重理论，教学不实用；有的偏重教学活动，但内容不全面；还有的与中小学安全教育内容混在一起，针对性不强。研究的范围、研究的内容、研究的方法途径方面都欠缺全面、系统的梳理，幼儿园缺少在安全管理方面可参照的样本。

（二）国外

幼儿园的安全管理一直以来是人们关注的问题，我国幼儿园在安全工作上问题多，事故多发，有待改进。国外的一些幼儿园在安全教育方面有许多可以借鉴的地方。

1. 环境中的安全教育

日本、美国等统计发现，儿童事故发生地点最频繁的就是户外活动场地、游戏设施等处，他们的对策是：尽量保证有足够的场地与设施供孩子们户外活动使用；创设充满"危险"的环境，让孩子在充满危险的自然环境中去冒险、体验、积累具体的经验教训，形成防御危险的意识和能力；尽可能地降低活动场地、游戏设施的危险性，或在恰当的时候给孩子以适当的安全提醒。他们还非常重视安全检查工作，有每日每周每月的定期或不定期的安全检查工作。

2. 教师

教师是幼儿园安全教育的主要实施者。国外的幼儿园教师，在保护幼儿的安全及进行安全教育时，角度是多重的，也是灵活多变的。教师允许孩子尝试各种他们自创的具有"冒险性"的活动及自己发明的一些游戏设施的"非常规"玩法。德国Schweinfurt幼儿园曾调查过鼓励幼儿运动与事故发生率之间的关系，实施时间共持续8周。实验组幼儿在运动方面受到鼓励，结果发现这些孩子不仅运动能力较强，而且事故发生率也下降了，而对照组的幼儿几乎没有什么改变。

3. 家长、社区的参与

保障儿童的安全不仅仅是幼儿园及教师的任务，家长和社区的参与也是必不可少的，关于幼儿的安全及安全教育方面，国外的幼儿园始终与家长保持沟通交流，如：许多幼儿园在外出参观游览时都会向家长发放专门的意见书，家长签字后表示家长同意为外出危险承担一定的责任；通过亲子游戏的方式，让家长参与到幼儿园的安全教育中。

4. 渗透于游戏和生活中

国外幼儿园非常重视幼儿的自我保护教育，因为真实的生活是充满了各种危险因素的，在他们看来，让孩子学会在生活中保护自己不受伤害是非常必要的。由于国外幼儿园中游戏活动的时间非常多，安全教育是与幼儿的游戏融合在一起的，让幼儿在玩中自己去体会什么是安全，逐渐形成一种安全意识，发展应对危险的能力等。

国外幼儿园的安全教育活动在我国的幼儿教育管理中是很适用的，但并不是照搬国外的模式就能解决自身存在的问题，我们必须结合现状，力所能及地克服一些局限，让我们的安全工作和安全教育能真正地为了孩子，让他们将来在面对危险时能从容不迫。

目 录

用心呵护，用爱守候
让幼儿园成为孩子的乐园

| **第一章**

安 全 岛

——实用技巧

　　幼儿从早晨入园到晚上离园，一天要在幼儿园度过将近十个小时，幼儿在园的一日生活大致包括晨间活动、进餐、盥洗、区域游戏、室内活动、户外活动、午睡、过渡环节、离园活动等。晨间活动包括入园、户外晨练等；室内活动包括集体活动、小组活动和幼儿自发的游戏活动等；户外活动包括集体体育活动、幼儿自选器械活动等；过渡环节包括各个活动之间的衔接与转换。

　　对于和幼儿日复一日共同生活的教师来说，每天处在同一场景，重复同样的工作内容，时间久了很容易产生麻痹思想。其实，在平时的生活环节里，隐藏着很多不安全的因素，若不提高警惕加以留意，意外事故就会悄然而至，发生意想不到的伤害，令人痛心疾首，悔不当初。很多事故的发生看似都有着偶然性，但其中蕴藏着一定的必然因素。教师和相关人员的麻痹大意、侥幸心理、缺乏预见和出事后不冷静等，都是导致意外事故发生的原因。

下面我们将通过"现场还原""险情预测""案例回放""事故防范"等版块，把班级活动组织中的各主要环节逐一进行分析。

第一节 | 班级一日生活环节组织中的安全管理

一、入园

（一）现场还原

伴随着早晨优美的乐曲，孩子们跟随家长陆陆续续来到幼儿园，有的满脸笑容、蹦蹦跳跳地跟着家长；有的默不作声，像个小尾巴一样跟在家长后面；还有的哭哭啼啼，吵闹着不上幼儿园。

晨间入园是幼儿一日生活的开始，是孩子步入幼儿园的第一个环节，是孩子与家长分离的时刻，容易产生心理焦虑。由于早晨的时间短暂匆忙，安全性更容易被人们忽略。因此教师晨间接待幼儿入园时应该注意什么，怎么接待，保持怎样的行为，是让幼儿开心、家长放心的关键。由于每个幼儿入园时间不一，晨间活动不宜组织集体活动，需要教师分别接待。入园后活动的场所，可根据当日的情况或幼儿的年龄特点选在室内或室外。在班级内的可组织幼儿在室内开展安静游戏，在班级外活动场地上的则可组织幼儿进行晨间户外锻炼。在晨间环节，每个班级内通常会有两名教师，一名组织幼儿的活动，一名进行卫生消毒及餐前准备工作。

（二）险情预测

1. 有的家长因着急上班，将孩子送到幼儿园大门口后就匆匆离开，让幼儿独自进园找老师，此时易出现幼儿独自玩耍或离园的现象。

2. 幼儿集中入园时，如果教师和某个家长进行长时间交流，会无暇关注照顾大多数幼儿的活动情况。

3. 幼儿穿着不合身的衣裤、鞋袜来园，如鞋子过大不合脚，裤子太长拖到地上，幼儿在活动中易摔倒，还有的幼儿佩戴不安全的饰品等。

4. 幼儿带着自己捡到的或自己喜欢的，但是有一定危险性的物品来园，如细小或锋利的危险物品（豆子、花生米、小纽扣、别针、玻璃球、小珠子、小刀等）。

5. 幼儿需在园服用的药品，家长没有按要求填写服药单，容易造成服用不当或漏服。

6. 教师没有注意观察每个孩子的情绪是否异常，身上有无外伤、不适等情况。有的家长早晨匆匆忙忙把孩子送到幼儿园就上班去了，可是不久，老师就发现孩子病了，家长也许会说，早晨还好好的，怎么一下就病了呢？如果在晨间接待时教师及时询问，仔细观察，及时判定孩子是否有异常现象，就可以避免安全上的纠纷。

7. 晨间活动安排在室内进行时，在幼儿陆续来园进入班级教室的过程中，教师在室内只与一部分幼儿游戏，没有关注到其他幼儿的活动情况。

8. 晨间活动在户外进行时，教师没有引导幼儿在指定的区域进行游戏，且户外游戏没有计划性，在接待幼儿来园与家长交谈的过程中易发生因照顾不周而发生危险的现象。

9. 由于晨间户外活动的组织只有一位教师，另一位配班的教师在班内预备早餐，因此教师在组织幼儿回班的途中，幼儿会有走路慢吞吞、掉队现象，这时容易出现幼儿着急追赶大队伍而摔倒的事故。

（三）案例回放

案例一　不想上幼儿园，自己溜出去玩

早晨，5岁的轩轩被爸爸送到了幼儿园，但是因为爸爸着急去上班，就把轩轩送到楼梯口叮嘱他自己进班。爸爸离开后轩轩在教室门口转悠了一圈，就悄悄地溜下楼跑到外面去玩了。幸好，被其他家长发现送到班中。

案例二　学爸爸刮胡子

在分组进入盥洗室洗手时，教师发现两个男孩子嘴上、脸上和下巴上有流血现象。教师为幼儿清理伤口止血后，了解了情况，原来早晨入园时，调皮的晨晨把爸爸昨晚刚从超市买的刮脸刀片偷偷地带进了幼儿园，在洗手时把刀片分给了自己的好朋友，这两个调皮的孩子，学着爸爸的样子用刀片给自己刮胡子，结果出现了惊险的一幕。

（四）事故防范

序号	安全隐患	预防措施
1	家长送孩子入园时，未与教师手递手进行交接。	告知家长亲自把孩子送到老师手中，并和老师打过招呼确认后再离开。
2	教师长时间接待一位家长，无暇关注到大多数孩子。	（1）幼儿入园时教师应控制好时间，与幼儿家长只作简短的口头交流后，迅速观察幼儿此时的情况，再了解幼儿在家中的情况，接着接待班内其他孩子。 （2）对于来不及与教师交流，又有非常重要的事项要交待的家长，请其将注意事项记在留言条上。对有问题需要长时间沟通的家长，可向他们致歉并告知原因，同时商定约谈时间（可在另一位教师上班后致电家长）。
3	幼儿穿着不合身的衣服来园。	（1）教师接待幼儿时，要注意观察幼儿的衣裤是否舒适、鞋子是否合脚，如不符合安全要求，请家长给幼儿及时更换。（可事先通过家长会及班级家园栏对家长进行提醒） （2）提醒家长不要给孩子佩戴饰品挂件，不要给孩子穿领子、帽子上带有带子的衣服，以免孩子在户外活动时发生意外。
4	幼儿带着具有危险性的物品来园。	（1）幼儿入园时带来的具有一定危险性的玩具，或贵重物品、零食等，应请家长带回，如教师代为保管，应放在固定位置等到幼儿离园回家时归还，并交代家长和幼儿以后不能带此类物品入园。 （2）教师提醒家长在送孩子来园的路上要时刻关注孩子，如有捡拾物品（小果子、小珠子、小石子、有害物品等），请在入园前及时处理掉。 （3）教师还可以通过与孩子抱一抱、亲一亲的机会，顺手触摸一下幼儿衣袋中有无尖锐的物品。
5	幼儿带的药品，家长没有明确交代。	家长为幼儿准备的药品，要让家长按照幼儿药单上的项目逐一填清楚。同时教师要验证药名、服药方法、服药时间等，如有疑惑应及时询问家长。需饭前服用的药品，要做特别的标示并放在显眼处。

（续）

序号	安全隐患	预防措施
6	教师没注意观察幼儿的情绪、神态和身体状况。	（1）教师在早晨接触幼儿的第一时间，应主动向家长询问幼儿的身体状况，并把相应的处理意见告诉家长，如："我会提醒他多饮水、多休息""少在户外玩"。 （2）对于不愿与家长分离、对上幼儿园有抵触情绪的幼儿，教师尤其要给予特别的关注，通过沟通了解幼儿的状况，同时观察幼儿的神态、表情有无异常，并蹲下去摸摸幼儿小手，查看他们的身上、脸上有无伤痕、虫咬迹象，如有异常要向家长问明原因，做到"一摸二问三查看"。
	家长忽视保健医生对孩子的晨检。	提醒家长坚持"一看二问三摸四检查"的晨检制度。早晨家长送孩子入园时应主动让孩子接受保健医生的晨间检查，如果孩子身体已经存在不适，应主动说明。
7	在室内活动时，教师只顾及个别幼儿，忽视了大多数幼儿。	（1）班内有两位教师时，做到分工明确，主班教师负责接待家长、组织幼儿的室内活动，配班教师负责餐前准备并协助主班教师关注室内的孩子。 （2）负责接待幼儿来园的教师要选择一个合适的位置，既能环顾班内幼儿的活动情况，又能充分看到入园刚走进教室的幼儿，以便在第一时间对幼儿的活动状况做出反应。
8	晨间户外活动时，组织活动缺少计划性，对场地、材料等没有安排到位。	（1）晨间户外活动时幼儿都在分散活动，教师要有"眼观四路，耳听八方"的本领。既要观察幼儿的活动量与动作发展状况，又要兼顾刚来园的幼儿。而教师站的位置也尽量选择家长易于看见的地方。 （2）活动进行前教师要准备多种材料请幼儿自选玩具进行活动，并引导幼儿在本班的区域内游戏。 （3）当幼儿来园所带物品太大或太重时，提醒家长将幼儿送到户外活动场地后再将物品送到班中。
	晨间活动时，把个别幼儿留在班级内。	（1）有的幼儿来园时，晨间活动已经开始了，家长直接把孩子送到了班级内。告诉家长班上没有教师时，不能把幼儿单独放在班内。 （2）晨间有个别幼儿在班内做值日时，要有教师陪同。

（续）

序号	安全隐患	预防措施
9	晨间户外活动结束回班时纪律松散。	（1）回班时，要清点幼儿人数，确定来园幼儿都在身边后再带队回班。提醒幼儿在回班的途中不推挤、不打闹。 （2）幼儿回班时，帮助幼儿将书包背好，便于幼儿腾出手来扶着楼梯扶手上楼。

二、如厕、盥洗

（一）现场还原

如厕、盥洗是幼儿每天重复最多的生活环节，如厕是每个人生理需求所必须的，对幼儿来说更为频繁；盥洗包括洗手、漱口、洗脸等，幼儿餐前、便后、游戏后都需要洗手。基于生长发育等因素，年龄越小的幼儿用于如厕、盥洗的时间就会越长。在这一环节，幼儿聚集在狭小的盥洗室、卫生间内，拥挤、秩序性差，容易产生碰撞、推挤。此时，有的幼儿在如厕，有的在洗手，还有的洗完手后已经进入了活动室，正准备喝水或进餐，活动比较分散，情绪比较放松，容易脱离教师的视线。

（二）险情预测

1. 此环节幼儿分布在活动室、盥洗室，如果教师站立的位置不合适，视野受限，就会出现幼儿脱离教师视线的情况，可能发生不可预知的危险。

2. 盥洗室的空间较为狭小，不能供所有的幼儿同时使用，幼儿需要轮流使用。在这时如果组织不当，容易发生推挤、打闹的现象。

3. 幼儿都喜欢玩水，有的幼儿会一边洗手一边玩水，小班的幼儿控制不好水势，会把水溅在地上、墙上，走动时如不留意就会因地滑而摔倒磕伤。

4. 冬季有些幼儿园水龙头内洗手的水是经过热水器加热的，如果水龙头流出的水温没有经过调控，洗手时就有可能烫伤幼儿。

5. 每天的上午、下午，教师会组织幼儿集体喝水，有的幼儿园提供饮水机供幼儿自己接水喝，有的是提前打好开水放在保温桶内。接水时，如果幼儿手中的水杯端不平、端不正，开水可能会溅到幼儿手上、身上烫伤他们，喝水时如果水温太高也有可能烫伤幼儿。

6. 一日生活中，多数幼儿如厕、喝水是根据自己的需要进行的，这时如果他们单独去接水或如厕，会有安全隐患。

7. 炎热的夏季，有的幼儿园会在午睡前为幼儿冲凉，如果盥洗室内地面湿滑，很容易发生滑倒摔伤。

（三）案例回放

案例一　接水时被烫伤

菲菲是某园小班的孩子，在一次冬季户外活动结束回教室后，小朋友都按照老师的要求先上洗手间，再喝水。可是菲菲和几个小朋友如厕后就直接来到饮水机旁接水，当时班里的两位老师都在洗手间帮助小朋友整理衣物没有注意到。由于天气寒冷，饮水机的热水是开着的，刚刚入园不久的菲菲不知道如何正确使用饮水机，在接热水时被烫伤了。

案例二　午间幼儿摔倒致死亡

一年夏天的午间，黑龙江某矿幼儿园的老师领着小倩等小朋友到浴室冲澡，没有注意到地上有肥皂水，小倩被滑倒了，头部重重地磕在水泥地上昏迷过去。老师急忙将小倩送往医院进行抢救。医生诊断为小倩的颅骨骨折，血管破裂致使脑出血。三天后，小倩停止了呼吸，死因是外伤性颅内血肿并发血疝。

案例三　地滑摔伤幼儿

中午幼儿上床后，保育员老师刚刚擦完卫生间的地面，有的幼儿就要起来上厕所。苗苗不顾老师的叮嘱穿上拖鞋跑进了卫生间，由于走得太快，苗苗脚下一滑跌倒在地上，嘴角磕在便池的边上流血了，老师急忙把苗苗送到医院。医生为苗苗处理了伤口，并缝了三针。

案例四　饮水桶内热水烫伤孩子

某外来务工子弟学校下课铃响后，5周岁的婷婷和三名小伙伴急忙跑到教室外15米处的饮水桶打水喝。由于饮水桶没有摆放平稳突然发生侧翻，桶内的热水飞溅出来，洒到四个幼儿身上，婷婷和小伙伴们多处被烫伤。

（四）事故防范

序号	安全隐患	预防措施
1	盥洗时，由于教师组织不当发生推挤、打闹的现象。	（1）洗手时，根据水龙头的数量采取分组的方式进行，保证盥洗室内不拥挤。 （2）在水池前的地面上做标记控制线，提示幼儿等候时不要过于拥挤。 （3）教育、提醒幼儿不争抢、不打闹。
2	教师站的位置不合理，致使幼儿脱离教师视线而发生危险。	（1）组织幼儿如厕、洗手时，主班教师要站在盥洗室、卫生间交界处，既能看到盥洗室内的幼儿，也能看到如厕的幼儿。 （2）做到"放手不放眼，放眼不放心"。
3	饮用水放置不当或水温过高造成烫伤。	（1）为幼儿准备饮用水的环节应安排在幼儿入园前或在班内活动时。饮用的开水打回班后，应放在幼儿接触不到的地方，并在幼儿喝水前将水温降至合适的温度。 （2）当使用饮水机时，要教会幼儿判断饮用水温度的方法，先接凉水，再接热水。 （3）教育幼儿喝水时不打闹、不跑动。 （4）对幼儿实施安全教育活动，引导幼儿明白玩弄热水、饮水机的危险。
4	盥洗室地面湿滑，幼儿容易滑倒、摔伤。	（1）活动室、盥洗室、卫生间等是幼儿的主要活动场所，要保持地面干燥，在幼儿进班前提前打扫擦干地面，以免幼儿滑倒、摔伤。 （2）在盥洗室、卫生间的地面铺设防滑镂空地垫，避免因有水渍而发生滑倒。 （3）幼儿洗手时反复用语言提示幼儿将水龙头开小，并及时擦地，时刻保持盥洗室地面干燥。
5	冬季洗手水的水温控制不当。	每天早上注意检查调整好洗手池内热水的水温，以免在洗手过程中烫伤幼儿。
6	洗澡间地面有浴液、洗发水等造成地滑。	（1）在地面铺设防滑镂空地垫。 （2）教育幼儿洗澡时不打闹，走路要小心。

9

三、进餐

（一）现场还原

幼儿进餐是幼儿一日生活中最重要的生活环节。多数幼儿要在幼儿园吃两餐、两点，即早餐、午餐，中午点心和下午点心。愉快地进餐是幼儿园和家长共同的希望，但由于幼儿的发展特点，他们在进餐环节中容易出现一些问题。有的幼儿因挑食把饭菜含在嘴里久久不愿下咽，有的吃饭的时候狼吞虎咽，还有的会边吃边嬉笑打闹，这都隐藏着危险，需要教师时刻注意。

另外幼儿进餐时饭菜的温度、教师对进餐环节的组织策略等，都会存在着一些安全隐患。

（二）险情预测

1. 幼儿吃饭时出现异物卡喉的现象。幼儿园这个年龄段的孩子吞咽能力还没完全发育成熟，若在幼儿进食时逗引、恐吓他们，他们会将食物误吸入气管，引起窒息。

2. 当幼儿吃排骨、鱼时，稍不小心就会出现因鱼刺、骨头渣扎伤咽部的现象。

3. 教师在为幼儿分餐时，饭菜的温度过高、餐盆等用具放置得不当都容易诱发烫伤造成危险。

4. 在进餐过程中，幼儿常常会因嬉笑、打闹而导致餐具使用不当造成划伤、戳伤，如筷子扎伤眼睛、戳伤食道等。也有幼儿因情绪不佳而哭闹，发生食物吸入气管的危险。

5. 进餐过程中照顾不细致易引发安全隐患。如进餐结束后幼儿未将口中的最后一口饭菜咽下，上床后还继续含在嘴里，午睡中易发生窒息现象。

6. 没有对过敏体质幼儿的饮食进行特殊处理，引发安全隐患。

（三）案例回放

案例一　致命的"馒头"

幼儿园内，小朋友们都在吃早餐时，当班的牛老师突然发现浩浩脸色发白，呼吸困难，嘴里塞满了东西却吐不出来，表情十分痛苦。牛老师急忙使劲拍打浩浩的背部，试图让食物从浩浩的嘴里吐出来，可是依旧没有用，幼儿园工作人员迅速将浩浩送往附近的一家医院。但不幸的是，当送到医院时，孩子因食物堵塞气管时间过长已经停止了呼吸。最后，医生从孩子的喉咙里取出了一小块馒头。

案例二 滚烫的豆浆

下午加餐时间，保育老师从厨房端来一桶热腾腾的豆浆，把它放到了教室内的桌子旁边。婷婷从桌子旁跑过，不小心踢翻了桶，热豆浆撒到了她的脚上，婷婷大哭起来。老师一着急，抱起婷婷给她脱下了鞋和袜子，孩子稚嫩的小脚立刻破了皮。事后，虽经幼儿园的保健医生为她做了正确的紧急救治和处理，婷婷的小脚还是留下了烫伤的疤痕。

案例三 没有咽下的最后一口饭

某幼儿园午睡起床的时间到了，在老师的呼唤下，小朋友们都陆续从床上爬了起来，唯独小雨躺在被子里面一动不动。老师走过去拍拍她的被子，小雨还是没有动静，当老师拉下被子时才赫然发现，小雨已经没有了反应，枕边残留着呕吐出来的一些饭菜渣。经医生诊断，小雨的死是由于残留在口中的饭菜不慎被吸入气管所致。

（四）事故防范

序号	安全隐患	预防措施
1	幼儿在进食时被逗引大笑或恐吓，容易将食物误吸入气管，引起窒息。	（1）在进餐过程中教师要为幼儿营造一个安静、温馨的进餐环境，教师要及时阻止幼儿嬉戏打闹。 （2）在进餐前、餐后半小时不组织易于兴奋、活动量大的剧烈活动，进餐前及进餐过程中播放舒缓、轻柔的音乐，帮助幼儿安静下来，保持愉悦的情绪。 （3）进餐前后教师不处理幼儿间发生的问题，以免影响幼儿情绪，进餐中不催饭。

（续）

序号	安全隐患	预防措施
2	吃排骨、鱼时，易发生鱼刺、骨头扎伤咽喉食道的情况。	（1）给托、小班幼儿吃的排骨、鱼需经高压锅闷酥，食用前教师要帮助幼儿把肉里的骨头、鱼脊的大刺摘掉，并提醒幼儿吃的时候小心鱼刺等。 （2）中、大班孩子在吃鱼及排骨时，教师要教会幼儿去除骨头、鱼刺的方法，防止食用的时候扎伤咽部。
3	饭菜的温度太高、盛放饭菜的用具放置不当都容易引发烫伤。	（1）教师拉完餐车，要及时关闭送餐用的电梯间的门，以防幼儿单独进入。 （2）教师取回盛放热饭菜的餐盆后，要放到安全地点，以免烫伤幼儿。 （3）饭菜进班后，教师要检查饭菜温度是否适宜。分组安排幼儿洗手，做到随洗随吃，不等待。避免出现幼儿在班内四处跑动的现象。 （4）保教人员为幼儿添饭、添菜时，禁止从幼儿头顶、身体上方传递。 （5）教会幼儿尝试饭菜温度的方法。
4	进餐时打闹，餐具使用不当造成划伤、戳伤。	（1）引导幼儿正确使用筷子，使用时不将筷子指向小朋友。 （2）教育幼儿安静用餐，不将勺、筷子置于口中玩耍。
5	进餐时护理不细致，易造成安全隐患。	（1）提前检查幼儿的食品有无变质。 （2）关注食物过敏幼儿，把过敏幼儿的名单、过敏食物表张贴在班内，进餐前对照调整。 （3）中、大班幼儿可以自己端饭，但不能让其端汤，托、小班幼儿的饭菜必须由保教人员分发。 （4）进餐结束后，要让每名幼儿将口中的最后一口饭菜咽下。
6	进餐过程中，幼儿因情绪不佳而哭闹，容易将食物吸入气管。	在进餐过程中，如果有幼儿哭泣，教师应先让其停止进餐，直至安抚其情绪平稳后再继续进餐。

四、午睡

（一）现场还原

中午时分，喧闹了一上午的教室渐渐安静下来，小朋友们在老师的看护下陆续进入了梦乡。相对于上午丰富的活动来讲，午睡期间幼儿暂处于安静的睡眠状态。多数老师认为午睡是一个相对容易组织的环节，值班的老师们通常可以稍稍喘口气，放松一下紧绷了一上午的神经，坐下来完成一些诸如备课、制作玩教具等手头的工作。

虽然午睡环节幼儿不吵、不闹、不动，寝室里安安静静的，看似应为幼儿在园一日生活中最安全的时刻，但是在午睡期间发生的幼儿伤亡事件却屡见报端，如：午睡时死亡，从床铺上摔下摔伤，异物进入口腔、鼻腔等。因此，在午睡期间，教师们丝毫不能放松，要提高警惕。

（二）险情预测

1. 午睡前

（1）午餐与上床前的组织与配合有疏漏幼儿在吃饭、刷牙、如厕、散步、拿拖鞋、脱衣服等环节分散在不同的地方，容易脱离教师视线，出现安全隐患。如：在散步的过程中追逐打闹，在睡眠室、楼道发生冲突等。

（2）午睡前没有对幼儿进行常规性的检查（物品、身体状况方面），如：有些幼儿睡觉时会将小的玩具物品等带上床，会将头上的皮筋缠绕在手指上，会把小东西放在口、鼻、耳中等，还有的会撕拉被子上的线将手指缠住，这些问题都会给幼儿的安全带来隐患。

（3）上午班和下午班的教师交接不清，没有按时、按要求填写交接记录本。如果上午班的教师没有将上午幼儿的整体情况进行简要介绍，也没有对需服药幼儿、身体不适幼儿的情况进行重点说明，就会使午睡时值班的老师不能有针对性地进行照看。

（4）刚刚进入睡眠室时，有的幼儿无法马上安静下来，会在床上蹦跳、在床之间打闹等，这些都易造成摔伤、碰撞等事故。

2. 午睡中

（1）午睡时教师擅离工作岗位，会发生很多不可预知的危险。如教师离开，幼儿会因打闹而发生伤害；幼儿突发急症会因教师不在而延误救治

13

时间；不法分子会乘虚而入等。

（2）午睡时教师监管不当，没有进行定期的巡视。幼儿不正确的睡姿会带来潜在危险，有的幼儿睡觉时会把头埋在被子里造成窒息；有的幼儿将小玩具等危险品带到床上误入口鼻引发危险；有的将皮筋、线头紧紧缠绕在手指上造成手指关节部分坏死等。

（3）睡高低床的隐患。幼儿年龄小、好动，睡在上铺的幼儿会因为翻身、淘气而从床上摔下来。幼儿在上床、下床时如果不小心也会发生摔伤事故。

（4）午睡时点蚊香驱蚊。在教室内点蚊香驱蚊如果没采取相应的安全措施，容易烫伤幼儿；也可能出现幼儿拿着玩而造成火灾等重大事故。

3. 起床

起床时场面混乱，容易出现安全事故。有的幼儿起床时还没有完全醒过来，精神不集中，易摔倒；有的幼儿在床间跑动、追逐，容易引起磕碰；幼儿起床穿衣服的速度不同，分别分散在睡眠室、活动室、盥洗室、卫生间，容易发生摔倒磕伤的事件。

4. 其他

安排经验不足的教师值午睡。经验少的教师由于工作时间短，驾驭组织幼儿的能力不足，容易出现场面混乱、幼儿相互打闹难以入睡的现象。同时经验少的教师预见危险的意识不足，缺乏解决问题的能力。

（三）案例回放

案例一　吞入腹内的硬币

某幼儿园内孩子午睡醒来，还没到起床时间，一名幼儿躺在床上偷偷地将口袋里的硬币拿出来玩弄。玩着玩着，就放入了口中，一不小心将硬币吞入了肚子中。在医院，医生用胃齿钳将那枚硬币取了出来，孩子才化险为夷。

案例二　鼻中的橡皮泥球

午餐后散步回来，老师正在安排幼儿午睡，刚刚上床的中班男孩洋洋紧张地叫了起来："老师，我把橡皮泥小球塞到鼻子里去了。"老师急忙帮他穿好衣服和保健医生一起前往医院，医生用医疗器械把洋洋鼻中的小球取出。经询问，原来洋洋上床后一时睡不着，就将在床旁地上发现的搓成小球的橡皮泥捡在手里玩，玩着玩就着把它塞到了鼻子里。

案例三 抖动的被子

某幼儿园大班的睡眠室内，大部分孩子盖好被子渐渐入睡了。值班老师在巡视过程中突然发现一个孩子盖着的被子在抖动，老师急忙上前掀开被角查看，发现该幼儿四肢抽搐，双目紧闭，口吐白沫，老师一边掐住她的人中，一边喊另一位老师。为了防止孩子咬坏舌头，两位老师又往孩子嘴里塞了一块手绢，抱起孩子直奔医院。在医院，孩子终于醒了过来，经全面检查，孩子脑部CT扫描结果显示脑部有一块陈旧性淤血。

该幼儿早晨入园时并没有发现异常，以前在园也没有发生过脑部着地的磕碰现象，但是午睡时就发生了这可怕的一幕。如果教师没有高度的安全意识，午睡时擅自离岗或没有及时发现，悲剧就可能发生了。

案例四 耳朵里的彩珠

妈妈为让三岁的小婷婷高高兴兴地上幼儿园，给她戴了一串漂亮的小彩珠手链。午睡时老师没有发现，她躺在床上玩来玩去，无意中就把手链揪断了，还把一粒小彩珠塞到了耳朵里，可自己又拿不出，急得大哭起来，老师发现了并及时将其送到医院后取出，这才化险为夷。

如果老师加强午睡前检查，同时日常生活中对孩子进行必要的自护教育，类似的事件是可以避免的。

案例五 午睡时有一个叔叔摸我

2011年，上海一所民办幼儿园内，一位家长反映，在与女儿的谈话中她了解到，从一年前开始幼儿园内就有一名叔叔经常"摸她"。经过询问其他家长，初步确认有5名女童有相似的遭遇，家长们随即报警。公安机关初步查明，该男子为幼儿园聘用的保安，在一年前就利用工作之便趁幼儿午休期间，先后对多名幼女实施猥亵。

如果在此期间值班教师没有离开幼儿睡眠室，那名保安也无机可乘，事件就不可能发生。另外，在午睡期间应禁止男性（闲人）进入幼儿园睡眠室。

案例六　三岁幼童午睡时死亡

深圳某幼儿园午睡起床时间到了，值班老师挨个叫小朋友起床，到了三岁的小栩床前，小栩一点反应也没有，老师掀开被子一看，小栩身体僵硬，已经没有了呼吸。赶来抢救的医生说，小栩死亡时间至少超过一小时了。在警方的笔录中，幼儿园的保安称："小栩的左腿弯曲，两只手撑开，身上盖着被子，不太像正常睡姿。"值班老师坚持说小栩之死毫无征兆。因小栩致死原因不明，小栩家人签字要求尸检。

虽然孩子午睡时致死原因还无法确定，也不能定责。但是如果值班老师在幼儿午睡过程中能够定时进行巡视，就能及时发现孩子异样的表现，从而抓住最佳抢救时间，就可能会挽救一条幼小的生命。

案例七　两岁儿童午睡时窒息死亡

不满两岁的小志远，刚入合肥某幼儿园不久，在一天中午午睡时窒息死亡。当日11点30分，该幼儿园胡老师给小志远喂完午饭，将小志远交给值班老师滑老师看管，12点左右，滑老师将小志远哄睡之后，就直接将他放在了床上，并为他盖了一床被子，使还不满两周岁的小志远长时间封闭在被子中。大约13点，滑老师将小志远母亲带来的围巾当作尿布，给小志远换上后再也没有去照看过小志远。又过了1个多小时，滑老师和另一位老师一起喊小朋友起床，但这时小志远没有起床，而老师也没有去查看小志远的状况。直到下午3点30分左右，另一位老师去喊小志远起床时，发现小志远脸色青紫。随后小志远被送至医院，但经抢救无效死亡。公安部门对小致远的遗体进行鉴定，结论为：口鼻腔受堵致机械性窒息死亡。

滑老师作为幼儿教师，在幼儿午休期间疏忽大意，没有认真履行看管义务，致使幼儿窒息死亡，其行为触犯了刑法，以过失致人死亡罪被追究刑事责任。

案例八　午睡时幼儿外出玩耍死亡

杭州市某幼儿园小班幼儿午睡时，老师发现少了一名男孩，幼儿园立刻组织教职工去寻找，最终在户外喷水池边一座小桥上找到这名幼儿，但孩子已经断气。原来昨天老师曾经带孩子去水池边玩过，孩子们玩得很开心，这名男孩于是在老师不注意的时候偷偷地溜到外边去玩，发生了危险。

（四）事故防范

序号	安全隐患	预防措施
1	午餐后与上床前的环节组织安排是否合理，教师间的分工配合是否到位。	主班教师 （1）吃饭时，安排吃饭慢的幼儿先洗手进餐，提醒幼儿咽下最后一口饭才能离开座位，并去漱口、刷牙。 （2）保证大部分幼儿吃完，教师与幼儿共同散步，个别未吃完的幼儿由保育员照看。 （3）散步过程中，教师要及时制止幼儿间的追跑打闹，提醒幼儿不要推挤、不要爬栏杆、不要扒窗户，注意安全。 保育老师 （1）配班的教师继续照顾吃饭慢的幼儿进餐，同时关注在盥洗室里漱口刷牙和到睡眠室里拿拖鞋的幼儿。 （2）配班的教师在清理打扫活动室卫生的同时，引导散步回来的幼儿在脱衣服过程中不要推攘打闹。 （3）随时关注出入睡眠室拿取拖鞋的幼儿，提醒他们不要在床铺之间玩耍打闹。
2	午睡前没对幼儿进行常规性的检查。	身体方面的午检 （1）严格执行午检制度，清点核对幼儿人数。教师可在给幼儿掖被子的过程中，通过观察每个幼儿的神态、抚摸每个孩子的额头等检查是否有发病症状。 （2）清点药单，对照服药幼儿姓名及幼儿的服药要求、服药时间及服用的药品。 （3）注意观察幼儿的手、口、鼻等处是否有异物。 危险物品的检查 （1）认真巡视、检查，防止尖锐、坚硬细小等有危险性的物品（如：豆类、珠子类、小刀类、饰品类、扣子类、钉子类、线绳类等）被幼儿带入寝室。告诉幼儿带来的小物品可暂时交与老师保管。

（续）

序号	安全隐患	预防措施
2	午睡前没对幼儿进行常规性的检查。	（2）在午休收取将女孩的发卡等小物品进行统一保管。 （3）对幼儿进行安全自护教育，提醒幼儿不带小的饰物等危险品上床，知道遇事不急、不怕，有危险及时求助于老师。
3	上午班、下午班的教师对幼儿情况交接不清。	（1）上午班、下午班的教师在交接时，首先要当面点清来园幼儿的人数。 （2）上午班的老师在交班前认真填写交接班记录，将日期、带班教师、班级幼儿的出勤数，服药幼儿的姓名、药名、服药时间等项目一一记录清楚。 （3）上午班的教师要向接班的教师说明上午幼儿的整体状况，及需要特别注意的事情。重点交接身体不适，或需要特别关注的幼儿。
4	刚刚进入睡眠室后，有的幼儿一时无法安静，会在床上蹦跳。	午睡前，教师应提前拉好窗帘，在睡眠室放上轻柔舒缓的音乐，为幼儿营造一个安静的睡眠环境，让幼儿由兴奋状态逐渐进入平静状态。
5	午睡时教师擅离工作岗位。	（1）值班的教师在幼儿午睡时要坚守岗位，不能脱岗或聊天。这期间应密切关注幼儿的一举一动，定时巡查，观察睡眠中的幼儿有没有异常情况。 （2）如果教师中途有特殊情况需要暂时离开，可通过园里进行协调，安排本班的其他老师暂为看管，但不能交由其他外人看管。在暂时交给其他老师看管时，一定要把身体不适或需要重点看护的幼儿进行特别说明。 （3）如果一个班分为活动室和睡眠室两个房间的，教师在值班期间不能在活动室久待。 （4）不能安排男性教师或职工看护幼儿午睡。同时，幼儿午睡时不建议男性进入睡眠室。
6	午睡时教师监管不当，未进行定期巡视。	值班时要养成定时巡视的习惯，每间隔一刻钟应全面巡视一次，巡视时注意： （1）安抚难以入睡的幼儿，给没盖好被子的幼儿盖好被子。 （2）午睡环节中老师要及时纠正幼儿不正确的习惯和睡姿，如：吃手、玩弄生殖器、趴着睡、蒙头睡等。

（续）

序号	安全隐患	预防措施
6	午睡时教师监管不当，未进行定期巡视。	（3）特别关注患病幼儿，观察、抚摸他们是否还发烧，如发现发烧幼儿，及时联系保健医生，并及时通知家长将其接走，避免病情进一步恶化，发生危险。 （4）如发现漏检的幼儿携带危险物品，应及时收缴。 （5）中途有睡醒需要如厕的幼儿，教师应一直关注其如厕并直到上床，天凉时提醒幼儿上厕所时披上衣服。
7	睡高低床的隐患。	（1）对于睡高低床的幼儿，教师要勤加照看，教育睡在上铺的幼儿要慢上慢下，不站在床上，不蹦跳翻滚。 （2）对午睡中需要如厕的幼儿，教师要站在旁边辅助他们上、下床，以免幼儿因睡眼惺忪而踩空摔伤。
8	午睡时点蚊香驱蚊。	（1）蚊香不能点在易燃、孩子易接触到的地方。 （2）当教师离开睡眠室时，要把蚊香熄灭。
9	起床时情况混乱。	（1）起床前十分钟，叫醒幼儿并让其在床上躺一会儿。教育幼儿不在床上跨越、奔跑，以免摔伤。 （2）大部分幼儿穿完衣服后，让他们有序地搬小椅子到活动室。在起床后，提醒幼儿送完拖鞋后，再搬椅子，不要手里又搬椅子，又拿拖鞋。 （3）当大部分幼儿穿完衣服后，教师要组织幼儿到活动室，留下还没有穿完衣服的幼儿由保育老师照看。 （4）盥洗环节，教师要站在既能看到盥洗室又能看到活动室的位置。 （5）教育幼儿不能站在床上叠被子，以免摔下。
10	安排经验不足的教师值午睡。	（1）对于工作时间短、经验少的教师，不安排他们单独承担午睡值班工作，应需要跟班见习一段时间后才可以。 （2）尽量减少教师中午集体开会学习的次数，建议每周最多只安排一次。开会时，由保育老师替班，并要交代清楚值午睡的要点。

五、过渡环节

（一）现场还原

过渡环节指各个活动之间的衔接与转换环节，如早餐后到室内活动开始前、室内活动结束后至户外活动前、户外活动后至午餐前、餐后至午睡前等，从时间上来说也是非常短暂的，它虽然是零碎的、短暂的，却是每个活动的中转站，也是孩子们身心休息调整的"驿站"。

过渡环节中的活动多以生活内容为宜，相对有目的、有计划的教育活动，这个环节的要求和规则比较少，幼儿处于自然放松的状态。

此时，如果教师组织不当，班级内常常出现混乱、无序的状态。有的孩子动作快，完成得早，会在教室内无所事事或追逐、打闹，容易出现意外事故。

（二）险情预测

1. 幼儿结束一个活动，进入另一个活动前，通常会进行如厕、整理用具、短暂游戏等活动，因此，幼儿的活动地点也比较分散。如集体活动后，有的幼儿收拾自己的用具，有的如厕、盥洗、喝水，有的观察自然角植物。如果这时教师站位不合理，就会使部分孩子脱离自己的视线范围，当危险发生时不能及时预见并阻止。

2. 在由室内活动向室外活动过渡时，幼儿会比较激动，在集体下楼梯时经常出现推挤打闹、隔着台阶往下跳、攀爬楼梯扶手、骑坐着扶手从高处滑下等危险行为。

3. 室内外活动交替时，如户外活动结束回班前或从室内到户外活动前，教师没有及时清点班级内幼儿人数，易发生幼儿走失的重大事故。同时也会因上下楼梯时孩子之间的距离拉得太长，而使教师无法关注到所有的孩子。

（三）案例回放

案例一　主班教师失职

某幼儿园大班集体教育活动后，幼儿们分散在各处，有的在盥洗室如厕、洗手，有的在活动室的玩具柜前玩耍，还有的孩子在睡眠室铺床。这时，配班老师在盥洗室，主班老师则准备几天后园里的班级环境检查，注意力都在墙面的环境上，对于活动室中两个男孩子因玩具而起的争执丝毫没有觉察。在争执中，一个男孩将另一个男孩推倒撞伤，致使左臂骨裂。

案例二　没有及时清点人数引起的虚惊

到午餐时间了，小班的王老师清点幼儿人数时才突然发现班上的亮亮不见了。亮亮是新生，来园时间不长，他到底是什么时候不见的呢？

王老师急忙让班上的另外两位老师继续准备餐前工作，自己快速向园长汇报，并跑到幼儿园门卫那里询问是否看到亮亮。最后，在操场一角的小滑梯旁边找到了正在玩耍的亮亮。原来在户外活动结束时，喜欢滑梯的亮亮仍在滑梯上玩耍，老师没有看到，在回班前也没有清点核对幼儿人数，险些酿成大祸。

案例三　站位不当埋隐患

户外活动回班后，有的孩子去盥洗室，有的去喝水，有的在活动室玩耍，还有一部分跑去了睡眠室。此时，两位老师都在活动室和盥洗室，在睡眠室的思思跟其他两个孩子在床间追来跑去，在追逐中一不小心摔倒撞在床沿上，磕断了一颗门牙。

（四）事故防范

序号	安全隐患	预防措施
1	因教师组织不当，幼儿在混乱、无序的状态下易发生安全事故。	（1）过渡环节的组织既不能消极等待，也不能控制过度。应自然有序，管而不死，活而不乱。组织形式和内容应有规律性的重复，并有适当的变化和创新。 （2）过渡环节的组织要轻松、自然，减少和消除幼儿不必要的等待时间，组织幼儿选择一些易操作、易收放的小游戏，如让幼儿每天带自己喜欢的小玩具来园，玩时还可以相互交换。让幼儿有事可做，就不会发生幼儿间追逐打闹的现象。 （3）在一些时间比较长、孩子们要做的事比较多的环节中，可以安排一些谈话性的活动来调节，但话题应轻松、随意。 （4）在过渡环节中播放一些轻盈、舒缓的音乐，让幼儿边听音乐边收玩具，然后完成自己的事。

（续）

序号	安全隐患	预防措施
2	室内外活动交替环节，幼儿在上下楼梯时易发生危险。	（1）幼儿上下楼梯时引导他们排成一队，靠楼梯右边走，不打闹、扶着楼梯扶手顺序上下。 （2）在上下楼前，两位教师分别站在队伍两头，先组织幼儿有序站队，再带队下楼，主班教师走在前面，尽量要面向幼儿（倒走或侧走），配班教师要在最后。 （3）教师在上下楼梯时速度不能快，孩子之间的距离也不宜过远。在楼道拐弯处要稍作停留，等待掉队或者走得慢的幼儿。 （4）上下楼梯时，保证幼儿不拿任何东西，以免遮挡视线。 （5）上下楼梯时把走得不稳、能力弱或活泼好动的幼儿安排在教师的旁边。
3	组织过渡环节时，教师因站位不合理造成部分幼儿不在视线范围内，引发安全隐患。	（1）班级内的教师，要根据每个过渡环节幼儿的情况，确定每个人的站位位置，确保每个幼儿都在教师的视线范围内。如教师可以站在两个活动室连接处，能同时观察到每个幼儿的情况。 （2）教师在工作中加强巡视，敏锐地捕捉可能发生事故的信息，及时制止。
4	室内外活动交替时，教师因未及时清点幼儿人数，发生幼儿走失的事故。	（1）教师在组织幼儿到户外活动，或由户外回到室内时，一定要等着所有幼儿都回到自己身边后，进行清点人数。 （2）在室内时，检查班级内盥洗室、活动室等各处是否遗漏孩子。户外时清点人数后，等幼儿情绪平稳后，向幼儿提出回班途中的要求，然后有秩序地回班。

六、离园

（一）现场还原

幼儿园的离园环节是指幼儿晚餐后一直到家长来接孩子这段时间，这是幼儿在园一日活动中最后的一个环节。幼儿在园一天就要见到家人时，会比较兴奋，老师们忙碌了一天，终于快到下班时间了，心里也不由得会有些许放松。这个环节中，大家都处于一种急切放松的状态，稍不注意，危险就会发生。

情景一 家长在班级门口接孩子

幼儿园的大门一开，不少心急的家长便以百米冲刺的速度冲向孩子所在的班级。在这个环节中家长和孩子都比较兴奋，教师则比较忙，他们一边忙着向个别家长简单沟通幼儿在园的情况，一边还要回答着不同家长的询问，同时还要时刻关注着幼儿的一举一动。

情景二 家长在幼儿园大门外等候

部分幼儿园在传染病暴发阶段，离园环节时要求家长在幼儿园大门外统一等候，当各班老师分别将孩子带到园门口时，家长才能将孩子接走。这时大门外会聚集很多的家长，且有的家长在本班老师没有带孩子出来时，还会焦急地挤在人群的前面，当孩子出来后，有的家长看到自己的孩子就忙着招呼，而到门口后孩子们也会着急地在人群中寻找自己的家人，看到后就急切地往外挤。

（二）险情预测

离园时由于各园规定的接孩子的地点不同，离园前组织的活动内容不同，存在的隐患各有不同。很多时候稍不留意，幼儿之间就会发生纠纷或发生意外，这样会对幼儿的安全造成威胁。

1. 家长在班级门口接孩子时

（1）班内离园前的各项工作还没有准备就绪（如大部分孩子进餐还未结束、衣物还未整理等），离园的时间却到了。这时，家长都等候在班级门口或大门口，家长着急、孩子也着急，教师会因离园工作没准备好导致忙中出错。

（2）班内只剩部分孩子没被接走时，老师因抽空与个别家长交流，而没有照顾到其他孩子和家长，致使有些孩子没等老师点名就与家长离开了。

（3）当家长们都等在门口时，老师根据来接的家长次序一个个地叫孩子，班内一时还没被接走的孩子可能会趁老师不注意的时候，在教室内兴奋地跑来跑去。还有的孩子看到班里其他伙伴一个一个被接走，会焦急地等在班级门口处，趁老师不注意时跟随其他小朋友一起溜出班级。

2. 家长在幼儿园大门口外接孩子时

（1）由于家长来接孩子的时间相对集中，大门口会聚集很多的家长，大门外会非常拥堵，这给孩子的顺利离园造成一定的障碍，可能会引发危险。

（2）在相同时间段内，全园幼儿都要上下楼梯，集中到门口，状态比较混乱，有的孩子会离队或走错班级。

（3）教师组织全班幼儿集体到园门口的过程中，幼儿有时需要带体积较大的物品时（如换季时需更换的被子等），如果让幼儿自己拿着，会给幼儿走路造成不便，引发意外事故。

3. 其他情形

（1）有时来接孩子的不是平时经常来园接送的家长，而是声称受家长委托的同事、邻居、亲戚等，还有的家长因事一时脱不开身让未成年的哥哥、姐姐（上小学或初中等）来接孩子。以上这些人若得不到家长的亲自确认，就有可能造成严重的后果。

（2）个别幼儿因发生家庭纠纷，成人之间对于谁来接送幼儿意见不统一，如个别父母在离异前后会因为孩子的归属问题发生纠纷，某一方会对教师提出不让对方接孩子的要求。

（3）有的幼儿园会把接孩子的时间过了还没有被家长接走的孩子统一安排在一个晚接班中。由于这个班汇集了全园没被接走的孩子，值班教师对孩子的姓名、性格状况及家长并不是很熟悉，另外在一个时间段内每班交过来的孩子也会让值班教师手忙脚乱。

（4）有的幼儿园会在离园以后的时间段开办各类兴趣班，兴趣班汇集了各个班级的孩子，孩子的情况和来接送的家长，当班教师不是很熟悉，容易在交接时发生问题。

（三）案例回放

案例一　家长接时孩子跑着出去意外受伤

离园时分，家长们在班级门口等候，明明听到老师在喊自己的名字时，着急地拿起自己的玩具就向等在门口的妈妈奔去。不料被旁边小朋友伸出的脚绊倒在地，导致下巴磕伤，缝了三针。

涛涛听到老师叫到自己的名字，拿起外套就往门口跑，他一边跑一边高兴地抢着衣服，结果衣服上的拉链头甩到了娇嫩的脸上，脸上立刻出现了一道鲜红的血印。

在离园环节时，教师应告诉幼儿看见家长来接时，不要跑着出去，先把自己的物品收拾好后，与老师、小朋友有礼貌地说再见后，再找自己的家长。

平时要培养幼儿良好的生活常规，如坐姿等，为幼儿丰富一些生活中简单的预防危险的常识，如不能把脚伸出去，以免绊倒别人；自己的物品要整理好，避免碰到、甩到别人。

案例二 接到孩子后家长聊天，孩子无人看管致磕伤

有的家长接到孩子后，之间会相互交流，这个时候可能会忽视孩子。一天，淇淇的姥爷接了淇淇之后，就和班里其他小朋友家长聊起来了，淇淇则跑去玩转筒滑梯，玩着玩着淇淇就不按常规的方式玩了，他对着那个圆桶滑梯的出口奔去，准备从下面冲上去，结果一头撞上了滑梯出口的边缘，头上撞了一个口子，姥爷听到哭声后，赶快跑过来抱着他去医院。

家长在看护孩子时，让孩子离开了自己的视线，没有及时发现孩子的危险举动，教师要提醒家长加强对孩子的看护，并和幼儿园一起对孩子进行初步的安全自护教育。

案例三 兴趣班结束后，教师失职致使幼儿自己离园

有的家长为孩子们在园内报了兴趣班，但兴趣班的老师并不是幼儿所在班级的老师，而是与幼儿园合作的一个教育机构的老师。一天，菲菲的制作班下课了，兴趣班的老师把十几个小朋友带到大门口等家长接。由于菲菲的妈妈接得晚，其他幼儿都被接走了，菲菲还在幼儿园大门口处玩耍，而兴趣班的老师则认为孩子都被接走了，也就转身离开大门回班收拾物品。菲菲在大门玩了一会儿，看到门外不远处同班的小伙伴正跟着爸爸玩，就走出大门找小伙伴去了。菲菲的妈妈到园里来接她时没有找到，最后在大门外不远处找到了。

案例四 离园后家长回园质问

离园后，班上的幼儿都被家长接走了，老师也正准备下班，梓梓的妈妈领着梓梓回到了幼儿园，情绪激动地找到老师质问孩子的后脑勺上为什么磕了一个大包，而在家长接孩子时却未做任何解释，同时

言辞激烈地表达了对孩子的头被碰撞后可能造成后果的担心。班上三位老师经过仔细回忆后，并没有发现梓梓当天曾有过摔倒或从高处掉下的事情，但老师们还是马上和家长一起带着梓梓到了医院，医生检查后告诉家长，梓梓脑后的包块是个疖子，并且脓头已破。听了医生的话，梓梓的妈妈不好意思了。

此案例中家长因为孩子脑后的疖子而误会了老师，但是在实际工作中经常会有因孩子在园发生的剐蹭、擦伤、磕伤等，教师由于离园时的忙乱而忘记告诉家长，使家长在接走孩子后再气愤难耐地回到园里。因此在离园前教师一定要认真将全班孩子的健康状况在心里做个快速梳理，以便离园时和家长沟通。

案例五　家长之间代接孩子后，玩耍致重伤

某幼儿园中班幼儿轩轩和坤坤住在同一个小区，平时两个家长关系不错，孩子也经常在一起玩。一天轩轩妈妈来接孩子时，轩轩想和坤坤一起出去玩，轩轩的妈妈就对老师说："坤坤的妈妈一会儿也就到了，我就先把坤坤一起接出去到外面等着他的妈妈。"老师考虑到两家关系确实不错也就同意了。谁知坤坤和轩轩在与其他几个男孩玩耍时，坤坤的眼睛被戳成重伤。坤坤的家长认为幼儿园监护不当，把幼儿园告上了法庭。

案例六　哥哥领走弟弟，双双溺水而亡

7岁的亮亮放学后来到某村办幼儿园领走了4岁的弟弟星星。兄弟俩没有直接回家，而是跑到附近池塘旁玩耍，玩耍时不幸失足，双双溺水身亡。孩子的父母认为幼儿园没有尽到监护责任，将幼儿园起诉到法院。法院审理认为，幼儿园在幼儿接送过程中，让一个无民事行为能力的人接走4岁的孩子，对事故要承担一定的责任。

案例七　由他人冒领孩子导致的系列案件

1. 五岁幼女被陌生人冒领遭猥亵

一天，丽丽（化名）的母亲像往常一样到广州某幼儿园接女儿，老师却说丽丽已被人接走了，丽丽的母亲立即打电话报警。后来丽丽虽然被找到了，但是她被陌生人冒领后，遭到猥亵和恐吓，受到严重

伤害，长期处于惊恐之中，经常在梦中尖叫。丽丽的父母以幼儿园管理疏漏致使女儿遭受不幸，将该幼儿园告到广州市某区人民法院。

2. 三轮车工偷走幼儿园接送卡，绑架男童勒索家长

某日下午，张女士去幼儿园接儿子涛涛，却被告知，上午已有一男子拿着接送卡将涛涛接走了。张女士立即报警并同家人四处寻找。经过警察调查，发现涛涛是被一个黑瘦、头发邋遢的男子接走的。下午4时许，一男子打来电话给张女士称其儿子在他手中并索要2万元钱。经查，该男子以蹬人力三轮车卖杂货谋生。几天前，他和熟人一起去过张女士的家，认为张女士家很有钱便滋生了恶念，他从张女士家中偷走了幼儿园的接送卡，绑架了孩子企图勒索一笔钱财。

造成以上案件发生的原因是幼儿园接送制度的疏漏，以及教师缺乏责任心和警惕心。目前的幼儿接送，有些是家长直接进入幼儿园接送，有些则是持接送卡刷卡进入园内接送，如果门卫和教师有任何一方执行制度不严格，都会让不法分子有机可趁。不论在何种情况下，教师都不能在没得到家长本人允许的情况下让其他人接走孩子，否则孩子离开幼儿园后发生了事故，幼儿园应承担责任。

（四）事故防范

序号	安全隐患	预防措施
1	离园时教师组织不当（如分工、站位等），则会出现混乱的局面。	（1）家长进入幼儿园大门时必须出示接送卡，家长进入班级后，还必须得到班级内教师和幼儿的认可，才可以把幼儿接走。 （2）离园前也要注意清点人数，避免幼儿兴奋独自离开。三位教师做好分工，各司其职，避免相互依赖。 （3）教师要控制好接孩子的时间，使自己有足够的时间和精力去接待家长。准备工作没完成时不能将班级大门打开，因为混乱的局面下经常会出现孩子打闹或走失的现象。 （4）家长来接时，告诉家长、幼儿不要着急，等候教师一个一个地叫幼儿的名字，被叫到名字幼儿再到班级门口找自己的家长。此时，一位教师要站在班级门口处，确定每一名被叫到的幼儿都是由自己的家长来接时才可放行，并观察

（续）

序号	安全隐患	预防措施
1	离园时教师组织不当（如分工、站位等），则会出现混乱的局面。	幼儿是否跟随自己的家长离开了。 （5）离园时老师如需与家长进行交流，应特别注意，尽可能地和家长进行短暂交流。交流时教师应站在教室门口，并随时观察室内正在活动的幼儿。
2	家长在幼儿园大门外接孩子，人员密集易发生拥挤，接的过程中易发生混乱。	（1）提前安排好各班的接送时间，各班错开时间接送孩子。 （2）三位教师要共同送班级内的孩子到幼儿园大门口，在下楼梯时前后都要有老师照看。如果幼儿有体积较大的物品需带回家时，不能让孩子自己携带下楼，应由老师负责运送到园门口交给家长。 （3）接孩子时，一位教师站在门外，看见一位家长，放一个孩子出门，另一位老师在大门内看护大多数幼儿。 （4）哪个班级先出来，哪个班的家长就往前站，一个班级接完后，另一个班级再出来。 （5）如需要与个别家长进行沟通，待幼儿全部送出后再单独交流。
3	因他人代接孩子而引发的事故。	（1）遇到家长因临时有事请同事、邻居来接孩子时一定要提前告知家长在早上入园的时候写好委托书，注明由谁来接，此人的基本情况等。如家长临时有事，要亲自给老师打电话，同时发信息将前来代接孩子人员的情况进行说明。 （2）当有的家长让未成年的孩子来接幼儿时，一定不能将幼儿交其接走。 （3）如果是陌生人接孩子，家长又无交待，老师要及时与家长取得联系，确认后才可让其把孩子接走。
4	离园后，需要上兴趣班的幼儿的交接工作。	（1）对于离园后要上兴趣班的幼儿，教师要亲自把幼儿送到兴趣班那儿，并将孩子送到兴趣班老师手中，不能让孩子自己去上课，避免途中发生意外或自行离园。 （2）下课后兴趣班的老师要点清人数，由于上课的孩子不是一个班的，在接的过程中，老师要特别注意，将孩子与家长一一进行交接，掌握好交接孩子的节奏，不要造成忙乱而产生一哄而散的现象。

（续）

序号	安全隐患	预防措施
5	对于晚接班孩子的交接工作。	（1）晚接的幼儿，各班教师要填好晚接幼儿交接单（写清班级、孩子姓名、人数），并将名单和孩子一起交至晚接班教师那儿，双方确认后方可离开。 （2）家长来接孩子时，教师一定要站在班级门口，保证每个孩子不自行离开。与家长交接时，要与幼儿核实对方是否是自己的家长，确认后再把孩子交给家长。
6	因发生纠纷，家庭成员之间对于谁来接送幼儿意见不统一。	当孩子的直系亲属之间由于家庭纠纷而提出不让对方接送孩子时，教师不要参与其中，应明确告知家长，家庭纠纷是家庭内部的事情，教师无权拒绝与幼儿具有直系亲属关系的家庭成员来接孩子。
7	特殊孩子的交接。	（1）班内如有生病、当天表现异样的孩子，需向家长说明孩子的情况，并提出希望配合的要求和具体方法。 （2）如果当天孩子在园有小的磕碰、擦伤等情形时，当班教师一定要等到家长来接时，当面向家长进行说明。
8	离园后，孩子在园内玩耍，脱离家长视线而发生的危险。	家长接孩子后，教师提示家长在带孩子玩耍过程中不能让孩子脱离自己的视线，以免打闹、玩耍中出现危险。

七、日常服药幼儿的药品管理

（一）现场还原

幼儿抗病能力差，不论春夏秋冬，幼儿带药入园的情况都很常见。当幼儿出现感冒、流鼻涕、咳嗽等轻微的身体不适情况时，经正规医院诊断确诊幼儿无传染性疾病、无高烧的情况下，幼儿可以正常参加幼儿园的一日活动，这时家长可为孩子携带符合国家药品监督部门认定的口服药品来园。

在送幼儿进入班级前，家长要在服药登记表上认真填写幼儿姓名、所带药品名称、服用时间、服用剂量、服用方法及服药注意事项，并签署家长姓名，同时向当班老师交接清楚。

幼儿在园服药环节相对于幼儿在园一日生活的其他活动环节（如进餐、午睡、教育活动、户外活动等），涉及的只是班级内的个别幼儿，时间比较零星，很容易被琐事缠身的老师遗忘。

如教师忘记幼儿的服药时间，或上、下午班教师交接班时因疏忽而出现幼儿漏服药等，都可能会对幼儿的身体健康产生影响。

（二）险情预测

1. 有的家长因急于上班，没有按要求填写"服药登记表"也没有亲手将药交给老师，而由幼儿转交，造成教师不了解幼儿的病情，更不知如何给幼儿服药的情况。

2. 因家长填写的"服药登记表"中对于服药的剂量和时间填写不清楚，教师忙于幼儿的来园接待，未能及时发现。

3. 教师没有将幼儿与应服的药品一一对应，造成错服、漏服，或因没有把每个人的药品分开放置，造成因药品放置混乱而出现错服、漏服的情况。

4. 家长给幼儿带药时因没有检查药品的保质期，而将过期药品带来。

5. 教师对幼儿的病情与服药情况没有和家长进行沟通，不了解服药的基本方法，造成幼儿服药方法、顺序与家长不一致而影响药效，并出现了危害幼儿身体健康的情况。

6. 有时，幼儿在服用带的保健类药物时，会把它当做糖一样与同伴分享，教师没能及时发现并制止。

7. 教师因工作中遗忘、疏忽等原因，或在上、下午班的交接工作过程中对于个别需服药幼儿的情况没有进行详细交接，而发生的漏服、误服药物的情况。如需服药的幼儿较多时教师没有核对清楚幼儿姓名，造成张三的药给李四吃了。

8. 幼儿在服药时拿着药瓶四处走动，不小心药瓶掉在地上摔碎，自己去捡致使小手被玻璃片划破。

9. 教师未及时清理存放在班级内的幼儿药品柜（或药品袋），造成药品放置混乱而产生安全隐患。如：流感期间，班级内孩子所带药品大多相同，有的幼儿带的药品需要连续服用几天，但是病情好转后药品还没吃完，家长也没将药品带走，易与其他孩子的药品发生混淆。

（三）案例回放

案例一 药品过期了

早晨浩浩来园时，他的爸爸交给主班刘老师一盒"同仁堂"生产的"化食丸"，并叮嘱刘老师按他的交代按时给孩子服用，刘老师接过药后把它放到了药品柜里。等到服药时，刘老师把药打开发现药丸的颜色不对，这时她检查了药品保质期，发现药品已经过期，她赶忙通知了家长，避免了危险的发生。

案例二 服药时张冠李戴

秋季流感阶段，班里服药的幼儿增多，老师把服药的幼儿一起叫了过来，老师在给明明吃药时，还同时关注着美工区的幼儿。这时站在她面前的是露露，老师拿起药没看清楚是不是明明，就一下子把药喂到了露露的嘴里，当她给孩子喂水时，发觉错了，就赶紧让露露把药吐出来。因为发现及时，这才避免了事故的发生。

案例三 掉在地下的小药瓶

服药时间到了，王老师把依依带来的小药瓶插好吸管后让依依服下，依依拿着自己的小药瓶边吃边玩，突然被从卫生间出来的瑶瑶不小心撞到了，小药瓶被碰掉在了地上碎了，瑶瑶赶忙蹲下去捡，不小心被玻璃片划破了手，鲜血顺着瑶瑶的小手流下来。

案例四 这药可甜了，你也尝尝

"来，吃药了！"随着张老师的一声招呼，楠楠跑到了老师面前说："老师我吃药。"老师把楠楠的药拿出来递到她手里，楠楠拿着一片橘黄色、印着小熊图案的药片对走过来的瑶瑶说："我这药可甜了，不信你尝尝。"随即她咬了一半，把另一半放到了瑶瑶的嘴里。张老师听到她们的对话，立刻走过来让瑶瑶把含在嘴里的药吐了出来。

案例五 利益驱使下的幼儿园服药事件

2014年3月，西安一家幼儿园被曝在未告知家长的情况下，长期给园内所有幼儿服用抗病毒药物"病毒灵"。不少孩子被发现存在头晕、腿疼、肚子疼等相同症状，引发家长强烈的不满。调查后，公安部门刑拘了幼儿园的5名相关责任人。据一些家长称，该园是一所民办幼儿园，月收费是当地其他园所的2~3倍。按照收费办法，如果幼儿缺勤，幼儿园就要给家长退费，如果缺勤超过十天，就要退一半的费用。园方为了确保孩子不生病，保证幼儿的出勤率，增加收入，才会购入处方药品违规给幼儿服用。

（四）事故防范

序号	安全隐患	预防措施
1	家长急于上班，没有填写服药登记表把药品直接让孩子交给老师。或者家长填写的"服药登记表"内容不全或不清楚。	（1）可利用学前初的家长会，向家长讲解如何填写"服药登记表"及填写时的注意事项。 （2）提醒家长要亲自把"服药登记表"和药品交到老师手里，或将两者放在一起放置在班级内的药箱中，不可让孩子代交。 （3）对于没有填写清楚的"服药登记表"，服药时，不能向幼儿询问服药情况，要给家长打电话询问清楚后，方可给幼儿服药。
2	药品放置混乱，幼儿的"服药登记表"与应服的药品没有一一对应，也没有按人分开放置。	每天，教师应在幼儿入园后，抽出时间整理药品柜内幼儿当日带来的药品，查看"服药登记表"，如果发现问题应及时与家长沟通。
3	家长给幼儿带药时没有查看药品保质期。	（1）告知家长带药时要把药品的原包装盒带上，不能简单地用纸袋包上药品带来。 （2）教师在接药时除了查看服药登记表外，还要查看药品保质期，如发现药品过期应与家长取得联系。
4	教师对幼儿的病情与服药等情况没有与家长进行沟通。	教师向家长了解服药孩子的病情及在家如何服药的方法是非常必要的，尤其是小班幼儿，他们的吞咽功能发育还不完善，喂药方法不当会造成幼儿呛、吐等情形的发生。
5	幼儿把保健品类药物当做糖与同伴分享。	对带保健品的幼儿要格外关注，幼儿年龄小，他们会把甜的东西当做糖来与他人分享，因此教师要看着他们把药吃完后再离开。

（续）

序号	安全隐患	预防措施
6	教师缺乏服药的基本常识。	俗话说"是药三分毒"，应掌握正确的喂药方法，服药前要看药品说明书，不能忽略服药时间。 （1）教师了解掌握用药常识，如健胃药物宜饭前服用（很多止泻的药物也需要在饭前服用）、对胃粘膜有刺激的药物宜于饭后服用（抗生素类等大部分药品都适合在饭后服用）；磺胺发汗药物服后多饮水；止咳药物服后不宜立即饮水；服酸剂、铁剂应用吸管吸入，要避免接触牙齿，服后立即漱口；服用易过敏的药物要询问服药者有无过敏史。 （2）服药后要注意观察用药者的反应，如观察幼儿面色有无潮红、身上有无皮疹、口唇有无紫绀、睡眠有无盗汗、大小便是否正常，如发现异常及时与保健医生联系并处理。 （3）给幼儿服药后应让他们多喝水，不能用茶水、牛奶、果汁等服药，吃某些药后不能立即喝绿豆汤等。
7	教师因工作中遗忘、疏忽等而发生漏服、误服药物。	（1）班级教师分工要明确，主班教师在给幼儿服药时，配班教师要照顾好其他幼儿，主班教师要专心做好喂药工作，不能马虎大意。 （2）严格按家长的服药登记说明为患儿服药，服药前认真做好"三查五对"工作（"三查"即查服药登记表上的幼儿姓名、药名，药袋上的幼儿姓名、药名，检查幼儿姓名与人是否对应；"五对"即核对服药登记表上的幼儿姓名、药品名称、药品用量、服用方法、服用时间），确定无误后方可服用。 （3）上午主班教师要将幼儿服药情况（人数、药名等）在交接班本上进行记录，并与下午班老师进行面对面的交接。 （4）服药幼儿离园时，要与家长交待幼儿用药后的情况及幼儿在园的精神状况，让家长对幼儿的病情做到心中有数。
8	幼儿在服药时拿着玻璃药瓶四处走动而将药瓶摔碎。	服药时，教师要组织幼儿站或坐在教师身边，告诉幼儿服药时不能走动，以免呛到或不小心将药瓶打碎等。

（续）

序号	安全隐患	预防措施
9	教师每天没有及时清理存放在班级内的幼儿药品柜（或药品袋），造成药品放置混乱。	（1）每天离园前，教师将幼儿当天服用后的剩余药品进行整理，请家长及时带回，并清理药袋。 （2）需要长期服用保健药品的幼儿，请家长在服药记录上写明药物服用周期并签字。

第二节 | 室内活动区的安全管理

（一）现场还原

区域活动游戏是幼儿在园自主的游戏，是孩子们一天中最放松的活动。区域活动游戏内容丰富，幼儿可以根据自己的兴趣选择区域进行游戏。在此期间有的幼儿会选择自己喜欢的科学区，进行科学实验（利用镜子、声、光、电、磁等）；有的幼儿会选择建筑区和同伴一起用积木或辅助物品进行创意搭建；有的幼儿选择美工区，进行各种绘画创作或者手工制作（利用牙签、剪刀、绣花针等）；还有的幼儿选择表演区唱唱跳跳或进行角色扮演等。

活动区的设置往往不在同一个空间内，有的区域设置在活动室，有的区域则安排在睡眠室，有的区域在阳台上，还有的区域在楼道里开展。虽然活动区游戏时间不长，但是由于区域的零散、材料的丰富、幼儿兴致的高亢等，都有可能引发安全问题，甚至导致危险发生。

（二）险情预测

1. 由于幼儿进行区域活动游戏时不在同一个区域，教师在巡回指导或正在指导个别幼儿游戏时，其他区域里的幼儿有可能因为嬉戏、争抢、打闹等而发生危险。

2. 幼儿在某个区域进行一段游戏后，开始更换区域进行其他游戏（年龄小或者注意力集中时间不长的幼儿，更换得更频繁），在更换过程中容易出现绊倒、摔伤等事故。

3. 幼儿在自由活动时，精神状态比较放松，他们对新奇事物的强烈好奇心和探究欲望往往使他们意识不到危险的存在。如幼儿对物体上的一些大洞、小洞都比较感兴趣，看到了都会用手指去抠、挖。由于幼儿手指比较纤细，很容易伸进这些洞洞里，但是，当幼儿玩了一会儿想要将手指拔出时，由于手部充血发生肿胀，他们很难再从洞里将手指拔出了。

4.教师为了丰富幼儿的游戏内容，经常提供多种不同质地的材料制作成辅助材料进行操作。如用橡皮泥、纸粘土等制作一些惟妙惟肖的香肠、小包子、饺子、饼干、巧克力等食物模型，幼儿往往会以为是真的而放到嘴里去吃。

5.美工区：由于美工区的材料多样化、操作性强，幼儿在使用一些尖锐的材料时比较容易发生危险，如幼儿在使用牙签、十字绣的针、麻辣烫的串签、剪刀等尖利的物品过程中，发生嬉戏打闹可能会划伤对方或自己。

6.科学区：在科学区经常会投放各种镜子、万花筒、玻璃等易碎材料，幼儿在不断探索中，难免出现打碎玻璃制品、洒落圆形小物品等，从而引发危险。

7.积木区：体积较大的一些实体木质积木比较重，棱角比较分明，幼儿在拼摆的时候可能会误伤。

（三）案例回放

案例一　转换区域引发的意外事故

淼淼在区域活动游戏时，先选择了自己喜欢的积塑区进行游戏，玩了一段时间后，他看到积木区走出一个小朋友空出一个位子，就快速跑了过去。可是，在跑的过程中淼淼因脚下站立不稳，整个人都摔了出去，头部正好磕到桌子角，顿时血顺着额头流了下来。在区域活动游戏时，教师要随时关注幼儿的游戏环境，及时地排除幼儿身边的安全隐患。

案例二　都是活动区材料惹的祸

1.幼儿被美工区的竹签扎伤了眼睑

某中班的幼儿正在进行美工活动。不一会儿，一名幼儿捂着眼睛哭着跑到老师面前，说某某小朋友用竹签扎了他的眼睛。老师检查孩子的眼睛，发现眼睑处已经明显地出现红肿淤血，老师马上处理了伤口并将孩子送往医院。后来老师了解到，两名幼儿是为了争夺一筐彩色的纸片，在抢夺中，一名幼儿手中拿的竹签扎伤了另一名幼儿的眼睑。

2. 幼儿被建筑区的木制积木敲到头

建筑区中的积木都是有棱有角，幼儿比较喜欢敲敲打打，在搭建时，他们拿积木挥来挥去，一会儿在这儿敲敲，一会儿在那儿敲敲，一不小心就敲到了同伴的头上。

3. 幼儿被科学区的镜子碎片扎到手

在科学活动区，几名幼儿正在做"镜子变化"的科学实验，他们有的拿着放大镜，有的拿着平面镜，还有的拿着凹凸镜，正在比较各类镜子的不同。突然平面镜从幼儿手中滑落下来掉到地上，镜子被摔得粉碎。孩子们忙着去收拾镜片，结果不小心划破了手，鲜血直流。

（四）事故防范

序号	安全隐患	预防措施
1	活动区地点设置比较分散，通常不在同一空间。	（1）教师不能认为区域活动游戏是幼儿的自由游戏，从而放松心态，让幼儿自己游戏。相反，这时要保持更高的警惕性和责任心，要不断地在每个房间巡回观察幼儿的行为表现，随时为幼儿解疑答惑，解决问题和纠纷。 （2）活动区分动、静区域。教师要心中有数，知道哪个区域比较容易发生安全问题，对在这些区域中游戏的幼儿多加关注。
2	年龄较小或者注意力不集中的幼儿，喜欢更换活动区，在更换时容易发生磕碰。	（1）在活动区设置时，在每个区域之间留出足够幼儿进出的通道，保证幼儿更换区域时的通畅。 （2）在区域窄小的地方或者通道，不要放置容易磕绊的物体或者有棱角的桌椅。 （3）在日常区域互动中培养幼儿良好的游戏习惯，更换活动区时不到处跑动，培养幼儿的安全意识。
3	幼儿在随意探索中，喜欢用手指尝试，引发小洞洞大危险。	（1）经常检查班级中幼儿能够触碰到的物品，如玩具、柜子、桌椅等是否有损坏。对于损坏的地方及时修理，避免幼儿去碰触、探究。 （2）活动区域中幼儿能够看到、摸到的电源插头，要巧妙地遮盖、固定，尽量不让幼儿看到或抠开。坚持进行定期检查。

（续）

序号	安全隐患		预防措施
4	角色区的材料投放。	材料投放	（1）角色区内投放的成品材料和教师自己制作的辅助材料要保证安全、无毒、卫生。 （2）角色区材料尽量投放布、纸盒、塑料等，避免投放尖锐的物品或者玻璃类制品。 （3）定期将玩具及辅助材料进行清洗、消毒。
		教师指导	（1）教师在游戏前指导幼儿使用玩具并特别说明使用玩具的注意事项，对食品类玩具特别说明，避免幼儿误食。 （2）在实际游戏中适时地加入到幼儿游戏中，关注个别现象并加以指导。 （3）定期检查是否有损坏的玩具，及时清理更换，避免幼儿被划伤。
5	美工区的工具。	材料投放	（1）托、小班幼儿多以投放圆头剪刀为主，中班幼儿逐渐开始投放多样的简单工具，大班幼儿投放针线、刻刀类工具，这些工具的使用方法，教师用图示的方法详细注明。 （2）美工区半成品材料和工具类材料要分类摆放，避免幼儿取放时一拥而上出现拥挤混乱现象。
		教师指导	（1）在投放工具材料时可分批次投放，先引导幼儿学习并学会一种工具的使用方法后，再投放下一种工具。 （2）用穿糖葫芦用的竹棍、剪纸用的剪刀、绣花用的针线、牙签、胶带座等进行游戏时，教师可以引导幼儿安静地进行游戏。在座位的安排上，幼儿与同伴间要留有一定距离，避免碰伤。 （3）在收放材料时，要重点检查危险材料是否归位或短缺，以免留下安全隐患。
6	建构区的积木。	材料投放	（1）因为托班、小班的幼儿年龄较小，在投放材料时要投放安全、无毒的软积木进行搭建。在中班、大班可适当投放大型的木质积木。 （2）建构区辅助物的投放也要遵循托、小班投放软的制作辅助物（如纸盒、蛋糕盒、矿泉水瓶等），中、大班可以投放硬一些的制作辅助物（如奶粉罐、露露罐等）。

（续）

序号	安全隐患		预防措施
6	建构区的积木。	教师指导	（1）根据幼儿年龄特点，依据当前的搭建主题、搭建难点及方法，引导幼儿搭建，避免幼儿因无所事事出现意外事故。 （2）游戏时，教师要随时关注幼儿在活动中的表现，当幼儿之间发生冲突时，要及时予以关注，避免幼儿间发生攻击性行为。
7	科学区的实验材料。	材料投放	（1）科学区投放的材料，应根据幼儿年龄特点，投入易操作、易观察验证结果的材料。 （2）每个科学实验的组件不宜过多、过碎，尤其是电、力方面的实验，要提前检查是否漏电或者"力"大于幼儿能够承受的范围。 （3）磁铁类的可吸物，尽量不提供大头针、铁钉等细小尖利的物品。 （4）如果科学区投放各种镜子、万花筒、玻璃等易碎材料，要引导幼儿拿取时轻拿轻放，如果摔到了地上，不要用手捡。
		教师指导	（1）科学区的创设，尽量与相对安静的区域相邻，以免由于分散注意力而导致操作失控。 （2）科学区要留有足够幼儿操作、走动的空间，如果地方有限，要控制活动人数，避免因拥挤导致碰撞而发生安全事故。 （3）科学区需要提供操作桌面，让幼儿反复地实验、验证。 （4）实验的内容教师要提前经过反复操作、尝试，保证实验的成功和安全。

第三节 | 教学活动中的安全管理

一、室内集体教学活动

（一）现场还原

幼儿在园的一日生活中，集体教学活动环节需教师有计划、有目的地精心准备，是教师投入精力较大的环节。此环节前教师要完成备课、准备教具等相关工作准备。在教育教学活动中，虽然幼儿的各项活动内容都是有序开展的，但是如果教师稍有不慎、组织不当，一个细节的疏忽，都可能出现遗憾终生的安全事故。

现在教师普遍认为孩子越来越难管了，在课堂上不听话的孩子越来越多。于是有些教师便采取了一些极端行为，把对影响教学的幼儿单独放进另外一间屋子，甚至拖出教室，轻易地剥夺了幼儿的学习权利和受教育权利。作为课堂教学的组织者和引导者的教师，可能会由于自己的失误导致幼儿安全事故的发生。有些教师在幼儿园室内集体教育活动的安排中，只关注教学内容的完成，至于上课时孩子们坐姿不正确、写字姿势不规范（如有的孩子把笔放在嘴里咬，有的孩子拿着剪刀在班级中走动）等行为视而不见，这些往往会引发安全事故的发生。

（二）险情预测

1. 教育活动前

（1）两位教师组织幼儿进行分组活动时，在交接时容易产生对幼儿人数核查不清的漏洞。

（2）在上课前排列座位时，有些幼儿搬椅子时会将椅子举过头顶，在放下椅子时容易伤及同伴或自己。

（3）上课时幼儿的小座椅一个紧挨一个地摆放着，如果幼儿左右晃动椅子或把手放在椅子边上，因椅子间缝隙太小容易将手指或身体其他部位挤伤。

2. 教育活动中

（1）幼儿坐在椅子上常常喜欢往后翘椅子，这样容易摔倒摔伤。

（2）场地安排上存在安全隐患，如活动场地小桌椅之间密度高，不便于幼儿活动，易发生摔倒致伤的现象。

（3）教具使用中存在的安全隐患：科学活动中操作材料，如剪刀、工具、文具（大班幼儿使用铅笔）使用方法不当，会引发危险。

（4）幼儿因好动、淘气影响课堂秩序，教师体罚幼儿造成事故。

（5）幼儿离开班级帮助教师做事情，容易发生安全事故。

（6）使用有毒、有害、不卫生材料制作的玩教具，从而引发安全事故。

（7）教育活动组织时间过长，妨碍儿童身心健康成长。

（8）坐姿不正确，写字姿势不规范。

（9）光线的照明度弱，温度的冷热不适宜。

（三）案例回放

1. 教师教育幼儿言行过激导致事故发生

案例一 语言过激

某幼儿园教师与一幼儿在解决问题过程中，教师情绪激动地对幼儿吵嚷，幼儿忽然生气地趴在地上不起来，头部磕了一个大青包。

案例二 推撞引发的危险

某幼儿园大班孩子上课时打瞌睡，老师发现后要求他去小班看看小班的弟弟妹妹们是怎么上课，他不愿意去。但老师强拉着他去，走到门边时，幼儿想挣脱老师，老师用力一拽孩子撞在了门锁上，头上起了一个大肿包，被诊断为软组织挫伤。

案例三 教鞭惹的祸

幼儿上课时注意力不集中，私下和同桌窃窃私语，教师用教鞭指着该幼儿告诫他不要讲话。恰巧，该幼儿被同伴碰了一下，教师教鞭撞在了孩子的眼睛上，导致了孩子的眼睛失明。

案例四　体罚引发的严重后果

某大班教师在组织幼儿舞蹈课时，小刚的动作总做不规范，老师又单独教了他几遍后，小刚动作依然不能让老师满意。老师非常生气，愤怒之余就踢了小刚一脚，恰巧踢在了小刚的裆部。小刚顿时捂着肚子大哭起来，老师感到不妙急忙拉开小刚的裤子一看，发现小刚的裤裆前面有血，"小鸡鸡"肿了起来。

案例五　从小椅子上跌下摔伤

辉辉上课时在椅子上爬上、爬下，被老师罚站在小椅子上，站得时间久了辉辉从小椅子上跌下来摔伤了。由于教师对孩子进行体罚造成孩子受伤，幼儿园负有不可推卸的责任。

2. 教具使用中的不安全因素导致事故发生

案例一　电熨斗烫伤幼儿

某幼儿园，教师在上课时使用熨斗熨烫湿毛巾，让幼儿感知蒸汽现象。实验后，教师将熨斗的电源从插座上拔下一段时间后，以为熨斗不烫了就将它放在了班级桌子上。幼儿好奇地拿起熨斗放在手背上，结果发生烫伤事故。

案例二　瓶子砸伤幼儿头部

教师将上课示范用的玻璃瓶子放在柜子上，在他拿其他教具的时候不小心将瓶子碰倒了。瓶子从柜子上掉下，砸伤了幼儿的头。

3. 教学活动中因教具、操作材料使用方法不当造成安全隐患

案例一　塑胶图形块移位

在认识图形活动中，幼儿根据教师安排的教学内容，玩图形找家的游戏。当幼儿双脚蹦到放置在地面上铺设的镂空塑胶图形块上，在落地的一刹那，塑胶图形块受到冲力滑出原地，幼儿仰面摔倒，后脑勺着地，造成轻微脑震荡。

案例二　窄小的拱形门

室内音乐欣赏活动的时候，豆豆和其他小朋友根据歌曲的内容在拱形门内钻进、钻出，互相嬉戏追逐着。由于拱形门比较窄小，孩子们在拱形门处挤成一团，豆豆站立不稳摔倒在地，下巴撞在了活动区柜子角上，造成下颌处裂伤。

案例三　被松紧绳绷伤

在幼儿园科学探究活动中，红红和兰兰都选择了用松紧绳感知弹力，开始两人都在小心地尝试。可是没过多久，红红和兰兰就开始拿着同一根松紧绳使劲地拽起来，突然红红手中的松紧绳脱落弹射出去，击中了兰兰的脸部，兰兰的脸上立刻起来一条蚯蚓状的血印，从上眼皮一直延伸到嘴部。

案例四　被铅笔扎伤眼睛

课堂上，大班的小朋友小强与小刚拿着铅笔嬉闹，小强不小心用铅笔扎了小刚眼睛，小刚捂着眼睛一直嚷嚷着眼睛疼。老师带小刚到医务室看医生，医生发现小刚的眼球瞳孔上方大面积充血，老师立刻带着小刚到医院就诊。经医生诊断，小刚的眼结膜被扎伤，眼底可见淤血，对视力将有影响。

案例五　剪刀剪伤了耳朵

涵涵非常喜欢做手工，手工课上她用小剪刀剪出了各种各样的物品。作品完成后，涵涵拿着剪刀给同伴剪头发，同伴拒绝地甩头。涵涵一不小心剪到了同伴的耳朵，鲜血直流，吓得她哭起来。老师看到后吓了一跳，赶紧把受伤的幼儿送到医院。

4. 幼儿离开班级帮助教师做事情，发生安全事故。

案例一　邻班借磁块

上课时老师发现教学用的磁板上少一块磁块，就让幼儿（中班）去邻班借。老师继续上课，十多分钟后幼儿没回来，老师去找，发现幼儿在幼儿园后院荡秋千，不小心从秋千上摔了下来，满嘴流血。

（四）事故防范

序号	安全隐患	预防措施
1	分组教学时教师对幼儿人数交接不清。	（1）进行分组教学时，清点好幼儿人数再进行分组，老师要清点自己所带组幼儿的人数，与另一组教师核实人数并汇总人数。 （2）活动后交换分组幼儿时，本组教师要向接组的教师口头交接幼儿人数，并请对方组教师清点人数。 （3）如在某组活动中幼儿出现特殊情况，如被抓伤、打闹磕伤、幼儿不舒服等，换组时及时告知对方老师。
2	幼儿在游戏时受伤。	（1）教师应对将要做的游戏有充分的估计，如果游戏中跑动较多、活动量较大，就应选择较宽敞的场地，如有翻滚动作，最好在场地上铺上软地垫。 （2）游戏前跟幼儿一起说说游戏中存在的安全隐患，让幼儿有意识地控制、保护自己。 （3）游戏时提醒幼儿要遵守规则。 （4）在活动室活动时提醒幼儿不猛跑，慢慢走以免发生碰撞。 （5）大班幼儿活动能力增强，有些孩子特别爱跑爱跳爱打爱闹，教师应对经常有这种行为的孩子加强关注，一旦他们有危险行为，应马上制止。 （6）教师可让幼儿通过角色扮演、实际演练等多种形式感知游戏中存在的安全隐患，培养幼儿的自我保护意识。
3	有些幼儿搬椅子时会将椅子举过头顶，坐椅子时会往后翘椅子。	进行教育活动时提醒幼儿要遵守搬椅子、坐椅子的规则：搬椅子时平着搬；坐椅子时平稳地坐，不晃动椅子。
4	集体活动时，小椅子一个挨着一个，幼儿搬完椅子时，没有将手及时拿开，有时会被旁边小朋友放的椅子夹住手。	在幼儿并排摆放椅子时，教师要特别提醒幼儿注意不要被夹到手，并找时机进行相关的教育活动，引导幼儿意识到搬椅子不及时将手拿开，可能会夹住手。

（续）

序号	安全隐患	预防措施
5	拿着铅笔、剪刀等文具随意走动，意外扎伤。	（1）幼儿刚开始学习使用剪刀时，培养他们养成良好的使用习惯。 （2）不能用尖利的剪刀、铅笔对着自己或他人挥舞，如果别人正在做这些危险动作，要避开。 （3）走动时应将铅笔、剪刀等文具放在桌子上。 （4）递给同伴剪刀时，剪刀尖部要向下对着地面。
6	组织教育活动时间过长。	每次教育活动的时间可根据活动的内容、活动的方式和幼儿年龄而定。合理安排时间，以使幼儿不过度疲劳为宜。
7	电教电器设备、玩教具等安装使用不当。	上课前检查电教电器设备、玩教具的安全性，并对这些物品进行定期检查，排除不安全因素。
8	使用剪刀、铅笔、针等锐利材料，稍有疏忽就可能造成划伤、刺伤。	（1）让幼儿掌握一些基本的、必须的安全行为规则。 （2）当幼儿第一次使用某一操作材料时，教师应与幼儿一起讨论分享如何安全使用、使用时可能存在的危险以及如何避免危险发生等。 （3）教师在幼儿对材料的反复尝试中给予适当的安全指导与提醒。

二、课堂安全

你的课堂"安全"吗？

从马斯洛的层次需求论可知，课堂安全是幼儿在课堂上一种正常的、自然的心理需求。这种心理需求不断得到满足，幼儿才能以愉悦的心境参与学习活动。科学研究表明，幼儿在愉悦的状态下，学习的主动性与创造性会更加强烈，热情与激情会更加高涨，思维会更加活跃，理解与记忆会更加准确。在安全的课堂上幼儿才敢说、敢疑、敢问、敢演，这是幼儿进步的阶梯。概而言之，课堂安全是课堂高效的基础和条件，也是高效课堂实践的途径之一。

课堂中安全的感受主要体现在环境安全、人身安全、话语安全、行为安全、评价安全。如果有幼儿面对老师的提问面红耳赤、语无伦次、低头不语，或者回答问题时如履薄冰、战战兢兢，这样的课堂绝对算不上安全课堂。营造安全的课堂氛围，教师要理解和容忍幼儿在学习场所的各种表现，教师有责任给幼儿提供一个安全、舒适的学习生活环境，充分尊重幼儿，保护幼儿的积极性，不随意评判幼儿。

总之，教学要以课堂安全为背景，要给幼儿一个安全、舒适的学习生活环境，是幼儿教师以及学前工作者都必须重视起来的问题。作为幼儿教师，需要有足够的耐心和高度的责任心对待幼儿，绝不敷衍和忽视。

（一）现场还原

"老师，我们可以去活动区玩吗？""老师我们喝完水该干什么了啊？"此类问话在幼儿园里几乎每天都在发生。幼儿不了解一日生活的每一个环节，因无法预知而产生恐惧，心理上没有安全感。在课堂上，当幼儿回答问题出错时受到老师的讽刺挖苦，会给幼儿造成不敢回答问题的恐惧心理。有的老师为了镇住孩子，板着冷脸去维护课堂秩序，有的幼儿因为"扰乱"课堂秩序受到老师的严厉训斥与体罚等。我们都知道，幼儿的心理是脆弱的，是极其容易受伤害的，一旦受到伤害将会给其人格的健康发展带来难以预料的消极影响。作为教师我们要减少课堂教学对幼儿的心理伤害，使他们身心健康地成长。

（二）险情预测

1. 教师的情绪不能自控

当孩子犯错误时，教师处理起来总会带点负面情感，这样会使幼儿的心灵受到伤害。而有些伤害绝不仅仅是表面的伤害，而是内心深处的伤害，这会长久地影响孩子。

2. 幼儿回答不出问题时

相信每一位老师在上课时，面对回答不出问题的幼儿都曾经说过："还没有想好是吗？那先坐下来想想，听听别的小朋友是怎么说的，好吗？"这时候只要仔细观察刚刚回答不出的幼儿，就会发现尽管老师的态度十分温柔，那坐下的幼儿心里还是非常难受的，因为他从老师的话语中分明感到了自己不如别人，他的自尊心受到了伤害，而教师却还浑然不知。

（三）案例回放

案例一　剪脸事件

某幼儿园里，一位小朋友的姥姥和姥爷去接他的时候就发现他的脸上有伤，后来问这位小朋友是怎么弄伤的，孩子说是老师剪的。而后在调查这件事的时候，又有个别的孩子说"老师也用剪刀剪过我""老师拿剪刀吓唬过我"。成年人面对剪刀时，也害怕被剪刀戳伤，何况是还在念幼儿园的孩子，已经被剪刀剪伤的幼儿长大后面对剪刀时可能仍会有恐惧心理。

案例二　滚烫的暖气片

某幼儿园的教师因为一位小朋友在上课时与同伴打闹，便将这位小朋友的右手按在滚烫的暖气片上长达20分钟，致使该幼儿右手严重烫伤。虽然事后这位教师受到了严肃处理，但她的行为给孩子心理带来了严重的伤害，致使该幼儿在很长一段时间内情绪不稳定，对幼儿园感到恐惧。

案例三　积木洒了

课堂上，幼儿自取积木环节，一位幼儿在拿积木的时候没有拿稳，积木洒了一地，老师言辞刻薄地说："这点事情都做不好，早上没吃饭啊，一点力气都没有，真不知道你爸爸妈妈是怎么生你的！"这样的话对于幼儿来说伤害是巨大的。

（四）事故防范

序号	安全隐患	预防措施
1	教师板冷脸去维护课堂秩序，强制、控制课堂环境，认为好的课堂常规常常是被老师"吓"出来的、"镇"出来的。	（1）教师要引导、激励、鼓励、抚慰幼儿。要满含善意的微笑，为幼儿营造一个安全的心理环境，让幼儿"爱学、乐学、会学"。

（续）

序号	安全隐患	预防措施
1	教师板冷脸去维护课堂秩序，强制、控制课堂环境，认为好的课堂常规常常是被老师"吓"出来的、"镇"出来的。	（2）创设民主和谐的课堂气氛，教师要以和蔼可亲的态度和温柔的话语与幼儿交流，要无条件地关注每一位幼儿，要让幼儿感受到教师真诚的关怀。 （3）无论是性格外向还是内向的教师，在组织幼儿活动之前一定要调整好自己的情绪，特别是碰到不如意的事情时，更需要调整好自己的情绪，努力争取在组织幼儿的每一次活动时，都能以积极的态度去带动幼儿、感染幼儿，以促进幼儿的心理健康发展。 （4）教师要努力改善自己的个性品质和心理健康情况，应始终保持平和愉悦的心境。 （5）纪律是集体活动所必须的，但纪律必须服从于教育目的，它不能是束缚儿童健康活泼发展的桎梏。 （6）在教育活动的组织中，教师应该管的合理，做到管而不死，活泼有序。
2	不允许幼儿失败和犯错误，会使幼儿生活在一种无形的压力之中，对他们的心理健康会产生消极的影响。	因为幼儿经验不足，能力有限，失败和犯错误都是难免的。教师应该为幼儿创造一个充满爱、相互尊重、相互关心的氛围。即使幼儿失败或犯错误了，教师要以宽容的心态去对待，以平和的态度去引导。
3	当幼儿回答问题出错时，教师讽刺挖苦严厉训斥幼儿，从而给幼儿造成不敢回答问题的恐惧心理。	（1）教师要从幼儿的思路出发，多想想幼儿为什么会这样回答问题，有没有合理的地方。 （2）教师要尊重幼儿的选择，尊重幼儿的不同见解，尊重幼儿的个性。 （3）教师要及时通过动作、神态、语言等方式，给予幼儿激励、唤醒、鼓舞，这就是给予幼儿安全感最好的方式。 （4）老师必须要尊重幼儿，保护幼儿的思维，不可以随便评断幼儿，更不可以轻易对幼儿的问题下结论，尤其不可以对幼儿本人下负面结论。 （5）幼儿的学习水平是有差异的，在课堂上，教师要营造一种互相请教、互相解答的氛围，这有利于幼儿之间的互相接纳，也能更好地营造安全感。

第四节 | 户外活动中的安全管理

（一）现场还原

户外活动是幼儿一日生活中不可缺少的环节，也是活动时间较长、比重较高的一个环节。在这个环节中教师们设计了各种集体游戏和分散游戏。户外活动时间可以说是孩子们在幼儿园身体运动最集中的时间，也是孩子们最活跃、最快乐的时间。每到户外活动时间，孩子们就像一匹匹奔跑的小马在操场上自由自在地嬉戏。尤其是分散游戏时间，孩子们会像到了游乐场一样，有的幼儿喜欢挑战大型器械游戏，如玩各种高低不同的滚筒滑梯、锁链荡桥、攀岩墙、荡秋千；有的幼儿喜欢玩小型体育器材，如投掷类、圈类、球类、棍类等。孩子们玩着自己喜欢的游戏就像脱缰的小马一样，忘我驰骋。在这愉快的游戏中，哪个孩子又能注意到身边存在的安全隐患呢？

（二）险情预测

1. 户外活动场地、设施

（1）活动场地内地面是否平整，是否有碎石、玻璃碎片等危险物品，都必须进行检查。如果场地坑洼不平幼儿容易摔倒，有碎石、玻璃碎片等会扎伤幼儿。

（2）户外活动场地摆放的物品、玩具设施、设备等是否安全，都会构成幼儿游戏中的安全隐患。如玩具器械上的螺丝缺失、器械破损、秋千上的绳索不牢固等，如果没有检查出来及时维修，就有可能发生致命的安全事故。

2. 户外活动时的衣着

（1）户外活动中，幼儿穿有带子的连帽衫。在幼儿追逐跑闹时，带子很容易被其他幼儿拽住或被物体挂住而勒住脖子。如幼儿在滑滑梯的时候，帽衫的带子挂住了大型玩具的某个地方，幼儿滑下去了而带子被卡住了，就会勒住幼儿的脖子。

（2）幼儿的鞋子大小不合适，鞋子过大会因鞋子不跟脚而摔倒、扭伤等，鞋子太小会因挤脚而行动受阻。鞋带没有系好或鞋子不适合，在活动时容易摔倒或发生扭伤等事故。

（3）幼儿穿着长及膝盖的外套，因行动不便容易摔倒。

3. 户外活动中游戏器械的安全

（1）户外活动滑滑梯的时候，一些幼儿总喜欢尝试滑梯的多种滑法，寻求刺激。如滑滑梯时趴着头朝下滑，如果没有控制住，头部先冲下去，易发生脸部挫伤或脖子扭伤。

（2）分散活动时，有的幼儿拿着带有绳子的沙包或者其他投掷类玩具抢来抢去，如果没有抓住甩出去，就会甩到其他幼儿身上、脸上、眼睛上。

（3）幼儿在练习跳绳的时候，用跳绳抢着玩。幼儿的活动空间不是很大，幼儿本身又不具备灵敏的躲闪和自我保护的能力。一些幼儿用跳绳当做游戏工具，跳绳上一般都有木质或者塑料的绳把，绳子一抢就可能抢到其他幼儿的头或眼睛上。

（4）幼儿集体玩大型玩具的时候，都想自己先玩。在上下台阶、攀爬或者从大型玩具上往下跳、从滑梯上向下滑时很容易发生危险，此时如果老师没有发现或者没有预见性地进行提醒，就很有可能发生意外。

4. 户外活动的组织

（1）户外活动时操场上没有厕所，幼儿大小便的时候，需要回教室或幼儿园楼里。有时去厕所的幼儿多，由老师带领着，但如果个别幼儿自己去找厕所，就有可能埋下安全隐患。如幼儿在去厕所的路上发现新奇的事物，忘我地去玩或去探究，有可能发生不可预知的意外。

（2）小班的教师为了便于管理幼儿，怕孩子走失，就在户外游戏时让幼儿排成一纵队，一个拉着一个，有的幼儿拽着前面幼儿的衣服，像长长的火车一样。但是小班幼儿个头差异不大，后面的幼儿容易被前面幼儿挡住视线看不见路，他们脚下又没有宽阔的走动空间，绊倒、磕伤是难免的。

（3）户外游戏结束时，老师带领幼儿回班级时没有清点人数。如果操场上还有其他班级的幼儿在游戏，本班幼儿很有可能没有跟着本班教师回班，仍然在操场上和其他班幼儿游戏。等其他班幼儿回班后，本班幼儿独自回班会发生走失或者其他事故。

（4）幼儿在活动中因不能自我调节造成运动量过大，而产生身体疲劳，动作做不到位，引发生碰撞、跌倒。

（5）幼儿在活动中缺乏生活经验和控制协调能力，在追逐跑动中速度过快或情绪过于兴奋，躲闪不及导致摔倒或与他人、器械发生碰撞等。

（6）教师在安排活动内容时，对于使用的器械和材料是否安全，材料摆放的位置是否适宜，活动量是否科学，活动规则是否合理等方面考虑不周全时，会给幼儿的活动埋下安全隐患。

（三）案例回放

案例一　头朝下滑滑梯

户外活动时间，幼儿正在进行分散活动，有的幼儿选择玩大型玩具，有的幼儿选择玩攀爬架，有的幼儿选择玩小器械玩具等。大家玩得正高兴，突然"哇哇"的哭声响了起来。原来是东东从滑梯上趴着往下滑，还没有趴稳，后面的小朋友就推了他一把。结果，东东头朝下快速地从滑梯上滑了下来，脸被挫伤了。

案例二　跳绳时没看左右

户外活动时间，中班幼儿在操场进行跳绳锻炼，一部分幼儿已经会跳，另一部分幼儿正在尝试怎样跳过去。几分钟后，小雪捂着脸哭着来找老师，说小朋友用绳子抢她的脸。老师赶紧检查小雪的脸部并给她敷药。随后老师问明了情况，原来前面的小朋友在很认真地练习跳绳，但是由于不会跳，脚步控制不好，他们一边跳，脚下一边向后挪动，跳着跳着，跳绳就抢在后面幼儿的脸上了。

案例三　开火车

小班教师为了避免幼儿走失或者混到其他班级中，经常会组织全班幼儿玩"开火车"的游戏，让他们像火车车厢一样，一个拉着一个，排成长长的一列。一天，某幼儿园小班的小朋友一个拉着一个，在操场上玩开小火车的游戏。班内的牛牛由于个子小，跑得慢，看不清眼前的路，只能被前面的小朋友带着磕磕绊绊地向前跑。不一会儿牛牛就被带倒磕在地上，鼻子被划伤，嘴唇被磕肿了。

案例四　要命的帽子带儿

某幼儿园一个班的孩子，在老师的带领下来到户外一个组合式大型玩具器械前游戏。两名老师分别站在器械的两侧，其中一位老师在与其他班的老师说话。这时几个孩子慌慌张张地跑过来，叫着："老师，老师，轩轩挂住了！"老师急忙赶过去发现轩轩被脖子上的一根细绳吊着挂在滑梯上端。老师连忙爬上去把他抱了下来，幸亏发现得还算及时，轩轩没有受伤，但他的脸上已经出现了血点。

原来轩轩在从滑梯滑下的一瞬间，帽子两边垂下的绳子一端缠在了滑梯边的柱子上，虽然老师分别站在两侧，但是其中一位老师的注意力并没有关注孩子，险些发生让人懊悔不已的重大事故。

户外活动中，幼儿都处于活动中很兴奋，由于他们生活经验缺乏，大肌肉发育不协调，随时都有可能发生意外，此时教师要全神贯注地看护幼儿，随时捕捉不安全的现象，及时提醒阻止幼儿。

（四）事故防范

序号	安全隐患	预防措施
1	户外活动的场地、设施布置安排。	（1）户外活动场地要坚持定期检查，保证场地平整、无危险物品。 （2）玩具、器材等要定期检修。户外活动所用的运动器材要提前检查是否完好，一旦发现损坏要及时维修或更换。 （3）等待维修的大型玩具应及时悬挂警告标示，提醒教师、家长带领孩子远离损坏的玩具设施。
2	户外活动时的衣着。	（1）教师的着装要轻便、舒适，穿便于活动的运动鞋。 （2）户外活动时幼儿需穿适宜活动的服装，衣服尽量为纯棉的、容易吸汗的，裤子要有弹性便于奔跑伸展，尽量穿舒适的运动鞋。 （3）幼儿上衣帽衫有拉绳的，尽量劝说家长拆掉，没有拆掉拉绳的帽衫，教师要把拉绳塞到衣服里面。 （4）准备户外活动时，教师要检查幼儿穿着是否适宜，如鞋带是否系好、鞋子是否合脚等，以便及时调整。

（续）

序号	安全隐患	预防措施
3	户外活动的组织。	集体活动 （1）户外活动时最少保证两名教师参与。 （2）教师随身携带一些必备品，如：卫生纸、手绢、防蚊虫叮咬的药等。 （3）集体游戏前，要进行身体各部位的热身运动。例如：投掷游戏，尽量多进行上肢的热身运动；跑跳类游戏，多进行下肢及脚的热身运动等，避免幼儿在活动中拉伤。 （4）三位教师应该分工明确，保证所有幼儿都在教师的视线之内。 （5）集体游戏要保证每位幼儿都参与。进行游戏时教师要随时关注班集体中的体弱儿、肥胖儿和过分活跃儿等这些特殊幼儿，尽量用不同的游戏策略，带动这些幼儿游戏，避免因方法不当引起伤害。 （6）集体游戏时班级与班级之间要留有一定距离。 分散活动 （1）随时保证三位教师的站位能够关注到分散在周围的全部幼儿。 （2）在幼儿选择的游戏具有一定危险性时或者在幼儿相对集中的地方，要有教师看护。 （3）分散活动中选择投掷类、棍类、圈类等游戏的幼儿，他们之间要留有一定距离，避免幼儿之间碰撞。 其他 （1）在户外游戏时幼儿要去大便或者小便时，不能让幼儿独自回教室或去其他地方方便，教师可以询问是否还有一同大小便的幼儿，如果没有，即便是一名幼儿前去，教师也要跟随。 （2）当只有一名教师看护户外活动时，个别幼儿发生突发情况，如尿裤子、流鼻血等，教师不能让幼儿独自回班级找配班教师，也不能让班级中能力较强的幼儿带领回班，教师应组织幼儿暂时停止游戏，带领幼儿共同回班。
4	跳绳活动。	（1）引导幼儿知道跳绳能够抡伤人具有危害，知道哪些不当的做法会伤害别人，学习怎样躲避伤害并保护自己。 （2）在跳绳的时候，引导幼儿观察身边是否有同伴，跳绳时同伴之间要留有足够的空间。 （3）随时关注跳绳的幼儿，当发现幼儿抢绳把或者拖绳子

（续）

序号	安全隐患	预防措施
4	跳绳活动。	跑、用绳子去套其他幼儿等不当的方法游戏时，教师及时引导幼儿正确使用跳绳或者引导幼儿进行其他游戏。
5	跑跳类游戏。	（1）跑前要先做热身运动，活动腿和脚。 （2）在跑类游戏时要勘察好游戏场地，尤其是四散跑时场地要宽阔，不要有过多的障碍物。 （3）避免组织幼儿一个拉一个跑或走，以免幼儿脚步前后不一，引起磕绊或视线遮挡，以致一连串摔倒。
6	滑滑梯游戏。	（1）滑滑梯时，教师要关注容易发生危险的地方，如需要攀爬的旋转梯、高处护栏较低的地方。 （2）在游戏中关注幼儿的玩法，对于趴着滑、跪着滑、翻身倒着滑、拥挤推人、从滑梯高处向下跳的幼儿，教师要有预见性地及时制止。 （3）选择滑梯游戏时，尽量让幼儿集中在一个大型玩具上游戏，确保教师在巡回时能够关注到全部，及时发现、制止可能出现的危险动作。

第五节 | 班级内物品的安全管理

（一）现场还原

不管多大的幼儿园，都是由一个个班级组成的，每个班级中都有供幼儿生活、游戏使用的各种物品和玩具等。如：有供幼儿喝水的暖壶，有给幼儿存药的药袋，还有放置柜和教学活动使用的电脑多媒体，音乐表演中使用的各类音响电子产品等。在班级中，幼儿、教师天天和这些物品接触。如果放置时没有考虑幼儿的活跃性和好奇心，摆放得比较随意，就存在潜在的危险，会给幼儿造成不同程度的伤害。

（二）险情预测

1. 生病幼儿的家长会带一些当天服用的药物，这些药物如果放在幼儿能够拿到的地方，往往会被幼儿误食。

2. 为了给幼儿削水果，班级里都会备着水果刀。如果水果刀随手乱放，一旦被幼儿拿到，就有可能伤害到自己或其他幼儿。

3. 班级里时常会摆放一些盒子、箱子来放置物品，幼儿出于好奇经常踮着脚摸一摸，不小心扒下来正好砸在身上，如果物体有棱角，幼儿肯定受伤。

4. 洗消用品是每个班级里必备的清洗消毒用品，有些是装在饮料瓶子里，有时教师用完后很随意地放在盥洗室。幼儿发现后，不是拿起来洒着玩，就是当成可以喝的饮料误食。

5. 班级里的暖壶、保温桶是给幼儿倒水、晾水的，打好开水后就应该放置在幼儿不易触碰到的地方，如果幼儿不小心碰倒，后果不堪设想。

6. 班级的一些电器设备，如多媒体、电脑、录音机以及遥控器等，如果没有摆放到安全位置，在幼儿摆弄电器时，有可能触碰电源接口，导致触电；如果随意摆放，幼儿拿到后可能会抠出里面的电池玩耍。

（三）案例回放

案例一　误将洗涤灵当饮料

4岁的楠楠活泼好动。一次，在喝水前去盥洗室洗手，发现了洗手台上用可乐瓶装着的洗涤灵，以为里面装的是可乐，拿起瓶子就把洗涤灵到入嘴里。由于入口后味道不对，楠楠大口大口地呕吐。当其他小朋友把老师叫过来时，楠楠的脸都吐白了。

案例二　水果刀要放好

5岁的明明在班级里拿着"奥特曼"玩耍，玩着玩着发现了玩具柜上摆放的水果刀，就随手拿起当武器，与小朋友挥舞起来。可是明明手中的刀没有躲开小朋友，一下划到其他小朋友脸上，小朋友脸上立即流血了。水果刀原是老师用来裁纸的，裁好纸就把刀放在了玩具柜上，导致了这一事故的发生。

（四）事故防范

序号	安全隐患	预防措施
1	班级有生病的幼儿需携带药品。	（1）在班里设置专门的药物分类袋，分类袋上标明幼儿服用药品的名称和时间。 （2）一定把药品分类袋放置在幼儿用手碰不到的地方，按时给幼儿服用。
2	班级里有水果刀。	（1）水果刀是教师给幼儿削水果用的，最好是折叠刀，如果不是带有安全套的刀，平时不用的时候要放在幼儿拿不到的地方。使用的时候拿出来，使用完毕及时放回原处。 （2）对幼儿进行尖利物品如何使用的安全教育，让他们懂得尖利物品带来的伤害。
3	班级中有箱子、盒子。	班级中的桌子和幼儿能够伸手触碰到的柜上，尽量不要放箱子、盒子或者带有棱角的物品。如果临时需要，在工作完毕后一定及时清走。

（续）

序号	安全隐患	预防措施
4	盥洗室的消毒液和清洗用品。	（1）教师在生活中要通过不同途径为幼儿讲解洗消用品的作用，引导幼儿了解洗消用品不能够食用，和幼儿一起给此类用品制作不能触碰的标志。 （2）班级里的消毒液、洗消用品尽量不用饮料瓶子盛装，以免幼儿误食。 （3）所有的消毒液、洗消用品应该放置在幼儿碰触不到的地方，使用完毕后马上放回原位。 （4）幼儿进行盥洗和喝水时，至少要有一名教师随同，在只有一名教师的情况下，教师的站位要保证既能够看到盥洗室里的幼儿，也能看到其他地方的幼儿。
5	班级里的暖水瓶。	暖水瓶放置在安全的地方，保育员在打完开水后要及时将暖水瓶放在封闭的柜子里，不能放在幼儿经常喝水的地上或者桌子上，以免碰倒引起炸伤或者烫伤。
6	班级中的电器设备。	（1）经常检查班级的电器设备是否有漏电或者线路损坏的现象，不把电源插头裸露在外面。长期不用的设备不在班级中出现。 （2）电器设备放置在高处，日常生活中培养幼儿不随意摆弄班级中的电器设备的好习惯。

安全活动教育案例

　　俗话说："授人以鱼不如授人以渔。"教师在对幼儿实施积极保护的同时，还应对幼儿进行安全教育，培养他们的安全意识，提升安全能力。这就需要教师在日常生活中为幼儿开展安全教育活动。

　　在对幼儿实施安全教育的过程中，教师要树立"生活处处有教育"的原则，要善于敏锐地发现、挖掘生活中安全教育的内容，注重在幼儿日常生活学习的各个环节中渗透，还要有抓住生活中、社会上突发事件开展安全教育的意识。

　　在安全教育活动的设计、组织、实施过程中，教师要根据幼儿的年龄特点，立足于现实生活，通过生动活泼、幼儿喜闻乐见的教育形式来开展活动。如：在"幼儿一日生活"的各个环节中，通过讲故事、念儿歌、情景剧表演等多种形式，让幼儿在唱唱跳跳、玩玩乐乐中明白什么是安全的，什么是危险的，知道遇到危险时应该怎么办，怎样做才能避免危险、有效地保护自己。

在安全教育目标的制定、内容选择上，结合幼儿生活中的游戏安全、交通安全、消防安全、食品卫生安全、防触电教育等方面的内容，根据幼儿的不同年龄特点开展。如：在交通安全主题活动教育设计上，小中大班的目标定位不同，小班幼儿通过游戏知道"红灯停、绿灯行"，过马路时要拉着大人的手；而中班幼儿应知道不在马路上玩耍，行人要走便道，不独自过马路，机动车在马路上行驶；大班则在此基础上学会看一些简单的交通信号，知道基本的自护知识。

通过实践得出，幼儿园的安全教育活动可以借助以下几种途径来实施：

（1）生活中渗透：结合一日生活的各个环节渗透安全教育内容；

（2）游戏中贯穿：通过生动有趣的游戏形式开展安全教育活动；

（3）活动中体验：通过丰富多彩的主题活动让幼儿体验安全自护技能；

（4）环境中展示：通过直观形象、浅显易懂的墙饰让幼儿感知安全教育内容；

（5）家园中互动：整合幼儿家长资源，请他们支持、参与幼儿园的安全教育；

（6）随机性教育：在日常生活中抓住偶发事件进行随机教育。

在幼儿园开展适合幼儿年龄特点的安全教育活动，将安全意识融入孩子日常生活的点点滴滴，有助于他们自我保护意识和能力的提升，能够提高幼儿安全教育的实效性。

第一节 | 小班安全教育活动案例

生活中的安全

活动一 小插座，不能摸

设计思路

幼儿正处于认知期，他们对周围的一切都充满了好奇，什么事情都想亲自尝试，对于给人们带来各种便利的"电"，他们更想去摸一摸、碰一碰。一天，吃完早饭，部分幼儿去了音乐区游戏，我正照顾吃饭慢的幼儿，这时帅帅跑来说："老师，永生要自己插电视机的插头。"我连忙跑过去，看到永生正拿着插头往上插，我着急地叫道："永生快放下。"事后想想真是捏了一把汗。为了加深幼儿对电的认识，提高安全意识，开展了这次活动。

活动目标

1. 让幼儿知道不能用手指或其他东西捅插座上的洞洞。
2. 初步让幼儿了解触碰插座的危险。

活动重点

了解触碰插座的危险，找出班级内危险的地方，知道怎样避开危险。

活动准备

故事的PPT，电源插头，插座，录像片。

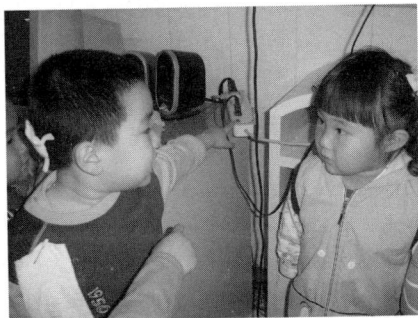

活动过程

（一）故事《可怕的洞洞》。

1. 教师演示PPT，讲述故事。

2. 结合故事提问。

（1）沸羊羊自己在家做了一件特别危险的事情，你们知道他做了什么事情吗？

（2）为什么沸羊羊摸了电插座上的洞洞会倒在地上？

（3）美羊羊看到了来救它，结果怎么样？

（4）最后，喜羊羊用什么方法救了沸羊羊和美羊羊？

（5）小结：电源插座的洞洞里面有一个叫"电"的怪东西，我们看不见它，但是它很危险，只有大人才能管住它，小朋友千万不能去摸，也不能用手指、小棍去捅电源插座上的洞洞。如果要连接电源，一定要找大人帮忙。

（二）出示实物电源插座，帮助幼儿初步了解一些电源、插座的知识。

（三）结合活动区中发生的事情，说一说为什么小朋友自己不能去插电源。

教师：刚才永生自己拿着电视机的插头去接电源插座，他这样做对吗？

幼儿：不对，插座有电，小朋友去摸会被电"蛰"伤的。

幼儿：插头有电，小朋友不能摸。

幼儿：电线也有电，小朋友摸了会被电死。

教师：找一找班里还有哪些危险的地方不能摸？

幼儿：电脑旁边那个长长的插板有电不能摸。

幼儿：电脑的电线也不能拔。

教师：发现小朋友做危险的动作时，我们该怎样做？

幼儿：我立刻告诉老师。

幼儿：我告诉他危险不能动。

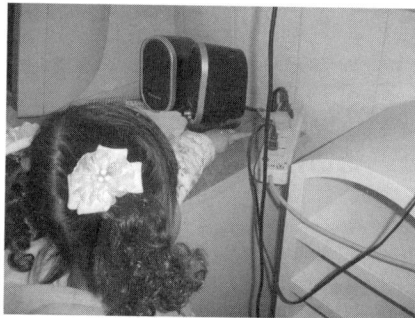

活动延伸

1. 在阅读区投放有关"电"的绘本，引导幼儿进一步了解电的知识。

2. 家园共育：给幼儿讲解电的知识并告诉幼儿家中哪些地方危险不能碰。

活动反思

活动内容选自幼儿身边的事，为了引起幼儿的关注，教师抓住幼儿喜欢听故事、看动画的特点，让幼儿通过听、看、提问及与同伴交流等多种方式，帮助幼儿了解触碰电源的危险。又通过让幼儿寻找、发现班里危险的地方，帮助幼儿树立安全意识。平日里教师也应做好安全防范工作，如把班级中的电源插座放在隐蔽、不易被幼儿发现的地方，在插座上加上安全盖，预防幼儿触碰。

活动点评

教师能够发现幼儿身边潜在的安全隐患，开展相关的安全教育活动，并能通过听故事、看动画等手段，尽可能直观地让幼儿去理解"电"的特性，了解触碰电源的危险性。此活动与日常生活紧密结合，内容比较适合3～4岁的儿童。在活动的延伸部分，做到了家园共育，让家长关注家中电源插座的放置位置，进一步强化了幼儿的安全意识。

（教师 余青）

活动二 会咬人的小拉链

设计思路

小班幼儿的手指小肌肉尚未发育完全，动作还不够灵活、协调，在穿衣扣纽扣、拉拉链时会有困难。现在幼儿的衣服各式各样，有纽扣衫、套头衫、拉链衫等。家长在买衣服时，有时只注重衣服的漂亮美观，忽略了三岁幼儿穿衣的难度。幼儿在家穿衣多是家长帮忙，小班入园初期穿衣基本上由教师帮忙，幼儿在学习拉拉链时，常常揪着小拉链上下不停地拉动，下巴很有可能被拉链卡住。

活动目标

1. 知道拉拉链时不猛拉、不上下反复拉。

2. 初步树立自我保护意识。

活动重点

学会正确地使用拉链，拉拉链时轻轻地拉。

活动准备

小朋友穿衣服的课件，若干件带拉链的衣服。

活动过程

（一）活动导入：观看课件。

播放课件，内容：午睡起床，小朋友都在认真地穿衣服，突然豆豆"哇"地一声哭了。老师走到豆豆身边温柔地问："豆豆你怎么了？"豆豆流着眼泪捂着下巴直喊疼，说："老师，拉链咬到我的下巴了。"

（二）教师出示带拉链的衣服引导幼儿讨论。

教师：小朋友，豆豆为什么哭呀？

幼儿：豆豆的下巴被小拉链咬住了，疼哭了。

幼儿：豆豆穿衣服时不小心被衣服拉链夹到肉了。

教师：小朋友想一想拉链为什么咬住了豆豆的下巴？

幼儿：豆豆拉拉链的时候太用力了。

幼儿：豆豆拉链拉得太靠上了。

教师：应该怎样拉拉链，就不会被拉链咬住了呢？

幼儿：轻轻往上拉。

幼儿：不要拉得太靠上。

幼儿：拉拉链的时候把头抬起来，不能低着头。

（三）学习儿歌，掌握拉拉链的技能。

1. 教师示范正确拉拉链的方法。

2. 结合儿歌和小朋友一起做拉拉链游戏。

小　拉　链

小拉链，像火车，插好铁轨上山坡。

吱扭吱扭爬上山，爬到山顶往上看。

小拉链，像火车，哧溜哧溜下山坡。

一直开到山脚下，拔出铁轨停好车。

延伸活动

1. 在娃娃家中放置一些带拉链的小衣服，供幼儿学习拉拉链。

2. 将儿歌贴在家园栏中，提示家长在家中引导幼儿学习拉拉链。

活动反思

在今天的活动中，幼儿自始至终都兴趣盎然。首先，教师利用课件的形式向幼儿展示了活动的内容，小班幼儿对于这种形式接受起来很快。其次，教师又利用直接提问的方式引导幼儿梳理故事的内容，明白了怎样不被小拉链咬住下巴，怎样使用小拉链。最后，活动利用儿歌的形式学习巩固使用小拉链的方法，直观形象，效果很好。

活动点评

本节活动目标符合幼儿的年龄特点和实际发展水平，具体明确。内容

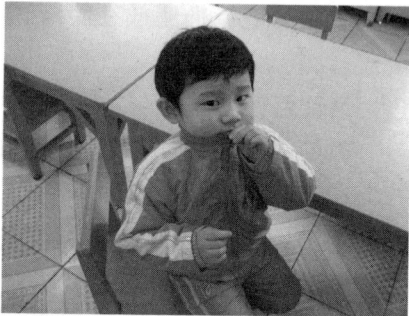

的选择贴近幼儿的生活，能够解决幼儿生活中的困难，提高幼儿的生活自理能力。让幼儿了解在学习拉拉链的过程中知道怎样做才是安全的，怎样保护自己不受伤害。本次活动设计符合小班幼儿的年龄特点，通过此次活动提升了教师经验和幼儿能力。

（教师 闻昕）

活动三 小剪刀

设计思路

小班幼儿可以初步掌握一些精细小动作，精细小动作的发展不仅有利于他们的身体发育，而且对他们的思维发展有重要影响。学前初，我发现很多小朋友在美工区都喜欢用小剪刀。由于剪刀是比较危险的物品，在家里家长很少让他们用剪刀。为了满足幼儿的兴趣需要，教给他们正确使用剪刀的方法，我们开展了"小剪刀"系列活动，给幼儿创造使用剪刀的机会，以提升幼儿的自我保护意识和能力。

活动目标

1. 鼓励幼儿运用多种感官表达自己对剪刀的认识。

2. 初步尝试正确使用剪刀方法。

活动准备

小剪刀若干，彩色纸条，印有水果、蔬菜等的图画纸。

活动过程

（一）引导幼儿认识小剪刀。

1. 看一看小剪刀像什么呢？

幼儿：小剪刀像蝴蝶一样有翅膀。

幼儿：圆圆的像两个鸭梨。

幼儿：像小鸟一样。

幼儿：像山洞一样，手指可以钻进去。

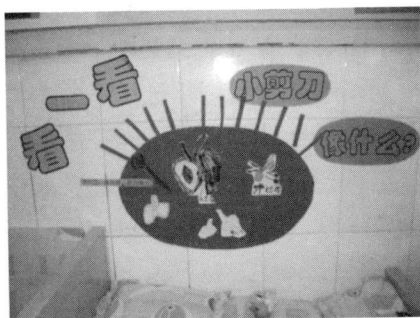

幼儿：像滑梯一样的颜色，是红色的。

2. 摸一摸小剪刀。

幼儿：剪刀像冰棍一样凉。

幼儿：像冰箱似的冷冷的，像骨头一样硬。

幼儿：像头一样硬硬的（一边说一边用手指着自己的脑袋）。

幼儿：跟石头一样硬。

幼儿：小剪刀动起来还会响呢！

3.听一听小剪刀动起来声音像什么？

幼儿：像拍手的声音，啪、啪、啪；像沙锤的声音，沙、沙、沙。

幼儿：像门发出的声音，嘭、嘭、嘭。

幼儿：像车铃的声音，铃、铃、铃。

幼儿：像钢琴发出的声音，叮、叮、叮。

（二）教师讲述故事"有趣的牙齿"，激发幼儿使用剪刀的兴趣。

1.教师讲述故事。

有一天，三只小动物在一起玩，他们说起了自己的牙齿，小兔指了指自己的嘴巴说："我的牙齿可厉害了，能吃脆萝卜。"小猫说："我的牙齿也厉害，能吃掉一条鱼。"小狗张大嘴巴说："我的牙齿更厉害呢！能啃动硬骨头。"

小剪刀听了他们的话，在一旁想，我要是也有很多的牙齿，那该多好呀！剪刀妈妈说："我们也有牙呀，不信请你看看。"说着剪刀妈妈张大嘴巴，开始吃了起来。

2.结合儿歌，教师示范使用小剪刀。

（1）教师一边念儿歌，一边示范使用小剪刀。

老大老二和老三，手指藏进洞里来；

一张一合剪剪纸，刀尖不要对着人。

（2）请幼儿拿起手中的小剪刀，剪一剪。

3.引导幼儿正确使用小剪刀。

教师拿着印有各种蔬菜水果的图画纸问：小朋友，你们喜欢吃什么呢？请把你们喜欢吃的东西剪下来好吗？

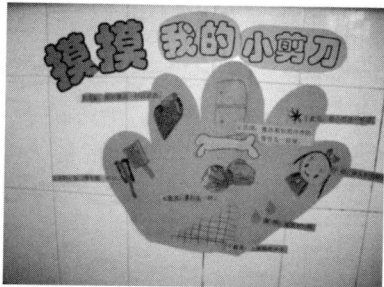

幼儿：我喜欢吃虾，我要把大虾剪下来。

幼儿：我喜欢吃葡萄，我要剪大葡萄。

…………

教师巡回指导幼儿使用小剪刀，纠正幼儿不正确的姿势，并提醒幼儿注意安全。

（三）分组讨论，使用剪刀时应该注意什么。

1. 教师将小朋友进行分组，然后提出问题：我们使用剪刀时应该注意什么呢？

一组讨论结果：小朋友使用剪刀时，不能离剪刀太近。

二组讨论结果：小朋友使用剪刀时，要相互保持一定的距离。

三组讨论结果：小朋友使用剪刀时，小剪刀的"嘴巴"不要对着其他人。

四组讨论结果：尽量不要去碰正在使用剪刀的小朋友。

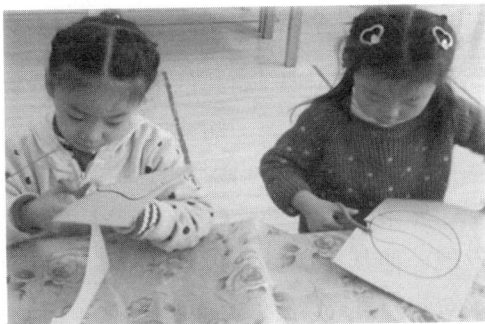

2. 教师把讨论结果进行总结，引导幼儿知道怎样使用小剪刀最安全。

（四）学习收放小剪刀。

教师：小朋友，我们学会使用小剪刀了，你们知道如何收放小剪刀吗？

先请幼儿讨论，然后教师结合儿歌示范收放小剪刀。

小剪刀，手中拿，

张开嘴，笑哈哈。

咔嚓嚓，咔嚓嚓，

吃饱了，合上嘴。

握住尖尖小嘴巴，

送回小筐睡觉了。

活动延伸

1. 结合美工活动，请幼儿画一画小剪刀。

2. 家园共育：请家长和幼儿一起使用小剪刀剪东西。

活动反思

在小班幼儿的探索活动中，探索的兴趣来源于幼儿的生活，从幼儿好奇地提出"吃什么？""剪什么？"的问题开始，充满新奇和快乐的探索就在他们的心中拉开了帷幕。小班幼儿对"吃"有着最直接、最丰富的经验和兴趣，幼儿对图片上的食物非常感兴趣，积极尝试着用剪刀剪下自己喜欢吃的食物。由于个别幼儿从来没有使用过剪刀，开始有些不敢动剪刀，在老师的引导下，也动手剪了起来。本次活动中，有一个小朋友会使用小剪刀沿轮廓线剪，但是不会转纸剪，有两个小朋友能较好地剪直线，多数幼儿有使用剪刀的愿望，但是不会正确地使用剪刀。在今后的活动中，我们还要给幼儿多提供使用剪刀的机会，满足幼儿使用剪刀的兴趣。

活动点评

在小剪刀活动中，幼儿情绪愉快，敢想敢说，参与活动的兴趣非常高，教师用心倾听幼儿的话语，充分尊重幼儿的想法，给他们提供自由表达的机会，并调动了幼儿的视觉、听觉、触觉等多种感官来认识小剪刀。在使用剪刀的过程当中，教师能根据幼儿的兴趣选择活动内容，充分发挥了幼儿学习的主动性，丰富了幼儿的感性经验，促进了幼儿的手部小肌肉发展，使其更加灵活，培养了幼儿正确使用剪刀和拿取剪刀的习惯，提高了幼儿的自我保护意识。

（教师 刘维、乌玉红）

活动四 穿上拖鞋慢慢走

设计思路

小朋友们午睡时会换上小拖鞋，换拖鞋时有的小朋友分不清左右脚，还有的小朋友穿拖鞋上厕所时很容易滑倒。基于以上现象，我们设计了这次活动。

活动目标

1. 学会穿拖鞋，能够分清左右脚。

2. 知道穿着拖鞋慢慢走，不奔跑。

活动重点

能够分清左右脚，知道穿着拖鞋慢慢走，不能跑。

活动准备

各式各样的拖鞋若干，左脚的拖鞋装一个盒子里，右脚的拖鞋装一个盒子里。

活动过程

（一）游戏"拖鞋找朋友"，教师出示装拖鞋的一只盒子，请小朋友选一只。

1.说一说，你们拿到的拖鞋是什么颜色的？上面有什么图案？

请幼儿说一说自己手中拖鞋的特征。

2.找一找，请在另一个盒子里帮你手中的拖鞋找到它的朋友。

幼儿根据自己手中拖鞋的特征，找相配对的另一只拖鞋。

（二）穿穿拖鞋。

1.教师：小朋友为拖鞋找到了朋友，那么我们来穿穿拖鞋吧。

先让幼儿自己穿拖鞋，然后教师边说儿歌边示范穿拖鞋的方法，穿好后请幼儿相互检查同伴穿得是否正确。

> 小拖鞋，穿我脚；
>
> 轻轻地，慢慢走；
>
> 不快跑，不摔跤；
>
> 穿完后，要放好。

2.穿好拖鞋走一走。

教师带着穿拖鞋的幼儿走一走，体验穿拖鞋的感觉。

（三）交流讨论。

1.我们应该怎样穿拖鞋？

2.穿上拖鞋走路要注意些什么？

3.怎样穿拖鞋不容易摔跤？

4.小结：换上拖鞋是为了放松我们的小脚，让我们的小脚更加舒服，穿上拖鞋后要慢慢走，不能跑，小心地滑摔跤。

活动延伸

请幼儿讨论穿拖鞋的时候应该注意什么，结合美工活动将注意事项画下来，贴在主题墙饰上。

活动反思

在第一环节中，通过游戏的方式激发了幼儿积极参与活动的兴趣。在为拖鞋找朋友、交流讨论、分享经验的过程中，幼儿通过寻找，发现了左右图案、拖鞋大小的不同。教师鼓励幼儿将在给手中的拖鞋配对中得到的经验告诉同伴。活动中幼儿的兴趣浓厚，特别是为拖鞋找朋友环节，既能满足幼儿操作的欲望，又能让幼儿从中体验到活动的快乐和成功。

活动点评

从活动可以看出教师平时的观察非常仔细，能发现生活中存在的一些安全隐患。教师借助幼儿身边熟悉的事物开展活动，整个活动贴近幼儿生活，幼儿有类似的经验。活动通过猜一猜、找一找、摸一摸、试一试等环节帮助幼儿了解拖鞋的特点和用途，既符合小班幼儿的年龄特点，又符合孩子们发展的需要，教师能很好地把握活动重点，有效地突破教学难点。

（教师　崔红健）

活动五　小心别让门缝咬了手

设计思路

开门与关门是幼儿日常生活中非常常见的事情，有些幼儿在开关门时动作很重。幼儿好奇心强，又好动，常常会趁老师不注意做一些危险动作。一次，两名幼儿站在门口玩游戏，门被风吹动自动关闭了，夹到了幼儿的手。为了提醒幼儿注意身边的危险，提高自我保护意识，设计了此次活动。

活动目标

1.学会开门与关门的方法，知道手不能往门缝里放。

2.懂得开门与关门时动作要轻，以免自己和他人受到伤害。

活动重点

引导幼儿轻轻开门、轻轻关门。

活动准备

大纸板门，大班幼儿扮演熊爸爸、熊妈妈、熊宝宝。

活动过程

（一）介绍熊宝宝一家。

教师：今天我们请熊宝宝一家来做客，欢迎他们。

（二）情景表演。

1. 熊妈妈回家，拿出钥匙开门，转身轻轻把门关上。

2. 熊爸爸下班回家，按门铃，熊妈妈来开门，熊爸爸轻轻关上门。

3. 熊宝宝回家，敲敲门，熊爸爸来开门，熊宝宝轻轻关门，一家人坐在一起吃饭。

（三）讨论。

1. 请幼儿说一说小熊一家是怎样开门、关门的？

幼儿每说一种，大班幼儿就表演一遍，幼儿学着模仿。

2. 看看大门打开后有什么变化？

教师打开门，请幼儿观察后说一说。

幼儿：门打开了就像张开了大嘴巴。

3. 为什么开门、关门要轻？

幼儿：以免撞着别人或被门缝咬到小手。

小结：开门、关门要轻轻的，张开嘴巴的门喜欢咬东西，小手放进门缝里就有可能被咬伤。

（四）练习开关门。

1. 请幼儿来做熊爸爸、熊妈妈和熊宝宝，依次进行表演，体验轻轻地开门与关门。

2. 带领幼儿学习儿歌，进一步理解开关门要小心。

开门、关门要小心

小门缝，嘴巴大，一张一合有变化。

手儿离开再关门，别让门缝咬到手。

活动延伸

1. 结合美工活动，请幼儿自制小门窗，演示开门、关门，进一步了解开关门时应该注意什么。

2. 家园共育：鼓励幼儿跟爸爸妈妈讲解怎样开、关门，并进行示范。

活动反思

由于小班幼儿缺乏相应的生活经验和自我保护意识，在开门、关门、进门、出门时经常会发生"门缝咬手"等危险的现象，这些看似不起眼的小事，却能伤害到幼儿。本活动通过情景表演、儿歌等帮助幼儿了解开门与关门的正确方法，增强了幼儿的自我保护意识，避免"门缝咬手"现象的发生。

活动点评

教师有一双慧眼，善于发现生活中富有教育价值的内容。同时还能用"小心别让门缝咬了手"这样富有童趣的语言引导幼儿发现门缝可能引发的危险，最后使孩子非常乐意地接受了教师的提醒。作为老师能及时发现这些不安全的因素，通过幼儿能够接受的方式，使幼儿逐步丰富生活经验，提高了安全意识。

（教师　崔红健）

活动六　小椅子哭了

设计思路

小班幼儿刚从家庭走向幼儿园，生活自理能力较弱，因此常规培养应从点滴做起。在培养幼儿常规的过程中，要尊重各年龄班幼儿的身心发展规律，采用适宜的、多样的方法来进行培养。小椅子伴随着幼儿的一日生活，能够为幼儿服务，但如果不会正确使用就可能出现危险。比如：幼儿搬椅子时，会把椅子举过头，一不小心椅子掉下来砸到人；排排坐小椅子时，小手放在椅子间的缝里会被挤伤。

活动目标

1.引导幼儿用正确的方法搬小椅子。

2.通过游戏树立安全意识。

活动重点

在平时的生活中能够爱护小椅子，正确地使用小椅子，不被小椅子伤害。

活动准备

请大班的小朋友排练情景剧《小椅子哭了》，情景表演场地布置。

活动过程

（一）活动导入：情景剧表演《小椅子哭了》。

从一个角落里传来了哭声，有一个小朋友问："你为什么哭呀？""小椅子"说："我是一把小椅子，有四条腿，我很想和小朋友成为好朋友，但是有的小朋友不好好搬我，把我举过头、拉着我走、推着我走、抢着我、坐在我上面晃悠，经常把我折磨得晕头转向、满身是伤。有时，他们只让我用两条腿站立，另外两条腿悬空，还经常站在我身上踩来踩去。"

另一把"小椅子"说："有的小朋友总是欺负我，不好好地和我做朋友，把我弄得满身都是伤，我很疼，也很伤心。"

（二）提问交流。

教师：小椅子为什么哭了？

幼儿：小朋友不爱护小椅子。

教师：小朋友是怎么对待小椅子的？

幼儿：小朋友不好好搬小椅子，把小椅子举过头。

幼儿：拉着小椅子、推着小椅子走。

幼儿：小朋友坐在小椅子上面晃悠，只让小椅子两条腿站着，另两条腿悬空，这样做很危险。

幼儿：站在小椅子上面跳。

教师：故事中的小朋友搬椅子、坐椅子方式会出现什么危险呢？

幼儿：坐在小椅子上晃悠，小椅子会倒的。

幼儿：把小椅子举过头顶，椅子掉下来会砸到头。

（三）幼儿情景剧表演《小椅子笑了》。

吃饭前，小朋友双手搬起椅子轻轻放在桌子旁边，然后去洗手。洗手后回到桌边坐在椅子上开始吃饭，饭后又双手搬起椅子来到活动区，轻轻将椅子放在桌子边，拿完玩具后坐在上面玩玩具。小椅子和小朋友成为了好朋友，高兴地笑了。

（四）交流讨论。

教师：小椅子为什么笑了？

幼儿：小朋友轻轻地搬小椅子。

幼儿：小朋友轻轻地放小椅子，并和它成为了好朋友。

教师：我们应该怎么爱护小椅子呢？

先请幼儿自由发言，讲一讲自己的看法，最后教师小结：搬小椅子的时候要轻轻地搬、轻轻地放，平时爱护小椅子，经常给小椅子擦拭灰尘、洗澡等。

活动延伸

请小朋友每人准备一块小抹布，给桌椅换衣服、洗澡。

活动反思

活动用了正、反两个情景剧表演，对于小班幼儿来说更加直观具体，他们看后能够很清楚地分辨出哪种做法是对的，哪种做法是不正确的。通过这个活动，幼儿懂得了怎样搬小椅子是最安全的，在日常生活中拉、拖、举椅子的现象减少了。

活动点评

1. 活动内容的选择贴近幼儿的生活，都是幼儿每天都要做的，而且在做的过程中存在安全隐患。

2. 活动创设的游戏情境符合小班幼儿的年龄特点。教师采用《小椅子哭了》和《小椅子笑了》两个不同的情景剧，引导幼儿分辨出小椅子哭好还是笑好，从而分辨出哪种做法是正确的，平时应该怎样做。看完了情景剧表演后，幼儿在教师的引导下进行了分析，说出了自己的想法，幼儿的思维更加活跃，语言表达能力也得到了发展。

3. 在教师精心设计的活动过程中，幼儿的兴趣很高，吸引了幼儿注意力，幼儿的参与性很强。在一节成功的活动中最重要的要看幼儿的发展，每个幼儿在自己的水平上是否能得到很好的发展。

（教师　闻昕）

活动七　不在床上跳

设计思路

最近一段时间我发现幼儿午睡时，有的小朋友脱完衣服后，迟迟不肯上床睡觉，还有的小朋友很兴奋，趁老师不注意偷偷从床上爬起来，站在床上蹦。小班幼儿年龄小，模仿能力强，看到一个小朋友这样做，其他小朋友也会跟着学。小班幼儿肢体动作发展还不协调，自我保护能力弱，在床上蹦跳很容易发生意外事故，从安全的角度出发，我设计了这节活动。

活动目标

1. 帮助幼儿树立正确的午睡意识，知道怎样做是安全的。

2. 教给幼儿正确的保护自己的方法，远离危险。

活动重点

引导幼儿知道上床睡觉时要安安静静的，不打闹，不蹦跳。

活动准备

睡觉前在床上的几个场景的图片：在床上跳来跳去、绳子缠在手指上，小珠子塞进鼻孔里。

活动过程

（一）故事导入。

教师：今天老师带来一个有趣的故事，小朋友们想不想听？

教师讲述故事。

有一只可爱的兔宝宝叫小白。一天，小白要睡午觉了，兔妈妈坐在小白床边，一边讲故事，一边哄小白睡觉。妈妈看小白闭上眼睛了，就到院子里晒蘑菇去了。小白听到妈妈出去的脚步声，就站起来，在床上练习今天在幼儿园学习的舞蹈。突然小白的脚一滑，从床上掉了下来，脑袋重重地摔在了地上，头上立即起了一个大大的包。

（二）提出问题，与幼儿一起讨论故事。

1. 小白是怎么摔伤的？站在床上跳来跳去会有哪些危险？

2. 小床是来干什么用的？小床喜欢什么样的小朋友呢？

3. 睡不着的时候在床上可以做些什么呢？

先请幼儿讨论，然后教师小结：站在小床上跳来跳去是危险的，站立不稳或者跳空了，都会摔下来，引起碰伤或磕伤。睡不着的时候先闭上眼睛休息，慢慢就会睡着了。

（三）交流讨论。

教师：我们上床睡觉时，应该怎样做才安全？

幼儿：不在床上蹦蹦跳跳，安安静静地睡。

教师：除了不蹦蹦跳跳，还不要做哪些事情呢？

先请幼儿自由发言，然后教师小结：上床时不带小玩具，不在床上玩玩具，不在床上打闹等。

（四）引导幼儿学习儿歌，进一步巩固学习的知识。

不 在 床 上 跳

小被子，已铺好，小朋友们睡午觉。

别把小床当蹦床，若是那样会受伤。

不说话，不吵闹，安安静静入梦乡。

（五）看图判断对与错。

教师出示图片：请说一说图中小朋友的做法对吗？

鼓励幼儿自由发言，然后教师引导，说出图中小朋友的做法为什么不正确。

活动延伸

家园共育：请家长配合，在家中不与孩子在床上做打闹等危险游戏，培养幼儿不在床上打闹游戏、安静睡眠的好习惯。

活动反思

小班幼儿年龄小，模仿能力强，看到别的小朋友做，也会跟着学，老师看到这样的现象若不及时纠正，很容易发生危险。本活动通过多种形式，使幼儿知道在床上蹦跳是非常危险的，会受伤，让幼儿知道如何保护自己，不做危险的动作。

活动点评

教师是在了解幼儿的基础上安排了这次活动，本活动符合小班幼儿的年龄特点。活动中教师通过提问等方式，以引导、观察、对比等方式引起幼儿参与的兴趣，激发幼儿的学习热情。活动层层递进，尤其是最后请家长配合教育，能真正将安全落到实处。

（教师　崔红健）

活动八　不吃陌生人的东西，不跟陌生人走

设计思路

小班幼儿天真活泼，容易被新鲜事物吸引，一旦有吸引自己的东西，就会目不转睛地盯着。平时，碰到好吃的好玩的不会拒绝，别人给点儿好吃的就会跟随离开，给好玩的玩具就会爱不释手。为了保证幼儿的健康和安全，我们必须教给幼儿一些必要的安全常识，来培养幼儿的自我保护意识，如知道不吃陌生人的东西、不跟陌生人走等。

活动目标

1. 知道不能吃陌生人给的东西。

2. 不听信陌生人的话，不跟陌生人走。

3. 了解一些求救的方法，培养幼儿初步的自我保护意识。

活动准备

1.请一个幼儿不认识的教职工做陌生人。

2.糖果、玩具若干。

活动过程

（一）活动开始，组织幼儿到户外游戏。

教师：小朋友，今天的天气特别好，我们一起到幼儿园外面的小花园里去晒一晒太阳，看一看花园里的花开了没有。

教师组织孩子走出幼儿园到小区中的花园内游戏。

（二）情景模拟。

1.教师：花园里的花都开了，好漂亮啊，小朋友你们认识这些花吗？我们去找一找花园里有什么花吧。（幼儿分散活动。）

2.“陌生人”出现，与一名幼儿开始对话。

陌生人：小朋友你好啊，你是哪个班的小朋友啊？你多大了，真聪明，奖励你一个糖果吃，拿着吧，草莓味的糖可好吃了。

幼儿：我不能要你的好吃的。

陌生人：小朋友，拿着吧，我兜里还有，一会儿再给别的小朋友吃。

（小朋友接过糖，将糖放进了嘴里。）

陌生人：小朋友，好吃吗？我这里还有好玩的玩具呢，我刚刚吃肯德基的时候送的玩具，送给你。

幼儿：吃肯德基送的？

陌生人：是啊，好玩吗？

幼儿：好玩。

陌生人：那我带你去吃肯德基，还有更好玩的玩具呢，还有薯条、汉堡、冰淇淋。

幼儿：好，我最喜欢吃薯条了。

3. 教师在幼儿即将跟随"陌生人"离开的时候出现，"陌生人"看到教师出现后慌忙离开。

教师：你要跟那位叔叔去什么地方？

幼儿：去肯德基吃薯条。

教师：你认识刚才那位叔叔吗？

幼儿：不认识。

教师：那你为什么要跟他走呢？

幼儿：因为他给我好吃的。

教师：没有告诉老师或爸爸妈妈就跟陌生人走是一件很危险的事，他如果把你带走了，你找不到爸爸妈妈怎么办？万一回不了家了怎么办？

（三）讨论求救方法。

1. 教师先向幼儿解释陌生人就是不熟悉、不认识的人，然后提问：

（1）能不能跟陌生人走？为什么？

（2）陌生人要带你们走，你们应该怎么办？

2. 幼儿讨论交流：自己遇到陌生人时哪些事情不能做？

先请幼儿讨论，然后教师小结：陌生人要你跟他出去玩时，你不能跟他一起去；陌生人给礼物或好吃的东西时，我们不能要；陌生人要去小朋友家时，也不能给他带路；陌生人要硬拉着小朋友跟他走时，要大声地叫："我不认识你，我不跟你走"，还可以大声地哭，让旁边的人听到或向别人求救。

3. 教师进一步向幼儿解释为什么不能跟陌生人走。

陌生人我们不熟悉、不了解，有可能是坏人。坏人会用好吃的食物、有趣的玩具或者好听的话骗小朋友，把小朋友骗走，使小朋友再也不能回到自己的家，再也见不到爸爸妈妈了，所以我们不能随便相信陌生人的话，更不能跟陌生人走。

活动延伸

1. 教师讲一些发生在现实生活中，幼儿误吃陌生人的东西造成伤害的案例给幼儿听，增强幼儿的安全意识。

2. 教师和幼儿一起进行情景表演，提升幼儿的防范意识。

活动反思

拐卖儿童的事件屡有发生，生活中幼儿园和家长都对幼儿进行过"不吃陌生人的东西，不跟陌生人走"的教育。为了增强幼儿的安全自护意识，我们设计了一个模拟情景，检验一下平时的安全教育是否能够真的帮助幼儿提高警惕，看看幼儿如何面对陌生人的诱惑。在模拟场景中，我在旁边悄悄地观察"陌生人"与幼儿之间的谈话，不去打断，当幼儿真的要与陌生人离开时，及时出现并制止，让幼儿知道原来不能随便跟陌生人走。在讨论梳理应对陌生人的几种方法时，小班幼儿由于生活经验有限，他们能想到的办法比较少。开展活动后，虽然幼儿知道陌生人的东西不能要，不能跟陌生人走，但还需要家长配合进一步对幼儿进行相关的教育，固化活动效果。

活动点评

教师通过创设模拟情境，引出不能跟陌生人走的话题。结合真实的情景和案例来展开谈话，具体、直观，能帮助幼儿认识到为什么不能跟陌生人走，陌生人会用什么方法让小朋友跟他走，活动设计巧妙，内容贴近幼儿的生活，符合幼儿的学习特点，教师能有意识地将幼儿平时所学的安全自护方法在真实的生活中进行检验。今天的活动从另一个侧面显示，幼儿的安全意识需要在生活中、模拟的情景下不断反复、固化，才能转化为幼儿自身的安全自护能力，而不是老师或家长简单的经验灌输就能收到效果的。

（教师　马蕾蕾、王伟）

活动九　不离开大人

设计思路

小班幼儿好奇心强，户外活动时，喜欢东看看、西瞧瞧，注意力容易分散；另一方面由于刚入园不久，他们缺乏规则意识和安全意识，所以教师稍不注意，幼儿就会不由自主地脱离集体。为了避免危险发生，提高幼儿的自我保护意识，我们设计了此次活动。

活动目标

1. 理解故事内容。

2. 知道一个人离开集体可能会有危险，不单独活动。

活动重点

了解离开大人或集体的危险性，知道如何保护自己。

活动准备

情景游戏"走丢了怎么办"。

活动过程

（一）故事导入。

教师讲述故事《离开集体的小山羊》，并引导幼儿理解故事内容。

（二）围绕故事展开讨论。

（1）是谁忘了妈妈的话，离开大家走到很远的地方？

（2）小山羊离开了羊妈妈，羊妈妈找不到小山羊，是不是很着急呀？

（3）小山羊离开集体以后，遇到了什么危险？

（4）小山羊遇到危险后是怎么做的？

（三）结合生活实际，思考问题。

（1）你离开过老师和小朋友吗？

（2）你离开过爸爸、妈妈吗？

（3）陌生人领你去找妈妈，你会跟他走吗？为什么？

（4）和妈妈或小朋友一起出去玩，能离开妈妈吗？能远离大家吗？说一说为什么？

（5）不认识的人给你吃的东西、好玩的玩具，你要吗？

（6）走丢了以后该怎么办呢？

重点引导幼儿懂得不跟陌生人走，不要陌生人给的东西。

（四）情景游戏"走丢了怎么办"。

教师带领幼儿到户外游戏，请一名幼儿扮演走丢的孩子，想办法向周围的人求救。

活动反思

小班幼儿很喜欢听故事，能简单地理解故事的主要内容，通过故事幼儿能够了解到外出时要跟着老师或家长，远离成人可能会遇到危险。在户外情景游戏时，一名教师扮演陌生人，拿着食物和玩具诱惑幼儿，由于刚刚进行了该方面的教育，因此多数幼儿能够拒绝诱惑没有跟"陌生人"走，只有一个小朋友没有经受住诱惑，犹豫了一会儿，跟"陌生人"走了。在日常活动中，我们还要关注幼儿的个体差异，加强对幼儿进行该方面的引导和教育。

活动点评

幼儿遭遇危险，一方面是成人监护不当或缺失；另一方面的重要原因是幼儿防范意识与认知的缺失。保护幼儿的人身安全是成人应尽的责任，但更加重要的是要使幼儿要学会保护自己，不远离成人，知道规避危险。此次活动内容的选择，符合小班幼儿的年龄特点，贴近幼儿生活的实际需要，教师通过故事、讨论和情景游戏等多种方法，使幼儿知道了一个人如果离开集体是会遇到危险的，提高了他们预知危险的能力和自我保护意识，为幼儿身心安全奠定了基础。

附故事

离开集体的小山羊

在山下的一座小木房里住着小山羊一家。一个晴朗的上午，山羊妈妈对小羊们说："今天阳光灿烂，天气暖和，我带你们去郊游吧。"小山羊们都高兴地"咩、咩、咩"叫个不停。路上，羊妈妈对小山羊们说："孩子们，一定要跟紧妈妈，不要乱跑。要是跑丢了，遇上大灰狼就麻烦了。"

羊妈妈带着大家来到一个小山林里，这里有一条小河，河边有许多嫩绿的青草。有一只小山羊，玩得高兴极了，它一边吃着鲜嫩的草，一边和蝴蝶嬉戏，越走越远。中午的时候，羊妈妈要带小山羊们回家休息了，小羊们一个一个都回来了，只有最小的那只小山羊没回来。羊妈妈带着大家东找找，西找找，可是哪儿也找不到。

下午，天空布满了乌云，要下雨了。这时小山羊才想起回家，可是它找不到回家的路了，只好先跑到一棵大树底下去躲雨。正好遇到在树下躲雨的小红马，它看见小山羊奇怪地问："小山羊，你自己到这儿来的?"小山羊焦急地回答说："我迷路了，找不到妈妈他们了，也不认识回家的路。"说着便哭起来了。小红马急忙说："不要哭，我送你回家吧!"小红马把小山羊送到了家里，小山羊看见妈妈，一头扎进了妈妈的怀里。

羊妈妈对小山羊说："你悄悄地离开我们，找不到你，妈妈多着急呀!如果遇到了大灰狼，没有人保护你，你就更危险了，下次千万不要独自离开大家了。"

过了几天，山羊妈妈又带着小山羊们出去游玩。这次它们来到一个大树林里，那里有美丽的小花和小石子，还有唱着欢快歌曲的小鸟。小山羊快乐地蹦着、跳着，跟小鸟游戏，又忘了妈妈的话。小山羊连蹦带跳地跑进了树林深处，正玩得开心，前面走过来一只大灰狼，小山羊被吓坏了，它跑着大声地喊："妈妈!妈妈!"小山羊跑着跑着，一下子撞到一个人的身上，它抬头一看，原来是猎人叔叔。小山羊急忙喊："猎人叔叔，前面有一只可怕的大灰狼要吃我，请您快点救救我吧!"

猎人看见凶恶的大灰狼，急忙举起枪来"砰"一声把那只大灰狼打死了。猎人回过头对小山羊说："大灰狼被我打死了，你可以回家去了。"小山羊看着猎人，着急地说："猎人叔叔，都怪我太贪玩，把妈妈嘱咐的话忘了，离开了大家又迷路了。"

猎人把小山羊送回了家，小山羊见到妈妈哭着说："妈妈，我差点见不到您啦，以后我再也不离开您啦!"小山羊这才真正明白了离开大家是有危险的。

（教师 刘维）

活动十 家里危险的地方

设计思路

幼儿从出生起都一直生活在自己的家中,家是幼儿最熟悉和放松的地方。随着幼儿的成长,他们的表达能力和活动能力逐渐增强,对周围世界的探索欲望更加强烈。当幼儿处在3～4岁小班这个年龄段时,与3岁前相比有了质的变化,他们自我意识增强,很多事情不再依赖成人,喜欢自己动手摸一摸,看一看。我们在满足孩子探索欲望的同时,应该怎样为孩子营造一个安全的家呢?

活动目标

1.通过家长与幼儿共同观察与寻找,知道家中哪些地方存在危险。

2.增强家长在家中对幼儿进行安全教育的意识。

活动重点

引导幼儿萌发躲避危险的意识,提高家长的防范意识。

活动准备

1.进行谈话活动,请幼儿说说自己家中哪些地方存在危险;引导幼儿回忆,能够说出自己认为可能存在危险的地方。

2.请孩子与家长一起在家中观察寻找危险的地方,并用照片的形式进行记录。

活动过程

(一)展示家中危险的照片并进行讲述。

1.请幼儿展示带来的发现家中危险的照片,直观地引导全体幼儿进行观察,鼓励幼儿参与、思考。

图(一)　　　　　　　　　图(二)

图（三）

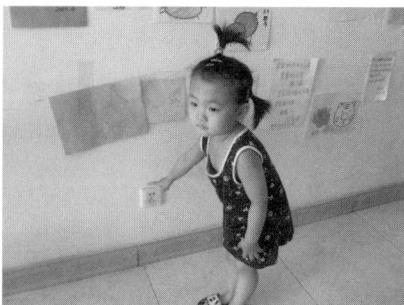

图（四）

2.针对照片启发幼儿思考。（教师依次出示四幅照片。）

（1）照片上的小朋友在干什么？

（2）这样做会有危险吗？为什么？

（3）我们应该怎样做，才能够躲开这些危险？

小结：爬高会有危险，摔下来可疼了，拿高处的东西应请家长帮忙；热水瓶里面的水很烫，倒水的时候一定要小心，热水一旦溅到身上会烫伤皮肤；插座不能玩，里面有电，电很厉害，它一发威就会伤到小朋友。

（二）通过展示的照片，与幼儿一起讨论家中物品的作用，并了解使用不当可能会引发的危险。

1.窗户是通风透气的地方，爬上窗台很容易摔到楼下去，从高处跌下是很危险的。

2.电插座是连接电器使用的，里面有强大的电流，用手摸或用其他东西碰触都非常危险。

3.柜子是家里摆放物品的地方，不能随便爬到上面，不小心会从上面跌落下来。

4.热水瓶里装满了烧开的热水，热水洒了或者热水瓶被碰碎了，容易发生烫伤。

5.厨房是做饭的地方，里面有煤气和刀具等危险品，都比较容易伤到人。

6.打火机是引火用的，不能拿它当玩具，否则会引发火灾。

（三）家园合作——给家中有危险的地方做标记。

教师：小朋友找到了家中这么多有危险的地方，我们用什么办法来保护自己，不发生危险呢？

幼儿：自己不去做危险的事情。

幼儿：提醒爸爸、妈妈注意一点。

幼儿：把有危险的东西藏起来。

活动延伸

1. 发给幼儿红色的即时贴，回家和家长一起用自己喜欢的方法制作危险标志，贴在家中有危险的地方。

2. 结合美工活动，请幼儿画一画在家中发现的危险，并将画作贴在墙饰栏中，引导幼儿随时留意这些危险。

活动反思

家长一般认为回到家中就安全了，就放松了对孩子的关注，但是孩子毕竟年龄小，缺乏生活经验，缺乏防范危险的意识。通过这次家园互动的活动，引导家长重新审视家庭给孩子提供的生活环境有安全隐患，应该怎样进行防范，提高了家长对家中安全隐患的认知和重视。活动中家长同幼儿一起找到了危险，一起制作了危险的标记。家长的安全意识提高了，幼儿也在实际生活中感同身受地体验到了危险的存在，活动兴趣增强了。

活动点评

此活动从意图到实施，由幼儿园教师、家庭、幼儿三方结合，充分体现了三位一体和家园合作的重要性。活动由教师发起，根据小班幼儿没有危险意识、直觉行动思维的特点，寻找身边环境中存在的安全隐患。活动通过幼儿体验和照片的形式呈现，引发幼儿思考，最后由家长和幼儿共同制作自己喜欢的安全小标志。不但引导幼儿萌发了防范危险的初步意识，习得了一些自我保护的简单方法，同时对成人也起到了警醒作用，引导他们重视家中安全。

（教师　刘海燕）

活动十一　散步时的安全

设计思路

每天中午饭后，小朋友会到楼道里散步。老师带领的时候，幼儿会跟着老师散步，但老师稍微不注意，爱动的小朋友就会在楼道里追逐甚至打闹，有时会出现碰撞和摔伤。为了养成幼儿饭后散步的好习惯，我们设计了此活动。

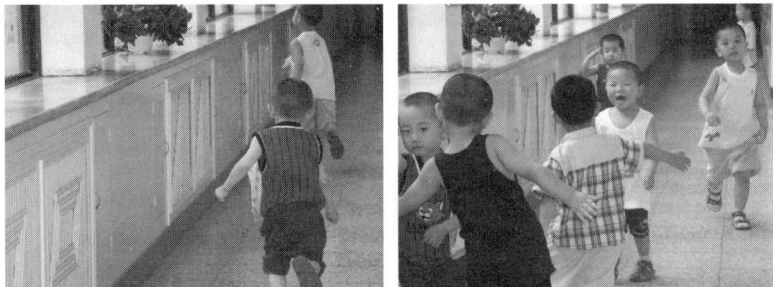

活动目标

1. 知道散步时应注意安全。

2. 了解初步的健康常识，养成饭后散步的好习惯。

活动重点

引导幼儿理解为什么要散步，知道散步时为什么不能跑，要慢慢地、心情平和地走。

活动准备

FLASH课件《我们吃下去的食物会变成什么》，绘本《小狗散步记》或PPT。

活动过程

（一）通过谈话了解幼儿对饭后散步的理解和认识。

教师：小朋友，什么是散步呀？

幼儿：散步就是走路。

教师：为什么要饭后散步呢？

幼儿：饭咽下去以后，食物就像滑滑梯一样滑到了肚子里；食物进肚子里面会被消化掉；散步的时候不能跑，要走。

教师：为什么散步的时候不能跑，要走呢？

幼儿：如果散步的时候蹦蹦跳跳，吃下去的饭会上下窜动，肚子会疼的。

幼儿：散步时没在活动场地，跑跑跳跳比较容易摔倒，摔倒容易流血。

教师明确：散步是放松身心慢慢地走，是一种休息的方式，一般在饭后进行。比如中午吃饱饭后，立即上床睡觉，不利于消化，一般出门走走再睡午觉比较好。

（二）观看课件，了解饭后散步的原因，知道散步为什么不能跑。

教师播放课件，通过课件帮助幼儿理解食物的消化过程。

（三）讲述绘本故事《小狗散步记》，进一步引导幼儿了解散步的注意事项。

小狗散步时做了哪些事情？它这样散步好不好？请幼儿看绘本后回答，教师引导。

延伸活动

1. 请幼儿收集有关"散步"的故事或图画书，了解散步应注意的安全知识。

2. 家园共育：家长和幼儿一起制定散步时间表，坚持每天定时散步，体会其中的欢乐。

活动反思

当老师问小朋友什么是散步时，幼儿知道散步就是走路。老师问："为什么要饭后散步？"小朋友把自己的理解说出来："吃饱以后，立即上床睡觉，不利于消化。"老师问："为什么散步的时候不能跑，要走呢？"小朋友们说："如果跑，吃下去的饭就会翻上来，容易卡着嗓子；饭后跑步容易肚子疼，跑步也容易摔倒。"通过幼儿的回答，可以看出幼儿对为什么饭后不能跑有自己的认识。

在看过课件和听完故事后，幼儿对"散步不能跑，要慢慢走"有了进一步理解。在以后的饭后散步活动中，幼儿跑闹的现象减少了。

活动点评

小班幼儿的生活常识和经验较少，对一件事通常会依照自己的兴趣去做，很少顾及到对与错。当老师发现幼儿在饭后散步时有追跑打闹的现象后，不是采用生硬制止的态度，先是利用谈话了解幼儿对此行为的认识；再用动画课件帮助幼儿理解食物的消化过程，浅显、有趣、易于幼儿的理解；然后利用幼儿喜爱听故事的特点，加深幼儿的认识，拟人化的故事情节，符合小班幼儿的年龄特点；最后在实践中及时对幼儿的正确行为予以肯定，固化好的行为。通过这几个步骤，在理解的基础上，幼儿就能从主观上践行正确的行为。

（教师 卫蕾）

活动十二 地滑，小心别摔跤

设计思路

自由活动时，小班幼儿经常在活动室里跑来跑去，老师反复提醒，效果也不明显。有时活动室刚擦完地，地面还没干，或幼儿使用盥洗室后地面经常是湿漉漉的，都容易滑倒摔伤。针对以上情况，我设计了这个活动。

活动目标

1. 养成在活动室慢慢行走的习惯。

2. 引导幼儿保持地面的干净，养成良好的盥洗习惯。

活动重点

引导幼儿平时慢慢走，不猛跑，盥洗时保持周围清洁。

活动准备

自制幼儿因地滑摔倒、摔伤、碰伤的课件。

活动过程

（一）观看课件，引导幼儿思考。

教师：佳佳小朋友为什么会摔倒？

幼儿：滑倒了，是因为地上有水。

教师：地上的水是从哪里来的？

幼儿：洗手时水开的太大了，溅出来了。

幼儿：洗手时手上的水流下来了。

（二）交流讨论。

1. 如果地上有水应该怎么办？怎样才能不滑倒？

幼儿：轻轻走过去。

幼儿：有水不能跑，也不能跳。

幼儿：绕着过。

幼儿：地上有水要擦干。

2. 怎样才能不洒水？

幼儿：喝水的时候慢点，水就不会漏出来了。

幼儿：洗手的时候水龙头开小点。

（三）游戏"找出危险的地方"。

教师：请小朋友想一想，幼儿园和家里还有哪些地方存在危险？

鼓励幼儿观察、回忆，然后说出自己的想法。

教师：我们平时应该怎样做才能避开这些危险呢？

幼儿：在上下楼梯时眼睛看台阶，小心从楼梯上滚下去。

幼儿：不能把手放在门缝、抽屉缝中，不小心会夹到手。

幼儿：不能爬窗子，会掉下去的。

幼儿：不能在房间里跑，碰到桌子、柜子角，会受伤。

小结：小朋友非常棒，愿意把自己发现的危险告诉大家。楼梯、房门、抽屉、阳台、桌子、柜子、地面等都是容易发生危险的地方。回家后，我们和爸爸妈妈爷爷奶奶一起找一找，家里还有哪些地方存在危险，然后贴上一个小标志，提醒大家注意危险。

活动延伸

要求家长根据自己家中的实际情况和孩子一起寻找不安全的地方，并贴上相应的标志，引起大家的注意，做到家园一致。

活动反思

活动能从生活实际出发，内容贴近幼儿的日常生活，活动中注意运用启发式思考的教学方法调动幼儿的积极性。在本次活动中，幼儿兴趣较浓，积极参与，能较好地达到目标。

活动点评

教师善于观察幼儿，能在孩子现有认知水平的基础上，设计活动，目标具体明确。活动能从关注幼儿的人身安全出发，重视幼儿安全和自我保护意识，从幼儿身边发生的事情为切入点，能加深幼儿对危险行为的认识，提高判断能力。帮助幼儿初步学会分辨安全与危险，增强了幼儿的自我保护能力，同时通过家园共育，使家长参与到这个活动中。小班孩子接受知识，会有反复的现象，要在一日生活中多加提醒。

（教师　崔红健）

身体器官的安全保护

活动一　保护我的小鼻子

设计思路

小班幼儿认知范围还比较窄，对身体器官产生的异常现象通常不知所措，并且感到恐慌、害怕。一旦出现意外事故，孩子往往吓得惊慌失措或者大哭，但意外还是难以避免，他们会经常出现异物入鼻、流鼻血等现象。因此，学习正确保护身体器官的简单方法，引导幼儿了解一些生活中常用的、基本的解决方法非常必要。

活动目标

1. 引导幼儿面对流鼻血不慌张，知道发生问题时找老师帮忙。

2. 帮助幼儿掌握保护鼻子的简单方法。

活动重点

流鼻血时不害怕，知道如何保护自己的小鼻子。

活动准备

1. 卫生纸，小手帕，芒果。

2. 鼻子因各种情况受伤的视频。

活动过程

（一）谜语导入，引起幼儿参与活动的愿望。

教师出示谜语，请幼儿猜谜。

谜　　语

左边一个洞，右边一个洞，

是香还是臭，问它它都懂。（谜底：鼻子）

教师：小朋友都很棒，猜出了谜底，接着小朋友说一说鼻子有哪些作用呢？

幼儿：鼻子可以闻气味。

幼儿：有鼻子漂亮。

幼儿：鼻子是用来呼吸的。

（二）了解鼻子的用途。

闻一闻。

教师：老师给小朋友带来了礼物，请小朋友闭上眼睛猜一猜。

（教师把芒果放在小朋友鼻子旁边，请小朋友闻一闻，说出是什么。）

幼儿：芒果。

教师：你怎么知道是芒果的呢？

幼儿：我是用鼻子闻出来的。

教师：鼻子能做哪些事情呢？

小结：能呼吸、能喘气、能闻气味、能流鼻涕、还能打喷嚏。

（三）幼儿认识自己的鼻子。

1. 小朋友互相看一看鼻子长在哪儿？鼻子是什么样子的？里面有什么？

幼儿：我的鼻子和嘴都长在脸上。

幼儿：鼻子尖尖的，有两个洞洞。

幼儿：我的鼻子里有小毛毛。

2. 请幼儿闭上嘴巴，再捏住鼻子，捂住嘴，会有什么感觉？

教师：捏住鼻子我们还能呼吸吗？

幼儿：特别的憋！

幼儿：不能呼吸。

幼儿：特别难受。

小结：我们的鼻子能闻味还能呼吸，鼻子是每个人不可缺少的器官，如果没有鼻子进行呼吸，人就不能够生存。

（四）观看课件，引导幼儿讨论小鼻子会受到什么样的伤害，应该怎样保护鼻子。

1. 引导幼儿说一说流鼻血的原因。

教师：课件中的小鼻子怎么了？

幼儿：喝水少了鼻子容易干，就会有"鼻涕妞"，小朋友用手挖鼻孔，不小心就会把鼻子抠流血。

幼儿：有小朋友往鼻子里塞东西，把鼻孔堵住了，喘不上来气。

幼儿：摔倒时，鼻子撞到硬的地方会流血。

幼儿：玩具把小朋友的鼻子碰破了。

幼儿：擤鼻涕太使劲，擤出鼻血了。

2. 我们要怎样保护自己的鼻子呢？

幼儿：不要经常用手去挖鼻孔。

幼儿：不将东西（豆子、纸团、小玩具等）塞进鼻孔里。

幼儿：玩玩具不乱甩，不在小朋友脸前面挥舞，以免碰到鼻子。

幼儿：多喝水，少吃糖和巧克力，不让小鼻子上火。

幼儿：轻轻擤鼻涕，不特别使劲。

3. 平时应该怎么擤鼻涕呢？

幼儿：用纸巾掩住鼻子，轻轻地擤。

教师演示正确擤鼻涕的方法：用手帕或纸巾掩住鼻子，先按住一侧鼻孔，轻轻擤另一侧鼻孔里的鼻涕，再按住另一侧鼻孔，轻轻一擤，最后擦净鼻孔周围的鼻涕。

（五）流了鼻血怎么办？初步尝试模仿简单的处理方法。

教师：如果小朋友流鼻血了，大家想想办法，看看应该怎么办？

与幼儿共同探讨，学习解决流鼻血的简单方法。

1. 流鼻血时不要害怕、慌张，旁边有大人时要赶紧告诉他们。

2. 如果身边没有大人，会用简单的方法进行处理，跟着图中的小朋友学一学吧。

步骤一：用小手捏住按住鼻子，头稍微向前倾斜，用嘴巴喘气。

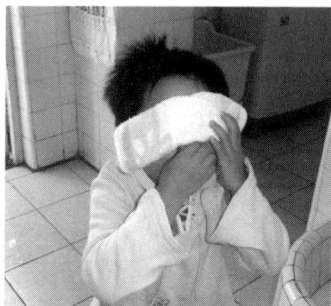

步骤二：把毛巾用凉水浸凉，放在鼻梁上，让鼻血凝固。

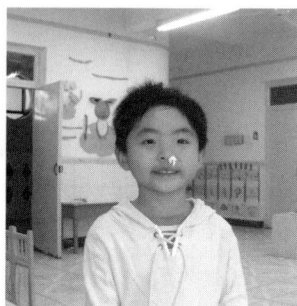

步骤三：卷一个卫生纸卷塞住流血的鼻孔，要有一半纸卷露在鼻子外面。

活动延伸

1. 结合科学活动，认识眼睛、嘴巴、耳朵等器官，并和小伙伴交流讨论如何保护这些器官。

2. 通过家园联系册和家园栏，请家长配合，随时提醒幼儿不乱吃、塞、捡东西，保护身体各器官。

活动反思

本活动通过一个通俗易懂的谜语激发了幼儿积极参与的兴趣。在没有进行此活动之前，提问幼儿鼻子受伤的原因，大部分幼儿只能说出上火了，回答比较单一。在观看课件后，幼儿有了很多想法，讨论也变得热烈起来，他们将视频中的事件迁移到实际生活中，列举出来很多事例。在活动的第五个环节，幼儿手拿小手帕和卫生纸，一步步跟着老师学习处理流鼻血的方法，在实际行动中丰富了幼儿的认知经验。

活动点评

教师能抓住幼儿生活中出现的问题，在活动中以幼儿为主体，让幼儿在充分感知的基础上认识到爱护鼻子的重要性，整个活动是在宽松、愉快的氛围下进行的，孩子们的自主体验贯穿始终。通过活动引导幼儿了解了流鼻血的原因，帮助他们克服了流鼻血时的恐惧心理。活动中，教师根据小班幼儿具有较强模仿能力的特点，通过一步步的示范，教会了幼儿处理流鼻血的简单方法，为幼儿进行自我保护奠定了基础。

（教师 刘海燕、庞翠艳、崔红健）

活动二 保护眼睛

设计思路

平时看书时，很多孩子喜欢把书拿到离脸很近的地方看，班里还有的小朋友常常喜欢用小手揉眼睛。有的家长反映说，孩子回到家就抱着手机玩游戏，不让玩就看电视。针对现代生活方式带来的视力上的问题，开展了此次教育活动。

活动目标

1. 初步了解眼睛的结构，知道眼睛的作用。

2. 懂得保护眼睛的重要性。

活动重点

认识眼睛，了解眼睛的作用，学会保护眼睛。

活动准备

1. 眼睛的图片。

2. 不同颜色的插接玩具，红眼睛的小猫。

活动过程

（一）游戏"找眼睛"。

1. 猜谜语。

教师：老师给小朋友带来了一个谜语，请小朋友们猜一猜，好不好？

谜 语

上边毛，下边毛，

中间一颗黑葡萄。（谜底：眼睛）

2. 游戏：摸一摸、指一指。

教师：我们的上眼皮在哪里？

让幼儿眼睛眨一眨，用手指一指。

教师：眼睫毛在哪里？

幼儿用手指一指、相互看一看。

（二）眼睛的作用。

幼儿相互讨论：眼睛有什么作用。

教师：请小朋友闭上眼睛，猜一猜老师手上拿的是什么东西？（出示大插片。）

幼儿：老师我看不到。

教师：现在请你们睁开眼睛看一看老师手里拿着什么。

幼儿：是插片。

教师：为什么刚才你们不知道呢？

幼儿：刚才闭着眼睛看不到，现在睁开眼睛能看到了。

小结：当我们闭上眼睛时，眼前黑黑的，看不见任何东西；当我们睁开眼睛，眼球一转，什么东西都能看见了。

（三）通过事例了解眼睛生病的原因。

1. 教师出示红眼睛的小猫，模仿小猫的声音说："昨天我拿着爸爸的手机玩了一下午游戏，今天早晨起床时我的眼睛好难受。上午和小伙伴一起玩泥巴，我的眼睛一直痒，我就用带着泥巴的手揉眼睛，没想到眼睛这样了"。

2. 交流讨论。

教师：小猫的眼睛怎么啦？

幼儿：小猫的眼睛红红的，还流泪，好像生病了。

教师：小猫的眼睛为什么生病了？

幼儿：它玩游戏玩得时间太长了。

幼儿：它用脏手揉眼睛，得了红眼病。

3. 怎样保护小眼睛不生病？

小猫因为不爱惜自己的眼睛，眼睛就生病了，它特别难受，想请小朋友们帮它想想好办法，怎样不让眼睛生病呢？

幼儿：不用脏手揉眼睛，因为手上有细菌。

幼儿：看书时不能离眼睛太近，那样会变成近视眼的。

幼儿：我奶奶说不能看太长时间的电视。

幼儿：不能在黑的地方看书。

幼儿：不能长时间玩游戏。

4. 眼睛生病了怎么办？

幼儿：看医生。

幼儿：点眼药水。

幼儿：把毛巾消毒后擦眼睛。

5. 思考保护眼睛的好办法。

教师：平时应该怎样保护眼睛呢？

幼儿：不要拿着棍子甩来甩去，那样不小心会甩到别人的眼睛上。

幼儿：看电视时间不要太长，那样眼睛会近视。

幼儿：在电脑上玩游戏的时间别太长，那样会伤害眼睛。

幼儿：走路时小心别撞到东西上，那样会磕伤眼睛。

幼儿：遇到有玻璃碎片崩过来的时候，要用手挡住眼睛，免得玻璃的碎片扎到眼睛。

幼儿：过年放鞭炮的时候，要远离鞭炮，以免被鞭炮炸伤。

幼儿：多吃青菜，会增加眼睛的营养。

幼儿：多吃海苔，也会增加眼睛的营养。

幼儿：看见棍子或尖的东西要躲开。

幼儿：不能躺着看书、看电视。

幼儿：躲着棍子、剪刀、铁丝等尖利物品。

幼儿：看书写字时眼睛不要离书本太近。

小结：看书、画画时眼睛不能靠得太近，也不要躺着看书，否则容易近视；我们在看书、画画时坐姿要正确，眼睛与书保持约1尺的距离；看书时间长了要向远处眺望一下，平时还要注意看电视的时间不要太长；不要玩尖利的东西，以免伤到眼睛；不挑食，多吃蔬菜水果，多吃一些有益眼睛的食物，如胡萝卜、动物肝脏等。

活动延伸

1. 教师可请来医生，给孩子讲一讲怎样保护眼睛。

2. 可下载相关图片或幻灯片，让幼儿观看。

活动反思

活动先是通过游戏让幼儿自己了解眼睛的作用，让他们切身感受如果没有眼睛我们将什么都看不到，从而知道眼睛的重要性。其次是通过红眼睛的小猫，让幼儿直观形象地了解到不爱护眼睛，眼睛会生病的。然后引导幼儿积极主动地帮助小猫寻找治愈近视眼和红眼病的办法，经过经验迁移，幼儿想出了很多办法，知道自己应该怎样保护眼睛。

活动点评

教师发现本班孩子在日常生活中用眼卫生习惯上存在的问题，根据小班幼儿对眼睛的自我保护意识薄弱，生活经验比较缺乏的特点开展了此活

动。为了调动幼儿参与活动的积极性，教师以小猫为主线，从猜谜语引起幼儿的好奇心，通过游戏看看、指指、说说，让幼儿了解眼睛的结构，又通过游戏"猜猜看"帮助幼儿初步了解眼睛能看的作用，知道眼睛的重要性。接着通过红眼睛的小猫，让幼儿了解得了红眼病的过程以及带来的不方便，提高了幼儿保护眼睛的意识。

（教师　余青、王伟）

活动三　我们的好朋友——手

设计思路

在平时的生活中，我发现孩子对自己的身体很感兴趣，每一次说到自己身体的构造时，孩子们总兴奋地提出各种问题，他们已不满足于对身体四肢的认识了。小班幼儿运动能力较弱，很多幼儿对身体的保护方法了解甚少，曾出现过划伤、摔伤等现象，因此我们以"手"为主题开展活动，引导幼儿关注手的安全，知道如何保护手。

活动目标

1. 通过游戏，使幼儿深刻体会到手的重要性。

2. 在一日生活中加强自我保护意识，远离危险物品。

活动准备

五指的卡通模型。

活动过程

（一）通过猜谜语来激发幼儿参与的兴趣。

1. 教师出示有关手的谜语，请小朋友猜一猜。

谜　　语

两棵小树十个叉，不长叶子不开花，

天天干活不说话，它是我们的好伙伴。（谜底：手）

2. 辨认每个手指的名称。

教师：今天我们请手指一家来做客，欢迎它们。

（教师出示五指的卡通模型。）

教师：小朋友，请说一说五个手指分别叫什么名字？

幼儿：大拇指、食指、中指、无名指、小拇指。

幼儿：五个手指，它们一家人相亲相爱，特别和气、亲密。

请幼儿认识自己手，并分别说出大拇指、食指、中指、无名指、小拇指。

3. 会变的手。

和手指一起做游戏，利用手变出各种的造型（小螃蟹、孔雀、毛毛虫等）。

（二）手的作用。

教师：手可以帮我们做哪些事情呢?

幼儿：我们的小手会告诉别人你想要说的话，如：表示再见时我们会向别人挥挥手，表扬时会伸出大拇指表示鼓励。

幼儿：手可以拿东西。

幼儿：手可以帮助我们穿衣服、系鞋带。

幼儿：手会写字、画画。

幼儿：手还会变魔术。

（三）游戏"一只手"。

教师用纸板将幼儿一只手固定不能动，让幼儿体验一只手给自己行动带来的不便。

小结：手是我们的好帮手，做任何事情都离不开手，没有手什么都干不成，会给我们的生活、学习带来很多的不方便，我们一定要保护好自己的小手。

（四）说一说，怎样保护我们的小手呢?

教师：手那么重要，我们应该怎样保护自己的小手呢?

幼儿：不摸尖锐的东西，以免被扎伤。

幼儿：不玩小刀、剪刀。

幼儿：冬天要戴上手套。

活动延伸

请幼儿回忆学习过的知识，并将其过程画出来。

活动反思

在这节教育活动中，运用了演示、游戏、讨论等方法，帮助幼儿加深对小手的认识。通过谈话、游戏让幼儿知道手会做许多的事情，是身体不可缺少的一部分；让幼儿明白了生活中要远离危险物，提高自身安全意识，保护小手。

活动点评

教师在活动中通过多种方式让幼儿感知手的重要性，认识到手的作用。活动通过让幼儿说一说手的用途，体验如果只有一只手会给生活带来的不便等内容展开。最后在活动延伸中通过绘画的方式鼓励幼儿将已有的经验进行梳理提升。

（教师　崔红健、余青）

户外活动中的安全教育

活动一　跑步时要往前面看

设计思路

小班幼儿大肌肉发育还不够完善，动作不够协调与灵活，注意力很容易分散，更没有自我保护意识。他们刚离开家庭到了幼儿园，对幼儿园的一切都感到好奇，当发现一个新鲜玩具时，会不顾一切地跑过去，当他们跑时不会顾及四周是否有危险。为了培养幼儿防范危险的意识，我们开展了这次活动。

活动目标

1. 知道跑步时眼睛向前看，知道躲避危险物品与障碍物。

2. 有初步的安全与自我保护意识。

活动准备

故事小舞台一个，手偶小狗陶陶和泡泡。

活动过程

（一）手偶故事导入。

教师向幼儿展示手偶小狗陶陶和泡泡，一边表演手偶一边讲故事。

（二）故事交流。

1. 讨论陶陶和泡泡摔跤、撞大包的原因。

教师：小朋友，谁来告诉泡泡它为什么会撞大包呀？

幼儿：它踢球时不能往后看。

幼儿：它跑的时候回头看陶陶，撞上了大树，才会头上起大包，如果碰到眼睛就更危险了。

幼儿：跑的时候一定要向前看，才不会撞到大树上。

教师出示手偶陶陶，提问：陶陶为什么会摔跤呢？

幼儿：它要跑过去看泡泡，一着急就摔跤了。

幼儿：它没看到地上的石头，被石头绊了一跤。

幼儿：跑步时要看地上有没有东西。

2. 跑步的时候应该注意什么呢？

教师：小朋友，你们在户外怎么跑才不会摔跤呢？

幼儿：我跑步时，眼睛向前看就不会摔跤。

幼儿：我踢球时要让小朋友躲开。

幼儿：玩游戏时不推小朋友，小朋友就不会摔跤。

幼儿：跑得时候不能挤小朋友。

幼儿：不能拉着手跑，如果这样，跑得慢的小朋友也会摔跤。

出示手偶陶陶和泡泡，模仿它们说：我知道了，小朋友谢谢你们了，再见！

（三）户外游戏"运水果"。

游戏玩法：将幼儿分成两队，两队旁边各放一空筐。每队前方10米处放置水果，并且在道路上设置障碍物，请幼儿取到水果后绕过障碍物回到原处，将水果放到筐里。老师做裁判，幼儿听到口令运水果。

注意事项：跑步时眼睛要往前看，注意躲避障碍物，学会保护自己。

活动延伸

结合美工活动，请幼儿画一画跑步时摔跤或撞到障碍物的场景，然后把画作张贴在墙饰上，和其他幼儿一起讨论为什么会摔跤。

活动反思

活动中，通过让幼儿找陶陶摔跤和泡泡撞大包的原因，让小朋友知道了跑步或追逐游戏时要注意向前看，避开障碍物，不能东张西望。同时，梳理了幼儿游戏或跑步时应注意的事项和方法。创编了与故事相吻合的户外游戏"运水果"来巩固幼儿躲避障碍、躲避危险的能力。在日常生活中通过老师的提醒，用游戏加以巩固，增强了幼儿自我保护的能力。

活动点评

故事抓住了小班幼儿年龄小，自我保护意识差，动作的灵活性与协调性都比较弱的特点。为了增强幼儿自我保护的能力，提高幼儿防御危险的意识，利用幼儿喜爱的故事《陶陶和泡泡》为载体开展安全教育活动，并能利用幼儿喜爱的手偶表演来讲解，帮助幼儿了解身边存在的危险。活动中，师生积极为陶陶和泡泡寻找摔跤、撞头的原因，探讨户外游戏跑步时应注意的安全事项和方法，提升了幼儿参与的自信心，增强了自我保护的意识。活动内容贴近幼儿生活，趣味性强，达到了预期的目的。

附故事

陶 陶 和 泡 泡

小狗陶陶和泡泡是兄弟俩儿，它们每天都要到树林里去跑步锻炼。

一天，陶陶和泡泡在树林里踢球，它们在草地上你追我赶，玩得可开心了。陶陶抢到了球，一脚把球踢出去好远，然后喊着："看谁跑得快，先追到球。"说完自己跑着去追球了。听到陶陶的喊声，泡泡也使劲地跑啊跑，终于追上了陶陶，它从旁边绕到陶陶的前面，边跑边回过头高兴地冲着陶陶叫着："噢，我跑得最快，我先追到球喽。"正回头喊着的时候，不小心撞到了前面的大树上，它一屁股坐在地上，捂着脑袋大声叫着"哎哟"。正在往前跑的陶陶，看到泡泡摔倒了，赶快跑过去扶他。谁知，它被脚下凸起的石头绊了一下，"扑通"一声趴在了地上，把膝盖都摔破了。

泡泡头上顶着大包，挽着陶陶一瘸一拐地回了家。回家后。妈妈对它们说："以后跑的时候一定要往前看，看前面、脚下有没有障碍物，遇到障碍物要躲开。"陶陶和泡泡说："妈妈，我们知道了，以后走路、跑步的时候要看前面、看脚下。"

（教师　余青）

活动二　游戏时怎样跑不摔倒

设计思路

户外活动时，孩子们很喜欢玩四散跑的游戏，但是由于缺乏生活经验，在跑动时不能预见危险，跑时会出现碰撞、摔倒的现象。为了使幼儿跑动时知道躲闪，不摔倒，增加游戏时的安全性，结合我班的主题活动

"宝宝爱运动"开展了这个活动。

活动目标

1. 了解跑步时不摔倒的小常识。

2. 培养幼儿跑步时的安全自护意识。

活动准备

户外场地，大灰狼的头饰，小鹿的头饰。

活动过程

（一）游戏导入。

1. 创设情景：操场上，老师正带领幼儿玩"猫捉老鼠"的游戏，小朋友们扮演的"小老鼠"使劲儿地跑着，躲避老师扮演的"猫"。"小老鼠"们左躲右闪，推挤在了一起，一个个摔倒了，有的自己摔倒后又绊倒了别的小朋友，致使游戏中断。

老师请小朋友停止游戏，共同来说一说"刚刚大家在一起跑时为什么会摔倒"。

小朋友跑步时推挤在一起　　　　自己摔倒后又绊倒其他小朋友

（二）讨论活动。

引导幼儿围绕跑步时怎样不摔倒进行讨论，并根据问题进行思考。

教师：刚才小朋友做游戏时，为什么会摔倒？

幼儿：两个人碰到一起就摔倒了。

幼儿：因为怕大"猫"就使劲地跑。

幼儿：别人推的，有人摔跤就绊倒了。

教师：怎样才能不摔倒呢？

幼儿：慢点跑，躲着点，挤在一起快躲开。

幼儿：不能撞人、推人。

幼儿：不能拉别人的衣服。

（三）游戏：大灰狼来了。

1. 请一位强壮的小朋友戴上大灰狼的头饰扮演大灰狼，其他小朋友扮演小鹿。"小鹿"们围绕在老师身边，听老师说儿歌："我是森林里的小小鹿，跟着老师做游戏，不推挤、不碰撞，还会躲闪不摔倒。"说着说着大灰狼来了，老师说："大灰狼来了，小鹿们快跑。"

"小鹿"们听到老师的话，四散跑开，大灰狼在后面追。

老师和小朋友说儿歌　　　　　　　小朋友四散跑开

2. 游戏中，教师在旁边指导小朋友，不要往一块跑，不要跑得太猛，要躲开障碍物。

3. 交流讨论跑的经验。

教师：小朋友在跑的过程中有没有摔倒？为什么呢？

鼓励幼儿自由发言，踊跃回答。

活动延伸

结合美工活动，画一画"飞奔的运动员"，在画前先请幼儿观察运动员是怎样跑的。

活动反思

幼儿在游戏中互相碰撞、摔倒的现象时有发生，我们应该如何引导幼儿既跑得快又减少发生碰撞、摔倒的现象呢？本活动根据小班幼儿的年龄特点，运用游戏的口吻，将游戏中的情景迁移到幼儿身上，帮助幼儿加深体验，引发思考。幼儿的这种感同身受，会深深地留在记忆中，变成自己主动的安全意识。现在幼儿再玩四散跑的游戏时，在快跑的同时不忘躲闪，碰撞摔倒的现象减少了。

活动点评

小班幼儿安全意识弱，看似简单的跑步动作和游戏，对于动作协调性及大肌肉发展弱的小班幼儿来说也会变得危险。既要让幼儿跑，还要安全地跑，这是摆在老师面前的难题。本活动利用幼儿亲身体验的方式，让幼儿参与到其中，使幼儿在玩的过程中学到了自我保护的方法。

（教师　卫蕾）

活动三　滑梯怎样玩

设计思路

幼儿园的户外大型玩具区是最吸引孩子们的地方，其中滑梯是孩子们百玩不厌的，他们不亦乐乎地在上面爬上滑下。但是由于缺乏安全和自我保护意识，幼儿常常会出现反爬、倒滑、推挤、猛跳等现象，存在着很多危险因素。结合其他班小朋友在玩滑梯时，因从下向上跑致使额头磕在了圆筒滑梯上，到医院缝了三针这件事，开展了这次活动，以增强小朋友的安全意识。

活动目标

1. 知道玩滑梯时哪些行为是危险的，哪些行为是安全的。

2. 培养幼儿自觉遵守游戏规则的意识。

活动准备

将拍摄的幼儿户外玩滑梯时危险行为的照片做成PPT。

活动过程

（一）请幼儿观看PPT，导入活动。

1. 请小朋友看幻灯片，屏幕上的小朋友在做什么事情？

教师：小朋友玩大型玩具时，谁做得不对呀？为什么不对呀？

幼儿：小朋友在滑滑梯，他在推人。

…………

  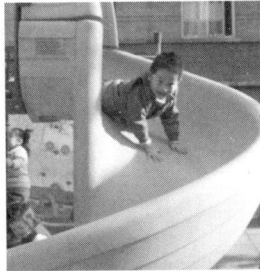

2.这样做有什么危险？

幼儿：推小朋友，小朋友就会摔下来。

幼儿：摔下来把头摔流血还得送医院。

3.右图中的小朋友是怎样玩滑梯的？这样做有什么危险？

幼儿：她趴着头朝下往下滑。

幼儿：如果前面有东西，头会撞出大包。

4.你们滑滑梯时摔伤过吗？是怎样摔伤的？

请有摔伤经历的幼儿讲述自己是怎样摔伤的。

幼儿：玩滑梯时，我从滑梯下面往上跑，一下子就滑倒了，头撞在圆筒滑梯的边上流了好多血，老师抱着我去医院，缝了好几针，缝针时好疼好疼，我都哭了，现在还疼呢。

（二）教师引导幼儿讨论：滑梯应该怎样玩？

幼儿：两只手扶着滑梯滑下来。

幼儿：排好队，一个跟着一个往下滑。

幼儿：要坐稳再慢慢往下滑。

幼儿：滑到下面的小朋友不能坐在滑梯下面不走。

教师小结：玩滑梯时，不能在滑梯上面推人，首先要排好队，两手扶着滑梯，坐稳后慢慢滑下来，滑下来后，立刻走开。

（三）交流讨论。

教师：如果你发现小朋友在做危险动作时，该怎么办？

幼儿：我发现有小朋友推人，告诉他这样做危险，不能这样做。

幼儿：我告诉他这样推小朋友，摔下来会碰一个大包，就得上医院缝针，可疼了。

幼儿：我发现小朋友从滑梯下面往上爬，就告诉他这样做危险，滑下来会摔伤的。

幼儿：如果我发现有人头向下滑，我在滑梯下面接着他，告诉他这样很危险。

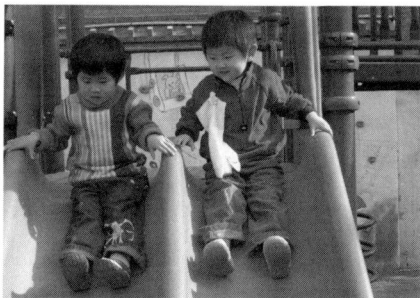

教师：你们说得真好，一会儿老师带你们去玩滑梯，看看谁能最安全地玩滑梯。

活动延伸

每次户外游戏前，进一步强调玩滑梯的规则与正确方法。

活动反思

爱玩是孩子的天性，幼儿在户外活动时，是他们最开心、最快乐的时候。但有些孩子在玩大型玩具时喜欢玩"刺激"，做出一些危险举动，所以对其进行安全自护教育尤为重要。活动通过展示幼儿不正确游戏姿势的照片，帮助幼儿认清安全游戏的重要性，这种用事实说话的做法，引发了幼儿的共鸣。幼儿有玩滑梯的经验，在讨论时会根据问题说出自己的体验，讨论和问答时会更有针对性。开展这个活动后，幼儿再玩游戏时已经懂得自觉遵守游戏规则了。

活动点评

玩滑梯是孩子们百玩不厌的游戏，滑梯作为幼儿园特定的户外集体游戏项目，制定必要的游戏常规显得尤为重要。教师抓住园内其他班幼儿在玩滑梯时发生的意外事故案例进行安全教育，生动、直观，有较强的说服力。活动通过安排对生活中的不安全游戏行为的抓拍，幼儿间经验的分享等形式展开，对比教师的说教，幼儿更易于接受，从而真正地将安全意识根植于幼儿心中，并在游戏中自觉地去遵守游戏常规。

（教师　卫蕾、余青）

活动四　大转球怎样玩

设计思路

小班第一学期的孩子，度过了分离焦虑期后，对幼儿园户外的大型玩具更感兴趣了，但他们的安全意识比较薄弱，缺乏生活经验，容易出现危险。记得在一次户外游戏时，几个小朋友坐在大转球上，转球转动时，一名幼儿爬到转球上，想下来又不敢，一直不停地叫，但转球仍然在不停地转动，眼看幼儿快要掉下来了，老师拉住了转球。为了提高幼儿游戏时的安全意识，开展了这次活动。

活动目标

1.在游戏中知道如何保护自己。

2. 遇到危险或者看到别人有危险知道如何解决。

活动准备

幼儿玩大转球时的PPT。

活动过程

（一）活动导入：教师播放PPT。

教师：小朋友们在玩什么游戏呢？

幼儿：在玩大转球。

教师：谁站在了转球上？这样做有什么危险？

幼儿：一个小朋友爬到了转球上。

幼儿：转球转起来他会摔下来。

幼儿：摔下来把头摔流血得送医院。

（二）交流讨论。

教师：当小朋友在转球上吓得大哭，要停下时，你该怎样做？

幼儿：看看发生了什么事情，赶快去找老师，老师停住转球，把他扶下来。

教师：如果你在外面跟小伙伴一起玩时，发现别的孩子做危险动作时你怎样做？

幼儿：小朋友要做危险的事情时，我把他拉下来，告诉他不能做。

幼儿：他如果不听我的话，我就去找大人帮忙。

小结：当你发生危险时，不要动，要大声喊叫，请求别人的帮助。当你发现别人有危险时，及时请旁边的大人帮忙，并告诉有危险的小朋友不要动、别着急，马上有人来帮助你。

活动延伸

结合美工活动，请幼儿制作转球，体验转球是怎样转动的。

活动反思

户外的大型玩具是孩子们最爱玩的玩具之一，特别是刚"适应"幼儿园生活的小班孩子，更是新鲜好奇，哪儿都想爬一爬、上一上。但他们的动作发展还不够协调，更缺乏自我保护的意识，在快乐的游戏中常常会把安全问题置之脑后，所以在户外活动中，教师一定要加强巡视、细致观察，发现危险及时提醒并进行教育。平时，可以把危险的动作拍下来，事后和幼儿一起讨论交流，这样有助于和孩子们一起梳理经验，了解危险动作的后果，学会如何去保护自己。

活动点评

教师能够利用相机及时捕捉平时幼儿玩大型玩具时的不安全行为，并开展有针对性的安全教育活动。通过PPT直观地演示，幼儿知道攀爬"大转球"是很危险的动作。教师结合图片用问答的形式和幼儿一起找出危险的动作并分析其后果，使幼儿初步有了自我保护的意识。

（教师　余青）

活动五　荡秋千时的安全

设计思路

户外活动的时候，孩子们都很喜欢荡秋千，但是在玩的时候安全意识不强。有的小朋友刚坐上秋千，手没抓紧或没坐稳就急着荡起来，还有的小朋友边荡边跟其他小朋友打招呼，为了提高幼儿的安全意识，保证他们在荡秋千时的安全，开展了这次活动。

活动目标

1. 引导幼儿学会用正确的方法荡秋千，培养安全自护意识。

2. 知道两人一起荡秋千时的安全事项。

活动准备

荡秋千的场地。

活动过程

（一）带幼儿到活动场地体验荡秋千。

小朋友要这样把手抓紧

1. 教师先请幼儿坐到秋千上，提问：我们荡秋千时应该怎样做才安全？

幼儿：手要抓紧。

幼儿：要坐正、坐好。

2. 教师：如果不想玩了，什么时候才能从秋千上下来？

幼儿：等秋千停稳了才能下来。

3. 教师给幼儿讲解并示范怎样荡秋千：小朋友荡秋千的时候要坐好、坐正，准备好再荡，下来时，等秋千停稳了再下来。

（二）讨论：秋千在荡起来的时候怎样保护自己。

1. 请幼儿荡秋千，荡完后进行讨论。

通过讨论，把荡秋千时的危险告诉幼儿，让幼儿在游戏中互相提醒。

2. 教师小结：在荡秋千的时候，人要坐好，既不能太靠前，也不能太靠后。双手要握紧绳子，脚要抬起来不能擦着地面，那样容易磕着而且会摔倒。要从秋千上下来时，一定要等秋千停稳以后再下来。

（三）游戏"两个人一起荡秋千"。

1. 请幼儿两两组队荡秋千，一个推，一个玩。

2. 交流讨论：在荡秋千的时候，有什么困难吗？

幼儿：我被秋千碰到腿了。

幼儿：我坐的秋千荡不起来。

发现问题：两个小朋友轮流荡秋千，一个推，一个玩。两人在合作时，推的时候不知道怎样用力，配合得不好。推的幼儿松手后不知道让开，被荡回来的秋千碰到，一不小心就会被撞伤、撞倒。

3. 教师示范两人荡秋千，告诉幼儿要点：推的小朋友站在秋千的后面，等荡的小朋友坐好了，轻轻地推，推到高的地方以后，用力推一下赶紧跑开。

活动延伸

家园共育：请家长和幼儿一起荡秋千，先请幼儿当小老师给自己的爸爸、妈妈讲解荡秋千的规则及安全问题，然后和幼儿一起荡秋千。

活动反思

活动中，幼儿从荡秋千时缺乏安全意识，到能够按照安全规则来荡秋千，整个过程是在教师的引导、幼儿自己的实践中逐渐完成的。在活动中，幼儿学会了谦让，学会了合作，更重要的是注意到了安全问题。

活动点评

教师能够关注到幼儿户外活动中的安全隐患，通过组织幼儿现场观察、教师讲解、情景再现、家长参与等形式，让幼儿直观地看到荡秋千时应该注意哪些安全问题。在活动过程中，教师根据观察到的幼儿在荡秋千活动中出现的各种不安全现象，逐一抛出问题。在幼儿观察、讨论、同伴经验分享的过程中，使正确荡秋千的方法成为全班幼儿共有的经验，特别是老师注意利用家长资源，在家园共育中请家长一起来关注幼儿游戏中的安全，这种家园协作，共同培养幼儿安全自护意识的方式非常有效。

（教师　庞翠艳）

活动六　爬高时要小心

设计思路

小班幼儿生性好动，喜欢尝试新鲜事物，但由于生活经验的缺乏，他们对可能的危险无法预见。记得有一次户外活动时，一名幼儿在二楼平台上顺着围墙要向上攀爬。教师发现后及时制止，并问他："为什么要向上爬？"他说："我想看看外面有什么好玩的。"为了提升幼儿的自我保护能力，加强幼儿的安全意识，我们开展了这个活动。

活动目标

1. 了解往高处爬时可能发生的危险。

2. 知道危险的事不能做。

活动准备

1. 户外攀爬墙及其他大型玩具，幼儿爬窗台磕破下巴的图片。

2. 教师把幼儿爬高的图片制作成PPT。

活动过程

（一）图片导入。

1. 座谈会，和幼儿共同讨论。

教师出示幼儿爬窗台的图片，请幼儿讲一讲图中小朋友的嘴巴是怎样磕破的？

幼儿：是在家爬窗台时磕破的。

教师：请小朋友给大家说一说，你攀爬时发生过危险吗？

幼儿：我向高处爬时没有发生过危险。

幼儿：我趴在楼梯扶手向下滑时磕破过脸。

幼儿：我爬树时把脸、手都划破过。

幼儿：我爬假山时差一点摔下来，是爸爸拉住了我。

2. 请幼儿思考：同样是向高处攀爬，为什么有的小朋友磕伤了，有的小朋友没有磕伤？

（二）观看PPT，加深幼儿对攀爬时可能发生危险的认识。

1. 请幼儿边看边说哪些是对的、哪些是错的。

图片一，幼儿爬攀登架，不推也不挤，没有危险，是对的。

图片二，幼儿爬树、爬假山很危险，都不对。

图片三，爬山时，和大人一起爬平坦的坡比较安全。

教师：小朋友找得对，说得也很好，我们一会儿出去玩一玩，看谁做得最好。

（三）让幼儿知道不同地方的安全事项和标志。

1. 教师带幼儿到户外，讲解怎样玩攀登架和攀岩墙。

箭头的标志：↑是往上爬，↓是往下爬。

双手抓牢、脚踩稳后才能往上爬，才不会掉下来。

2. 什么地方可以往高处爬？

有提示或标有危险标志的地方不能爬；太高、太陡的假山，攀登墙，台阶等没有大人保护都不能攀登；在玩具架上往高处爬时不能着急，慢慢爬；爬高时要在家长和老师的陪同下，没有危险的地方才能攀爬。

活动延伸

组织幼儿玩攀登架，并请幼儿观察大班幼儿是怎样攀爬的，鼓励幼儿比一比"谁最会保护自己"。

活动反思

由于小班幼儿安全意识薄弱，生活经验缺乏，他们对潜在的危险无法预见。教师抓住幼儿在家爬窗台时磕破嘴这件事情开展活动，通过让幼儿回忆攀爬时发生的危险，引发幼儿关注往高处爬的过程中存在的危险，通过提问引导幼儿思考：同样向高处攀爬，为什么有的小朋友磕伤，有的小朋友安全无恙？同时通过运用图标和肢体动作的讲解，帮助幼儿了解了危险标志和防范措施，使幼儿初步了解了攀爬技巧和保护自己的方法。

活动点评

教师能及时捕捉幼儿身边存在的安全隐患，有针对性地开展安全教育活动。结合幼儿的亲身经历与幻灯片中的事例让幼儿进行交流和讨论，共同找出对与错，并通过实地示范讲解和简单的标志，运用肢体动作直观地帮助幼儿了解危险所在，并且有初步的防范意识。在培养幼儿攀爬技巧的同时，也丰富了他们的自我保护方法。

活动内容能抓住幼儿生活中的典型事例有针对性地实施教育，提升了幼儿的生活经验。

（教师　余青）

交通安全教育

活动一　斑　马　线

设计思路

幼儿每天上幼儿园都要过马路，但是对于小班幼儿来讲，过马路、看红绿灯，走人行横道，也许只是跟随着家人一种无意识的行为。现在过马路闯红灯的现象屡见不鲜，为了培养幼儿的安全意识和规则意识，我们设计了这个活动。

活动目标

1.使幼儿懂得"斑马线"可以保障行人横过马路的安全。

2.从小形成过马路走"斑马线"，不跑、不横穿马路的良好习惯。

3.巩固过马路，走"斑马线"的生活常识。

活动准备

斑马线的照片，纸，水彩笔。

活动过程

（一）展示"斑马线"的照片，观察"斑马线"。

教师：请小朋友说一说，在马路上有很多一条条白白的线叫什么？

幼儿："斑马线"。

教师："斑马线"是做什么用的呢？

幼儿：过马路要走"斑马线"。

小结："斑马线"就是人行横道，是人们过马路的"安全线"，它在

交通中起着非常重要的作用。

（二）实地参观。

1.观察斑马线，学说儿歌"斑马线"。

斑　马　线

人行横道线，连着路两边，

条条白线地上划，你看就像"斑马线"。

2.走一走"斑马线"。

（1）小朋友，我们看看所有走"斑马线"的叔叔、阿姨们是怎样过马路的？

引导幼儿观察当绿灯亮了，一旁马路上的车辆停下后，人们才开始走"斑马线"过马路；当红灯变成绿灯的时候，汽车开动，横穿马路的人们要停下等待绿灯。

（2）幼儿在教师的保护指导下走斑马线，体验、感受怎样过马路。

（三）画一画"斑马线"。

请小朋友回忆观察到的"斑马线"，想一想行人是怎样过马路的，并把走斑马线的场景画下了。

幼儿作画，教师指导，并随时提醒幼儿过马路时要注意观察往来的车辆，遵守交通规则。

画好后请幼儿自愿拿着自己的作品给教师或伙伴们讲一讲：小朋友过马路的时候一定要走斑马线才安全。

活动延伸

游戏"过马路"：请小朋友拿着积木到操场上搭好十字路口，设立红绿灯以及"斑马线"，当红灯亮的时候，汽车停下，小朋友横过马路，当绿灯亮时，人们停止过马路。

活动反思

活动中，老师带着幼儿来到马路边观察红绿灯、人行横道时，幼儿非常兴奋，叽叽喳喳地说个不停。在路边，孩子们很认真地观察着红、绿灯交替，行人和车辆的变化，对于老师提出的问题，孩子们回答非常踊跃，积极性、主动性都很高。在随后的游戏中，孩子们也都互相提醒着看老师手中的红灯、绿灯指示牌。为了培养幼儿的交通安全意识、提高预防车辆伤害的能力，我们在游戏当中丰富了幼儿一些最基本的道路安全常识（如斑马线的作用是什么，红绿灯的重要性），初步培养幼儿遵守交通规则的意识。

活动点评

教师在对小班幼儿进行交通安全教育活动中，通过开展带孩子实地参观，谈话，儿歌、游戏等一系列活动，帮助幼儿初步树立了过马路要看红绿灯、走人行横道的规则意识。丰富的形式及深入浅出的内容符合小班幼儿的年龄特点和认知特点。整个活动伴随着孩子的感知、体验，过马路要走人行横道、要看红绿灯，能给幼儿留下深刻的印象。

（教师　马雪娜、张慧明）

活动二　我会过马路

活动目标

1. 了解过马路要注意的安全规则。

2. 巩固幼儿对红灯、绿灯和黄灯的认识。

3. 知道过马路时要让大人牵着手。

活动准备

1. 红绿黄灯的图片，圆纸盘，红色、绿色、黄色的纸，胶水，纸棒。

2. 玩具车辆。

活动过程

（一）请幼儿观看有关红绿黄灯的照片，说一说它们的用途。

教师：小朋友，看一看图片中是什么？它是用来做什么的呢？

幼儿：是红灯、绿灯、黄灯，它们是交警叔叔指挥交通用的，它能告诉我们什么时候过马路，什么时候停下来。

（二）和小朋友一起来制作交通信号灯。

给幼儿发三个圆形纸盘、红黄绿三种颜色的纸、纸棒，请小朋友分别把红色、绿色和黄色的纸贴在三个纸盘的背面，做成红绿黄灯。

（三）带着孩子到户外场地上画"斑马线"，与幼儿一起玩过马路的游戏。

画好"斑马线"后，请三名幼儿扮演交警，其他幼儿开着小汽车在场地内沿大路跑，到了路口时，教师和幼儿一起念儿歌："大马路宽又宽，警察叔叔站中间，红灯亮了停一停，黄灯亮了准备好，绿灯亮了往前行。"

1. 这是我们制作的红、黄、绿灯，不错吧？

2. 黄灯亮了，我们的"小汽车"准备启动喽！

3. 红灯亮了，"小汽车""嘎"地一声全停啦！

4. 绿灯亮了，我们的"小汽车"终于可以跑起来啦！

（四）游戏"红绿灯"。

玩法：三个小朋友手上分别拿"红灯""黄灯"和"绿灯"模型，其他小朋友可排成一排，也可以做"开车"的动作。当"红灯"举起来的时候，其他小朋友口中发出"嗞"的刹车声音停下来；当"黄灯"举起来的时候，小朋友一边说着"准备停车"一边慢慢减速；当"绿灯"举起来的时候，小朋友又发出"嘀嘀"的声音，"汽车"继续前行。

活动延伸

1. 请幼儿说一说除了红绿灯以外，马路上还有哪些交通设施是用来帮助行人过马路的（如天桥、地下通道等）。

2. 请幼儿说说如果不遵守交通规则，可能会有什么事情发生。

3. 区域游戏：搭建"大马路"。

案例

教师：大马路上要有什么呢？

幼儿：路口、拐弯的地方必须有红绿灯。

小朋友在积木区搭建的马路：过马路要左右看，走人行横道。

小朋友在积木区搭建的过马路示意图：红灯停、绿灯行，绿灯一亮继续走。

我得在这里放一个红绿灯，要不该出车祸了。

幼儿：行人要走在"斑马线"上。

幼儿：这条路上还有两棵大树呢。

幼儿：红灯停、绿灯行，绿灯亮了，行人快走啦！

活动反思

通过复习红绿灯的用途，幼儿制作红绿灯、玩游戏等环节，再一次使得过马路要看红绿灯的规则得以强化。在游戏活动中孩子们兴趣很高，都抢着来当红、绿灯，游戏中幼儿基本了解了过马路的交通规则，都认识了红、黄、绿三色灯是交通指挥信号灯，并知道了它们的用途。集体教育活动之后，在延伸活动中又开展了"大马路"的游戏，进一步巩固了所学的交通知识。

活动点评

小班幼儿需求的是"游戏化"的一日生活，在游戏中学习巩固更有利于促进孩子的身心发展。小班幼儿需要教师经常与其一起游戏，并且要用拟人化的口吻与游戏的形式去参与每一项活动，满足孩子爱模仿的心理需求。在老师的参与下，孩子们在积木区搭建了他们所了解的"马路交通规则"场景。

附儿歌

红　绿　灯

马路马路，宽又宽，警察叔叔站中间。

红灯亮了，停一停，绿灯一亮往前行。

（教师　马雪娜、张慧明）

消防安全教育

活动一　着火了怎么办？

设计思路

火灾是人们生活中难以防范的灾难，一旦发生火灾，孩子比成人更易受到伤害，他们不具备应对危险的能力，但如果在事故中幼儿不会保护自己，后果将不堪设想。因此，让幼儿了解在火灾事故中如何自救就显得尤为重要。

活动目标

1.让幼儿了解发生火灾时正确的逃生方法，学会保护自己。

2.了解火灾报警电话"119"。

活动准备

1.组织幼儿参观科技馆，观看用水枪模拟灭火过程及进行模拟火灾逃生演练。

2.与家长取得联系，帮助孩子寻找有关预防火灾的图片、资料。

材料准备

录像片、消防图片若干、玩具消防车、电话机。

活动难点

在火灾发生时，引导幼儿掌握保护自己的办法。

活动过程

（一）播放消防车的声音。

教师：听，这是什么声音？

幼儿：是消防车的声音。

教师：发生什么事才需要消防车？

幼儿：着火了。

（二）播放火灾录像。

教师：录像中发生了什么事情？他们在干什么？

幼儿：楼房着火了，大家都在往外跑，消防员叔叔在救火。

教师：请小朋友讲一讲，怎么会引起火灾呀？

幼儿：玩火、玩蜡烛、在草地上放鞭炮、烧纸钱等都会引起火灾。

教师小结：小朋友不能玩火、玩蜡烛、过年不能在井盖和草地上放鞭炮，那样很容易发生火灾。在清明节燃烧纸钱，离开时一定要扑灭火苗，防止发生火灾。

（三）给幼儿讲一些关于火灾的故事，感知火灾的危险性，寻找自救的办法。

教师：当你发现着火了，该怎么办呢？

幼儿：弯腰跑到外边去。

幼儿：赶紧蹲下，找一条毛巾捂住嘴。

幼儿：我打"110"（教师引导幼儿知道"119"是火警电话）。

提问：火警电话是什么呢？

幼儿的回答各种各样：有"120"，有"110"，就是没有"119"。

教师在黑板上写了大大的"119"，并告诉幼儿火警电话是"119"。

小结：当发生火灾时，不要慌张，及时报警，跟随大人迅速从安全出口离开，到安全的地方躲避。

（四）教师再次启发幼儿回忆在参观科技馆时学到的发生火灾时的自救方法，请他们说一说自己的经验。

幼儿：灭火器可以把火扑灭。

幼儿：不能跟着拿灭火器的老师，有危险。

幼儿：我跟着老师不乱跑，老师保护我们。

幼儿：着火了，有好多烟，马上用湿毛巾捂住鼻子和嘴巴，就不会呛着。

幼儿：我们跟着老师捂住嘴跑出去。

幼儿：我们跑出去的时候弯着腰。

活动延伸

1.请幼儿找一找园内的消防器材，并说一说它们的作用。

2.设置"消防墙"，在墙上设置消防标志，请幼儿认知。

活动反思

小班幼儿缺少自我保护常识，如果遇到火灾更会惊慌失措。由此，加强火灾的防范和自救措施尤为重要。通过参观科技馆、观看录像、演习等活动，丰富了幼儿的认知经验。让幼儿知道遇到火灾后不惊慌，及时向成人寻求帮忙。本活动贴近幼儿生活，丰富了幼儿在火灾中如何自救的生活经验，从而提高了自我保护意识。

活动点评

教师能利用幼儿园组织的参观科技馆这个活动，将其与安全防火教育紧密地结合在一起。通过参观科技馆、讲故事、模拟火灾现场逃生演练，让幼儿在观看—交流—实地考察—实际演练等循序渐进的过程中深刻体会火灾、自救、撤离的全过程，直观、生动。

（教师　余青）

第二节 │ 中班安全教育活动案例

生活中的安全

活动一 上下楼梯的安全

设计思路

随着年龄的增长幼儿的活动能力越来越强，但此时他们的生活秩序性和规则性还没建成，在上下楼梯时经常会做一些危险动作。幼儿园的楼梯一般有高低两个扶手，在平时经常会看到这样的现象：幼儿坐在低的扶手上，双手扶着高的扶手从楼梯上"嗖"一下，像滑滑梯一样从楼梯上滑了下来，下来后还返回几个台阶，隔空向下跳。有的幼儿滑下来后会一屁股墩在地上，还有的会趴在地上，虽然屡有摔跤现象，但孩子们仍旧乐此不疲。前不久，就有一名幼儿摔在地上把牙齿磕裂了。针对这一现象，我们班开展了"上下楼梯，注意安全"的教育活动。

活动目标

1. 学习上下楼梯的正确方法，了解在楼梯上玩耍和滑扶梯的危险性，不做危险性动作。

2. 培养幼儿初步的安全意识和规则意识，养成安全文明的好习惯。

活动重点

提高幼儿上下楼梯的安全意识，改变不正确的下楼梯方式。

活动准备

幼儿低着头上楼梯、边走边打闹上楼梯的图片，幼儿从楼梯上滑下来、蹦下来摔倒的图片。

活动过程

（一）通过谈话，引入主题。

1. 你们平时是怎样上下楼梯的？

2. 你们在上下楼梯的时候摔过跤吗？如果摔过跤，想一想为什么会摔跤呢？

　　3.你觉得怎样上下楼梯才安全？

　　4.你们见过其他人是怎样上下楼梯的吗？

　　（二）向幼儿展示不正确上下楼梯摔倒的照片。

　　1.照片上的小朋友是怎么上楼梯？想一想这样上楼梯可能会发生的危险。

请幼儿思考讨论，然后讲一讲可能引发的后果。

　　2.他们是怎样下楼梯的？这样下楼梯安全吗？

请幼儿思考讨论，然后讲一讲可能引发的后果。

　　3.照片中的小朋友为什么摔倒了？

　　将幼儿分组，每组一张照片，请每组幼儿围绕照片上的内容进行讨论，说一说上下楼梯摔倒的原因。

　　（三）讨论、学习上下楼梯的正确方法。

　　1.你们自己上下楼梯时遇到过什么危险？为什么会发生危险呢？

请幼儿思考、回忆，说一说自己遇到过的危险。

　　2.怎样上下楼梯最安全？我们应该怎么做呢？

　　先请幼儿讨论，然后教师小结：上下楼梯应该靠右边行走，扶好把手，抬头向前看，一级一级往上（下）走。

3. 上下楼梯时该注意什么问题?

先请幼儿讨论,教师小结:上下楼梯一定要注意安全,沿着楼梯上的小脚印,靠右边行走,一个跟着一个走,不推也不挤。

(四)学习儿歌,加深对安全上下楼梯的认识。

安全上下楼梯

一二三四五六七,小朋友们上楼梯;

向右走呀不拥挤,一个跟着一个走;

小手扶着小栏杆,一级一级往上走;

七六五四三二一,小朋友们下楼梯;

向右走呀不拥挤,一个跟着一个走;

小手扶着小栏杆,一级一级往下走;

上楼梯呀下楼梯,安全第一要牢记!

(五)教师和幼儿一起制定上下楼梯时的规则。

1. 上下楼梯要走楼梯的一边,沿着楼梯上的小脚印走。

2. 上下楼梯时不推挤、不打闹。

3. 上下楼时扶着楼梯的扶手,不从扶手上往上爬或往下滑。

4. 下楼梯时一级一级往下走,不从楼梯上往下跳。

活动延伸

1. 制作有关上下楼梯的安全标志。

2. 结合美工活动,开展"安全上下楼梯"的画展,加深孩子上下楼梯的印象。

幼儿画

从楼梯上往下滑,摔跤就会受伤了。

从楼梯上跳下来会摔大跟头。

扶着扶手一级一级下楼梯。

上楼梯时靠右边走，不挤别人。

活动反思

幼儿在园一天要上下楼梯很多次，在谈论怎样上下楼梯的时候幼儿都有自己的经验。幼儿在发言中表现出上楼时攀爬楼梯扶手、下楼梯时从楼梯上滑下来很好玩，却没有意识到会有危险。当一名幼儿讲述到因为自己不好好上下楼梯牙齿被磕裂时，有的幼儿没有意识到还会有这样的危险，表示很惊讶。通过这次活动，很多幼儿认识到不正确上下楼梯可能会带来危险，意识到安全上下楼梯的重要性。

活动点评

活动内容虽然是生活中最平常的小事，却具有很大的教育价值，为养成幼儿良好习惯奠定了基础。活动中教师通过捕捉幼儿平时不正确的上下楼梯方式并拍成照片，接着请幼儿自己讨论、现身说法，是非常有效的教育方式。中班幼儿处于已知晓规则，但自控能力有待培养的阶段，此次活动对于幼儿安全上下楼梯收到了较好的效果。但一个好习惯的形成不是一个教育活动就能够养成的，还需在日常生活中进一步固化，活动延伸中的制作安全上下楼梯标志和幼儿安全上下楼梯绘画展等就是将安全意识的培养融入到日常生活中。

（教师　马雪娜、刘海燕）

活动二　花卡子、小皮筋引发的危险

设计思路

爱美之心不只成人有，孩子同样有。小女孩们头上扎着小辫子、戴上花卡子不仅漂亮，而且可爱。但是有时幼儿会忍不住把头上的花皮筋和花卡子拿下来向同伴展示炫耀，有时这些漂亮的皮筋和花卡子会成为伤害幼儿的工具。幼儿拿着花卡子的时候，卡子尖可能会划到幼儿的眼睛或皮肤；有时候幼儿把皮筋套在手腕上睡觉，或者把皮筋藏在被窝里在小手指上缠了一圈又一圈，被发现的时候，小手指已经变成了紫色。虽然事情很普通，但是一不注意就可能引发严重的后果。平时生活中的这些细节，需要对幼儿进行正确的引导。

活动目标

1. 引导幼儿了解花卡子和皮筋容易造成伤害，提高安全意识。

2. 培养幼儿正确看待别人拥有的东西，不进行炫耀和攀比。

活动重点

知道花卡子和皮筋容易造成伤害，能够自己制定小饰物的使用规则。

活动准备

各种卡子、皮筋，小人玩具，一只眼睛和一只小手的图片。

活动过程

（一）美丽的花卡子展览会。

1. 收集幼儿的漂亮发卡和皮筋，在班级里布置一个小展台进行展览。

2. 请几个长头发的女孩子戴着发卡随音乐进行表演，再把这几个幼儿头上的皮筋和发卡摘掉后进行表演。

（二）讨论花卡子和花皮筋的作用。

1. 小朋友为什么要戴发卡和皮筋？它们是干什么用的？

2. 把头上的皮筋和发卡摘下来，小朋友有哪些变化？

3. 没有了皮筋和发卡卡住头发，表演起来方便吗？

（三）给幼儿讲述《漂亮的花卡子》。

1. 用眼睛和小手的图片做道具，一边讲述故事一边表演。

2. 根据故事进行提问。

（1）故事中的眼睛发生了什么事情？

（2）故事里的眼睛喜欢自己的小主人吗？为什么？

（3）小手发生了什么事情？

（4）如果眼睛被发卡扎了会怎样？怎样才不会扎到别人？

（5）小手被皮筋缠上了怎么办？

（6）小主人后来变好了吗？

（四）引导幼儿制定花卡子和皮筋的使用规则。

教师：小朋友，平时我们应该怎样使用皮筋和花卡子？

幼儿各自发言后，教师小结：

1. 每个小女孩都有不一样的花卡子和皮筋，只要自己喜欢都是最好的。

2. 花卡子和皮筋离开了头发就失去了作用。

3. 如果想让小朋友看看自己新的花卡子，就轻轻歪歪头，让小朋友欣赏。

4. 睡觉的时候，就把皮筋和花卡子放在固定的地方，起床再用。

活动延伸

结合美工活动，制作美丽的花卡子。

活动反思

中班年龄段的幼儿更加在意来自同伴和教师的肯定、称赞，由于每次戴了好看的花卡子都会听到老师或者小朋友说"真漂亮"而沾沾自喜，因此就出现了攀比、炫耀自己小饰物的现象，却从来没有想到过使用不当也会发生危险。本次活动根据这个现象编作了故事，让幼儿能够把自己和故事中的角色对号入座，对比故事中的主人不正确的行为进行讨论。通过迁移经验发现自己行为的不妥，从而改变心态，争当发卡的好主人。引导幼儿不炫耀、不攀比，安全地使用自己的物品。

活动点评

中班幼儿开始萌发规则意识，自我控制能力正在发展，如果针对幼儿在日常生活中发生的现象采用说教的方式，不一定能达到预期的效果。教师在活动中采用了迁移故事角色的策略，对比幼儿自身的行为，达到了很好的效果。中班幼儿逐渐脱离自我中心，已经能够移情，采用形象贴切的故事进行知识迁移符合幼儿的认知特点。活动的亮点是在结尾时，请幼儿自己制定使用花卡子和皮筋的规则，符合中班幼儿能够自己制定规则并遵守的特点，大大提高了幼儿自觉遵守规则的主动性。

附故事

漂亮的花卡子

幼儿园里有两个小女孩，一个叫"咪咪"，一个叫"宝宝"，她们是好朋友，都很爱美，也很可爱。有一天小朋友们吃完午饭都上床睡觉了，这时候听见有小朋友在说话，原来是咪咪在向宝宝展示自己的花卡子，花卡子五颜六色的，漂亮极了，咪咪拿着晃来晃去，差点扎到宝宝的眼睛。后来老师发现了，让咪咪和宝宝安静地睡觉。咪咪躺在被窝里玩自己花皮筋，将皮筋缠在自己的小手指上绕了一圈又一圈。

大家都睡着了，睡眠里静悄悄的。突然听见对话声："你好，我是宝宝的眼睛。""你好，我是咪咪的小手指。"只听见宝宝的"眼睛"伤心地说："我的小主人一点都不爱惜我，不会保护我，差点就让你的小主人用发卡扎伤我的眼睛，我不喜欢她！""小手指"听了也哭着说："我也不喜欢我的小主人，她用皮筋把我缠得那么紧，我都变成紫色的了，血液不流通了，难受极了。"于是，它们商量好不理自己的小主人，不为她们工作了。

起床的时候，宝宝的眼睛突然看不见了，宝宝一下子摔了一个跟头；咪咪的小手指也罢工不听使唤了，咪咪穿不上衣服，急得直哭。这时候，咪咪听到一个声音："你在我身上缠了皮筋，我动不了了，所以不能帮助你穿衣服。"宝宝也听见一个声音："你不保护好我，差点让你的好朋友咪咪把我伤害了，我现在要休息一下。"

咪咪听了"小手指"的话，很羞愧，不好意思地对它说："我以后会好好保护你的，不会在你身上缠皮筋啦，皮筋是用来扎头发的，我以后会好好戴在头上的。"宝宝对自己的"眼睛"说："对不起，我以后会好好保护你，不会让尖利的东西靠近你的。"咪咪也向宝宝的眼睛道了歉："对不起，差点扎到你，我以后会把花卡子好好戴在头上，不会再把它拿下来给其他小朋友看了。"

（教师　马雪娜、刘海燕）

活动三　围巾、带子的隐患

设计思路

天气冷了，每天早晨小朋友来园时，都会戴着漂亮的帽子、围巾和手套。早晨幼儿将外衣、帽子、围巾和手套叠好放进柜子里，离园前再将它们拿出来。但有的小朋友爱美或怕冷，上课或室外活动时都要带着围巾，长长的围巾缠绕在脖子上会比较憋闷，不小心挂住其他地方，可能会勒住脖子。离园的时候由于衣物较多，幼儿将外衣、帽子、围巾和手套从柜子里拿出来后，很容易散落。有的孩子双手抱着衣物，围巾拖在地上也不知道，后边的小朋友不小心踩在上边很容易被绊倒。个别安全意识弱的幼儿甚至拉着围巾在活动室里乱跑，这样很容易出现安全问题。

活动目标

1. 知道围巾、帽子的安全戴法。

2. 引导幼儿针对生活中出现的围巾拖地现象，寻找自己的方法来解决问题。

活动重点

尝试整齐地收放围巾、帽子和手套等。

活动准备

围巾引发事故的图片：（1）一个走在前面的小朋友围巾拖地了，后面的小朋友踩到被绊倒了；（2）围巾被其他物品挂住，勒着小朋友的脖子了；（3）带着长长带子的帽子；（4）一双用绳子连在一起的手套。

活动过程

（一）展示围巾，导入主题。

1.教师戴着围巾进入教室，提问：今天老师脖子上系着什么？

教师边说边将围巾拿下来，展示给幼儿看。

2.我们为什么要带围巾呢？

因为我们的脖子怕冷，围巾能保暖，围巾还有装饰作用，戴上能使我们更漂亮。

（二）怎样戴围巾。

教师出示图片（1）和（2），并提问：图中的小朋友怎么啦？

一个被围巾绊倒了，一个被围巾勒住脖子了。

提问：为什么会发生这样的事情呢？我们平时应该怎样收拾整理围巾呢？

请幼儿发表自己的看法，然后教师小结。

小结：小朋友的想法都很好，我们在室内或室外活动时都应该把围巾整理好放在柜子里，出门戴围巾的时候宽松度要合适，将围巾末梢整理好，以免被其他物品挂住。

（三）怎样戴帽子和手套。

教师出示图片（3）和（4），并提问：小朋友一起来看一看，帽子和手套上都有什么？

幼儿：都有长长的带子。

教师：我们戴帽子、戴手套的时候应该注意什么？

幼儿：应将帽子、手套上的带子整理好，不缠绕在脖子上。

（四）实践活动。

1.引导幼儿尝试用自己的方法整理围巾、帽子和手套。

先请幼儿尝试整理，教师观察：有的幼儿在整理时把手套塞进大衣口袋里；有的用围巾把帽子和手套系在一起的；有的把帽子、围巾、手套包在大衣里；还有的把围巾、手套塞在帽子里。

2.教师和幼儿一起讨论，整理方法是否适用。

在讨论过程中，教师可根据自己园里的实际情况进行引导。

（五）总结梳理经验。

1.请幼儿思考推荐出几种好的整理方法。

如把围巾、手套塞进帽子的方法比较简单实用，东西不容易掉出来。

2. 教师示范穿戴、整理围巾、帽子、手套的方法，请幼儿模仿学习。

活动延伸

1. 教师通过示范、表扬、鼓励、教授、讲解、检查等方式随时关注幼儿收放围巾、帽子和手套的情况，并根据实际情况进行引导。

2. 请小朋友想一想绳子、带子可能引发哪些危险，怎样做才能避免这些危险。

活动反思

自从叠大衣，收围巾、帽子、手套的方法实施后，每天来园后、离园前幼儿都会精心整理自己的衣物。幼儿拖围巾、踩手套、掉帽子的现象没有了。绝大多数幼儿已经具有了自我服务的能力及安全意识。班上的几位老师通过示范、表扬、鼓励、教授、讲解、检查等方式帮助幼儿巩固了好习惯，取得了很好的成效。

活动点评

在一日生活中，教师能及时发现存在的安全隐患，与幼儿共同分析探讨危险、讨论解决方法、共同完成物品的整理，从而让幼儿明白了这件事为什么有危险，有了危险应该怎么办；使幼儿在做事时明白了这件事为什么要这样做，在日常生活中经老师提醒后能够主动去做。在这个过程中，班上的几位老师相互配合，运用多种方式巩固幼儿正确的行为，收到了良好的效果。

（教师　卫蕾）

活动四　水彩笔的危害

设计思路

绘画是幼儿特别喜欢的一项活动，无论是油画棒还是水彩笔，小朋友都可以用它们画出自己喜欢的东西，还能涂出好看的颜色。但在每一次的绘画活动中，都会发现有的孩子无意中就会把水彩笔的笔帽或笔头放进嘴里，不是嘴变蓝了，就是舌头变绿了。幼儿的这种行为会引来同伴哈哈大笑，但是他们却不知道彩色的水笔里含有大量的化学物质，很容易引起中毒。为了引起幼儿注意并重视这个问题，我们开展了这次活动。

活动目标

1. 引导幼儿了解水彩笔里含有对身体有害的铅，含在嘴里容易引起中毒。

2. 引导幼儿正确使用水彩笔绘画。

活动准备

1. 幼儿画画时，幼儿把笔头、笔帽放进嘴里的图片。

2. 用照片记录幼儿绘画时把笔放在嘴里的情景。

3. 水彩笔的制作过程的PPT和一些中毒现象的图片。

活动过程

（一）展示幼儿把笔头、笔帽放进嘴里的图片，请幼儿观察。

教师：小朋友能用水彩笔画出漂亮的画，请看一看照片中的小朋友拿着水彩笔在干什么呢？

 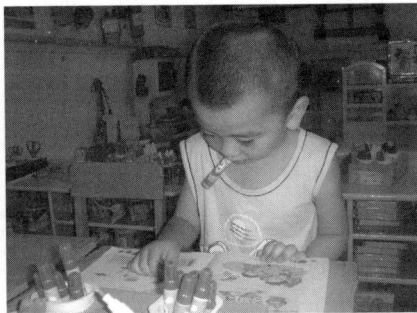

图（一）   图（二）

幼儿：第一幅图上的小朋友在咬水彩笔的笔帽。

幼儿：第二幅图上的小朋友把水彩笔头放到自己的嘴里了。

2. 针对图片进行思考。

教师：他们这样做对不对呢？为什么？

幼儿：不对，要是咬笔帽的话，就把它咬坏了，到时候笔帽就不能用了。

幼儿：我妈妈说水彩笔头不能吃，那个笔头上的颜色好像有毒，吃了会很难受，要上医院。

幼儿：我觉得老是咬笔帽，对牙也不好，医生说不能用牙齿咬硬东西。

（二）播放PPT，让幼儿了解水彩笔的制作过程。

1. 引导幼儿初步了解制作水彩笔的原料，知道水彩笔里面含有有害物质铅。

（1）水彩笔里含有的有害身体健康的东西是什么呢？

（2）把水彩笔吃到嘴里，对我们的身体有什么伤害呢？

2. 请幼儿观看一些铅中毒的照片或视频。

教师：照片中的人怎么啦，你们有过这种感受吗？

幼儿：照片中的人看起来好难受，我肚子疼的时候就是这样的。

幼儿：我头疼的时候也是这样的。

教师：照片中的人很难受，因为他们铅中毒啦，这个铅就是我们水彩笔中含的铅。

教师进一步介绍生活中真实的铅中毒的图片，进一步帮助幼儿感受铅中毒给人身体带来的危害是巨大的。

3. 小结：水彩笔能帮助小朋友画出美丽的颜色，但如果使用不当会伤害到我们的身体。因为水彩笔头上的颜料里有一种有毒的东西叫铅，如果总是把水彩笔头含在嘴里，对我们的身体是有害的，时间久了会引起慢性中毒；用笔的时候不能用牙齿咬笔帽，这样对我们的牙齿也不好。所以小朋友在使用水彩笔的时候，只在纸上绘画，不随意涂抹，不在衣服、皮肤、玩具或者柜子上画。

（三）如何正确使用水彩笔。

教师：平时我们应该怎样使用水彩笔呢？

先请幼儿讨论，鼓励他们说出自己的做法，然后和幼儿一起编儿歌，引导幼儿正确使用水彩笔。

水　彩　笔

水彩笔，手中拿，我是神气的小画家。

画笔有铅毒害大，不吃它来不咬它。

你我纸上涂一涂，出现神奇一幅画。

活动延伸

了解其他文具的正确使用方法，使用时知道如何保护自己不受伤害。

活动反思

整个活动中，幼儿的情绪由兴奋、开心变得严肃、认真。活动开始时，老师展示幼儿平时咬着水彩笔的照片，很多幼儿看着大笑，并不知道其中的危害；个别幼儿知道水彩笔里有毒，但不知道原因是什么。随着活动的开展，通过PPT直观的展示，幼儿了解了水彩笔中含有有害身体的铅。为了加深幼儿对铅的认知，在多媒体课件中呈现了很多人在铅中毒时的图片，幼儿变得严肃起来，开始感受到铅中毒的危害性，知道铅中毒对身体的伤害是很大的。在活动结束时，大家一起创编了正确使用水彩笔的儿歌，巩固了所学的知识。

活动评价

幼儿在幼儿园活动的时候经常会用到水彩笔，还常常无意识地把水彩笔咬在嘴里。细心的教师会关注这一点，也有些教师会忽略。在实际生活中，幼儿不会遇到真正由啃咬水彩笔引发中毒的事件，一次两次啃咬水彩笔，不一定会发生意外，因此也会让幼儿不以为然。怎样让幼儿感同身受地去理解其中的危害？教师将铅中毒的图片呈现给幼儿，迁移幼儿的感受，收到了很好的效果。在活动结束时，与幼儿共同创编朗朗上口的儿歌，既符合幼儿的认知规律，又巩固了所学的知识。

（教师　刘海燕）

活动五　班级里的小药袋

设计思路

班里的小朋友生病以后，家长会带来要服用的药放在班级的药袋里。让幼儿服药时比较容易，因为很多儿童药品没有异味而且很甜，冲水之后像甜甜的饮料一样，幼儿非常喜欢喝。每到该吃药的时候，很多带药的小朋友都很兴奋地提醒老师："老师我该吃药了，我的药可甜了。"看着服药小朋友得意而又幸福的表情，没有带药的幼儿只能眼巴巴地看着，以致有些幼儿没生病就吵着让家长给自己带药，还有些没带药的幼儿想尝尝其他幼儿带来的甜甜的药。他们还不知道乱吃药的危害，因此通过活动请医生现场讲解乱吃药的危害，让幼儿了解吃药是为了治病，不能随便吃。

活动目标

1.引导幼儿知道吃药是为了治病，了解乱吃药的危害。

2.引导幼儿了解小药袋的作用。

活动准备

1.几种常用药品，小药袋。

2.邀请医生讲解吃药是为了治病，乱吃药会引起中毒，药物中毒的事件及图片。

活动过程

（一）结合班级带药的幼儿，介绍幼儿平时常用药的用途。

教师：这几天我们班有的小朋友带药来了，他们为什么要带药呢？

幼儿：因为生病了。

教师：我们现在来看看小朋友带的药一样吗？

幼儿：不一样。

教师：为什么每个小朋友带的药都不一样呢？

幼儿：因为每个小朋友生的病不一样。

教师给幼儿介绍平时的常用药

（二）医生出示几种常用的药品，介绍这些药品的用途。

1. 介绍幼儿平时吃的常用药品（如止咳药水、感冒冲剂、退烧药、消炎药），引导幼儿知道生病才吃药，如果药品吃多了或吃错了都会给身体造成伤害。

2. 引导幼儿知道小朋友生病了，就需要吃药，这样病才能赶快好起来。每个小朋友的病情不一样，所以要吃的药也不一样。吃药一定要按照医生的叮嘱吃，不能多吃也不能少吃，如果吃错了会引起更严重的后果。

（三）请医生为幼儿展示药物中毒的图片，并进行讲解。

请幼儿观看一些误服、错服药品中毒的资料图片。

教师：这些人怎么了？

幼儿：他们好像生病了。

幼儿：可能他们吃了不干净的东西。

医生：他们吃了不该吃的药，中毒了。

幼儿：药不是治病的吗？怎么吃完了生病了？

医生给幼儿利用图片讲解，
药物中毒的图片

医生：刚才小朋友提到的问题就是我今天想和大家说的。每年都有好多人因为吃了不该吃的药物而中毒，有些人还因为情况严重造成死亡。

继续出示药物中毒的图片，进一步讲解。

（四）讲解小药袋的作用及误服药品的危害。

1. 请幼儿说一说小药袋放在班级里有什么作用呢？

幼儿：放小朋友带来的药品。

幼儿：能够写清楚吃药的时间和多少。

教师：小朋友生病以后带来的药都会放在这个药袋里。每个药袋都放着一个小朋友服药的纸条，上面写着药名、吃多少、什么时间吃，这样能够分清药是给谁吃的，不会让小朋友吃错。

2. 请说一说药是用来干什么的？吃多了或者吃错了会有什么危害？

幼儿：药是给生病的小朋友治病的，没有病不能够随便吃。

幼儿：在吃药的时候，按照医生的叮嘱服用，想吃多少就吃多少就没法治病了，还有可能引起中毒。

幼儿：吃多了药、吃错了药都会引起中毒，严重了会让人休克的。

教师：小朋友们都说得很好，平时吃药时一定让老师给拿药，不自己拿。

活动延伸

1. 结合科学活动，进一步了解药物的作用，知道平时不乱吃药，也不乱吃东西。

2. 家园共育：请家长配合活动，给幼儿讲解药品的不同作用，并放置好药品。

活动反思

通过本次活动，幼儿认识了几种常用的药品，了解了班里的小药袋的作用。更重要的是幼儿对药物中毒有了深刻的认识，意识到随便吃药的行为是危险的，同时他们也知道了生病后该怎样吃药才是安全有效的。由此我们也反思到，像药品这样的东西，需要放置在幼儿拿不到的地方，避免幼儿自己能够随意取放，引起不必要的意外。另外，此次活动也引起家长们对这个问题更多的关注，在家中对孩子进行了安全服药的教育。

活动点评

幼儿期生长发育尚未完善，身体机能的免疫能力比较弱，正处于比较容易生病的阶段。很多家长为了让孩子能够顺利地吃药，想尽办法。往药里加糖或者吃只带甜味的药，这样容易误导幼儿认为药是好吃的东西。活动中教师能够针对这一现象，邀请医生给幼儿讲解药品的作用，利用图片讲解药品多服、误服的危害，这对幼儿来说，比老师和家长的告知更有说服力。建议开展活动的同时开展家园共育的同步教育，从而提高家长在家中安全管理药品的意识。

（教师　刘海燕）

活动六　记住我家的地址和电话

设计思路

小小的阿拉伯数字如果很好地组合起来有着神奇的作用。在日常生活中幼儿不可避免地会遇到困难，如果知道自己家的住址和爸爸妈妈的电话，很大程度上能够化险为夷。但是有的家长会忽略这个问题，没有及时教给孩子；也有的家长做得很好，在孩子很小的时候就告诉了孩子。

活动目标

1. 引导幼儿记住自己家中的电话和住址。

2. 懂得遇到危险可以打电话。

活动重点

能够准确地说出自己家的电话和住址。

活动准备

1. 请家长配合，提前将家中的地址和电话号码写在一张纸条上，玩具电话若干，数字1～10的卡片。

2. 幼儿已认识数字1～10。

活动过程

（一）谈话导入活动，激发幼儿参与活动的兴趣。

教师：谁知道电话有什么作用？

幼儿：可以打电话。

教师：你知道为什么要打电话吗？

幼儿：有事找爸爸妈妈。

教师：如果遇到危险你会怎样做呀？

幼儿：找警察。

幼儿：找大人。

幼儿：找爸爸妈妈，找家人。

教师：你知道你家的电话吗？

幼儿：知道。

幼儿：不知道。

（二）出示数字卡片1～10，引导幼儿记住自己家的电话号码。

1. 看一看，摆一摆：请幼儿利用数字卡片摆出自己家的电话号码。

2. 每人一部小电话，给爸爸妈妈打电话。

3. 利用击鼓传花的方式说一说自家的电话和住址，花传到谁哪里谁就要说出自己家的电话和住址，老师拿着幼儿的纸条进行核对。

（三）玩游戏，巩固对电话号码和住址的记忆。

1. 游戏"我是小警察"。

警察：我是小警察呀，我能帮助你呀！

小朋友：我是×××呀，快来帮助我呀！

警察：你家在哪里呀，我好帮助你呀！

小朋友：谢谢小警察，我家住在……

2. 游戏"打电话"。

引导幼儿知道有了困难可以打电话，请幼儿两两成组一起玩打电话的游戏，说出自己家的电话和住址。

鼓励幼儿积极与同伴模拟通电话，交流感受，体验打电话的乐趣。

活动延伸

家园共育：请幼儿和家长一起玩打电话的游戏。

活动反思

在活动中我们给幼儿创设了情景，引导幼儿积极动脑记住自己家的住址和电话，来预设和解决在生活中如果遇到了困难应该怎么办，让幼儿体验到解决困难的过程，丰富生活经验。在活动中幼儿的思维活跃，自由性、参与性很强，并利用幼儿亲手操作的形式增加了幼儿的成就感，有利于增强幼儿的自信心。

活动点评

在第一个环节中教师的提问层层递进，指向目标，通过幼儿的回答，可以看出教师的提问有效性较强，具有较强的启发性。在第二个环节的号码组合中，既动手又动脑，幼儿很有兴趣，击鼓传花的形式又加深了幼儿对电话号码和家庭住址的记忆。第三个游戏环节目标指向性强，幼儿能够在游戏中记住自己家的住址和电话，激发了幼儿学习的主动性。整个活动中教师能够注重幼儿的个体差异性，对能力较弱的幼儿注意进行个别指导，和小朋友一起利用数字卡片摆出自己家的电话号码，使幼儿在原有水平上得以发展。

（教师 闻昕）

活动七　走丢了怎么办

设计思路

幼儿的年龄特点决定了他们好动，对新鲜事物感兴趣。当他们外出时，看见新鲜事物往往会被吸引住，而忘了跟着父母走，马路上的人多、车多，对于幼小的儿童来讲，陌生的环境隐藏着很多危险。为了提高幼儿外出时的自我保护意识，避免危险的发生，设计了这一活动。

活动目标

1. 告诉幼儿与父母走散时要找警察叔叔，不要轻信陌生人。

2. 学习求助的办法。

活动重点

知道走丢了应该怎么办，学习解决问题。

活动准备

请大班的小朋友准备情景剧《逛商场时找不到妈妈了》。

活动过程

（一）情景剧表演。

请大班的小朋友表演情景剧《逛商场时找不到妈妈了》。

（二）围绕情景剧讨论。

宝宝逛商场时找不到妈妈了，该怎么办?

幼儿：可以找警察叔叔帮忙。

幼儿：哪儿也不去，就在原来的地方等着妈妈回来。

幼儿：可以找保安叔叔给家里的爸爸、妈妈打电话。

幼儿：找售货员，她能帮你去总台广播，妈妈就能听见了。

教师：在没有找到妈妈的时候，要是有不认识的人跟你说话，要带你走应该怎么办呢?

幼儿：不理他，转过头去。

幼儿：可以大声地喊。

（三）思考讨论。

教师：如果你和家人走丢了，这时有人拉着你说我把你送回家，你会怎样做?

幼儿1：我对他说：谢谢你，我回幼儿园找老师，让老师帮我找妈妈。

幼儿2：老师不在幼儿园怎么办呢?

幼儿1：那好办！我知道我家的电话号码，给家里打个电话让妈妈来接就行了，不能跟别人走。

幼儿3：我不跟他走，我到妈妈的自行车旁去等她，妈妈一定会到那儿去找我。

幼儿4：我到看门的伯伯那儿等爸爸。

教师小结：小朋友说的都很有道理，当你和家人外出找不到他们时，不能随便跟陌生人走，而应该记住家里的电话号码，找身边的叔叔阿姨或者爷爷奶奶，请他们帮忙给家里打电话，或者让他们帮助你去找一个警察叔叔来，让警察叔叔把你送回家，或者等候家人来接你，一定不能乱跑。如果遇到坏人要把你带走时，先不要挣扎、反抗，到了人多的地方可以大声呼救，看到警察叔叔赶紧喊救命。

（四）有奖竞猜游戏。

将幼儿分为两组，提问问题，请幼儿迅速且较完整地说出想法，答对的一方可获得一个小贴画。

1. 在商店里，不小心和家人走失了，你该怎么办？

2. 在家门口玩，有不认识的人要带你去玩或去买东西吃，你该怎么办？如果有人强迫你走，你该怎么办？

3. 当你一个人在家时，若有人敲门或门铃响了，你该怎么办？

4. 在幼儿园里玩，有不认识的人来接你，你跟他走吗？

教师小结：外出时应该紧跟父母，万一找不到父母了，可以找警察叔叔帮忙，不要轻信陌生人；当有陌生人要带你走时，不能跟他走，如果陌生人要强行带你走时要大声呼救；当一个人在家时，若有人敲门，不要给他开门，等爸爸妈妈回来告诉他们。平时要熟记自己的家庭地址和电话。

活动延伸

请幼儿运用绘画的形式，把自己走丢后求助他人的方法，画下来贴在主题墙上，与大家分享讨论。

活动反思

通过开展此次活动，发现孩子们已经具有了一定的安全自护知识，他们能想到很多办法，如：找警察叔叔、在原地等待、打电话等；少数幼儿能熟练地说出自己的家庭地址和电话，多数幼儿对自己的家庭地址和电话比较模糊，还需要巩固记忆。

活动点评

教师能及时捕捉幼儿身边的安全隐患，开展安全教育活动。本活动内容与日常生活紧密相关，针对性较强；活动形式适合中班幼儿的年龄特点，内容贴近幼儿的生活，目标的制定具体易于实现。过程设置层次清楚，重点突出，特别是在有奖竞猜这个环节中突出了重点，最后的教师小结能够帮助幼儿梳理知识、提升经验，幼儿在活动中积极主动、思维活跃，在学习中有了进步。。

（教师　闻昕、余青）

活动八　安全新闻主播站（家园合作）

设计思路

幼儿发生安全事故的原因无非有几种情况，一种是幼儿生活经验比较缺乏；一种是来自于身边的安全隐患，使其来不及防备；还有一种就是成人的疏忽，由于成人安全意识淡薄造成的。年幼的孩子需要依靠成年人的保护才能健康成长，如果身边的成年人安全意识薄弱，对周围的隐患不以为然，孩子也不可能有足够的防范意识来保护自己。我们设计此活动的出发点，主要是想引起家长重视幼儿的安全，献计献策，参与到幼儿安全自护教育的活动中来，注意在家中随机对幼儿进行安全教育，提高孩子们的安全意识和一些必要的自我保护常识。

活动目标

1.通过提高家长对安全隐患的重视，增强幼儿的安全意识。

2.培养幼儿和家长关注安全新闻的兴趣。

3.利用家长资源引导幼儿学习用多种方法收集信息。

活动重点

通过提高家长对安全问题的重视，增强幼儿的安全意识。

活动过程

（一）以圆圈会议的形式召开家长会，和家长一起探讨生活安全的重要性。

1.我们生活的环境中存在不安全的因素吗？安全对自己的孩子重要吗？

家长1：安全的事情太重要了，平时我们总忽略这个问题，比如在家我儿子总和他爸爸拳打脚踢的，孩子下手没轻没重的，稍不注意小拳头就砸到眼睛上。

家长2：知道安全对孩子挺重要的，但自己不知道怎么教，有时候一着急就跟孩子发脾气。有些东西也不敢让孩子碰，如剪子、开水、棍子不敢轻易让他动，但孩子就是不听。

家长3：随着孩子的成长，他什么都想自己做，根本不管有没有危险。

2. 有没有发生过因为大人的疏忽给孩子造成伤害的事情？

家长1：有时候喝水没掌握好温度，忘了提醒孩子水烫，孩子就被烫了。

家长2：我儿子玩他爸爸的打火机烧了手。

家长3：有一次上班急，骑车把孩子的脚卷到自行车轱辘里了。

家长4：我带孩子逛商场的时候，孩子的鞋带开了被绊倒擦破了脸。

家长5：有一次，孩子自己在屋里玩，我在外屋听见他哭了，跑过去一看他自己剪指甲把脚趾剪破了。

教师小结：其实这些事情的发生都是由于孩子的安全意识差，自我保护能力弱，而我们家长平时也不重视安全教育，忽略了对孩子进行安全教育。

（二）邀请家长献计、献策，说出提高安全意识的能力。

1. 和家长讨论，用怎样的方法既能提高家长的安全意识又能培养孩子的安全意识，增强孩子的自我保护能力。

家长1：多跟孩子说。

家长2：看看书看看光盘，讲讲故事，加强一些相关知识的学习。

家长3：先提高我们做家长的安全意识，再在生活中教育他们。

2. 我们怎样做才能把自己总结的经验和大家一起交流，让大家一起分享，给其他的家长和小朋友也提个醒呢？

家长1：把好的经验贴出来。

家长2：找到关于安全常识的书带来给老师，老师再给小朋友讲。

家长3：我把家中的故事书带到幼儿园，让孩子们一起看。

教师：我们想和家长一起成立一个"安全新闻主播站"，大家可以把新闻、报纸上的安全事故和安全相关的知识摘抄或剪贴下来，放在"安全新闻主播站"，让孩子当"小小主播"，不断播送不同类型的安全事件，让孩子在每天的耳濡目染中共同提高安全意识。

（三）成立班级"安全新闻主播站"。

1. 成立"安全新闻主播站"，邀请家长加入当"安全信息员"。

2. 收集编辑大家找到的安全新闻。

3. 梳理全体家长平时生活中遇到的安全问题。

4. 在班里开辟"安全新闻主播站"的墙饰，并与幼儿、家长互动，"小小主播"把家长收集的安全新闻定时向全园播报。

（一）安全新闻主播站的环境墙饰。

（二）过渡环节，幼儿们争先恐后地讨论安全事故的见闻。

活动延伸

请各班小朋友都参与这个活动，轮流担任"小小主播"，教师制定相关的人员名单，使每期的小小主播都有小、中、大三个班的小朋友。

活动反思

要提高幼儿的安全意识，增强自我保护能力，除了在班级中对幼儿进行相关的安全教育活动外，还要充分利用家长资源，只有家长参与其中，才能使幼儿的安全教育做到全方位、无遗漏。认识到这一点，我们召开了班级家长会，共同讨论了安全的重要性和存在于孩子们身边的安全隐患。在会议现场，家长们讨论得十分热烈，很多家长反映，在生活中确实有安全意识不强的现象存在，虽然有时对孩子在个别事情上能加以提醒，但是忽略了对孩子防范身边安全隐患的教育。家长会议引起了家长们对幼儿安全自护教育的重视，同时还策划了能够与幼儿互动的"安全新闻主播站"，有了家长的主动配合，主播站里有关安全事件的新闻不断更换，给幼儿提供了很多预防安全隐患的常识。

活动点评

本活动从引起家长重视幼儿的安全教育入手，共同提高幼儿的安全防范意识、丰富生活中的安全小常识，这对于幼儿了解自我保护的常识是非常行之有效的。能够成功地开展"安全新闻主播站",并不断更新主播站里的安全事件内容,和家长的主动配合是分不开的。这种活动的形式和做法,在提升家长对幼儿进行安全教育的同时,也潜移默化地培养了幼儿的自我保护意识,同时有效地解决了日常工作中教育活动不能达到目标的问题。

(教师 刘海燕)

身体器官的保护

活动一 手划破了怎么办

设计思路

生活中,幼儿有时不小心会将自己的手划伤、碰伤,出血后他们会很害怕,甚至大哭。为了丰富幼儿的生活经验,加强防范意识,提高解决问题的能力,我们开展了这次活动。

活动目标

1. 知道不玩尖利的东西。

2. 知道手划破后要告诉老师或家长。

3. 了解简单的处理和保护方法。

活动准备

1. 手受伤的娃娃玩具,碘伏水,淡盐水,棉签。

2. 与保健医生沟通好,请她配合开展活动。

活动过程

(一)出示娃娃,通过故事导入。

教师从娃娃家抱出娃娃说:"哎呀!娃娃的手出血了,快看!这里划了一个大口子。"

教师:是什么东西把娃娃的手划破了呢?

幼儿:是小刀、剪刀、玻璃。

教师:为什么呢?

幼儿:因为它们尖。

教师:娃娃的小手受伤了,我们应该怎么办呢?

幼儿:要给娃娃包扎起来。

（二）带娃娃去包扎。

1. 启发幼儿寻求帮助。

教师：娃娃受伤了我们应该找谁给娃娃包扎呢？

幼儿：找医生。

教师：我给保健医生打电话，请她来给娃娃包扎好不好？

2. 保健医生进班，演示包扎过程。

幼儿：医生，这是什么？

医生：这是碘伏药水。

教师：它是干什么用的？

医生：是消毒用的。

教师：医生用什么给娃娃包扎的呢？

幼儿：我知道，是创可贴。

医生：对! 创可贴里面有药，能促使伤口愈合，防止伤口感染。

3. 包扎完成后，教师启发幼儿回忆医生给娃娃包扎的步骤。

（1）先打开碘伏瓶盖，再拿棉签在瓶子里蘸点药水。

（2）然后在娃娃的伤口处擦一擦。

（3）最后撕开创可贴，把伤口包扎好。

（三）交流讨论。

1. 启发幼儿回忆手受伤后的感受。

教师：小朋友，你们的手有没有被划破过？划破后有哪些不方便？

幼儿：有一次我同小朋友抢玩具，手划破了，是老师帮我清洗的伤口。

幼儿：龙龙上次跟我玩时，不小心把我的手划破了，一碰就疼。

幼儿：我跟妈妈出去玩，被石头划破了脚，一走路就疼，都不能上幼儿园了。

2. 讨论怎样才能不让手受伤。

教师：怎样才能使我们的小手不受伤害呢？

幼儿：不能拿剪刀乱剪。

幼儿：不能玩小刀。

幼儿：不能玩针和树枝。

幼儿：不能玩碎玻璃。

幼儿：碰到尖的东西要小心。

教师小结：我们周围有很多东西，有的很尖，会扎手，如果我们去玩这些东西就可能把手划破，会给我们带来危险。所以小朋友们不要去玩这些东西。

3. 手受伤后怎样办？

教师：如果你的手受伤了，应该怎么办呢？

幼儿：在幼儿园里就告诉老师。

幼儿：请老师带着我找医生，涂药水、包扎。

幼儿：在家让我姥爷帮着上药水。

幼儿：在家找妈妈用创可贴包上。

教师：小朋友们说得都很好，手包上后，还要注意不要沾上脏东西，不能让伤口沾水，因为那样容易感染，也不能碰撞，防止伤口开裂。

活动延伸

家园共育：请幼儿回到家中，向爸爸妈妈演示如何包扎伤口；了解受伤后，怎样保护自己。

活动反思

通过设计玩具娃娃受伤的情境，调动了幼儿参与活动的积极性。在活动过程中，运用启发式提问，使幼儿结合已有经验，想到带娃娃到医生那里看病的办法。在医生给娃娃治疗中，幼儿对伤后处理有了初步的认识。通过回忆自己受伤后的痛苦和不便，幼儿认识到远离危险的重要性；通过讨论怎样才能使手不受伤，幼儿丰富了的安全常识。

活动点评

教师能结合生活中发生的小事例开展安全教育活动。通过创设娃娃受伤及找医生处理伤口的情节，让幼儿生动直观地了解到受伤后应该怎么办。通过谈话迁移幼儿的已有经验，交流怎样才能避免不受伤，并告诉幼儿受伤后应该怎样护理伤口。活动内容贴近幼儿生活，针对性强，活动环节根据幼儿具体形象的学习特点而设置，实践效果较好。

（教师　余青）

活动二　怎样保护牙齿

设计思路

在一次户外活动中，小朋友们玩得正高兴，邦邦捂着嘴跑过来，边哭

边说："老师，我的嘴流血了，可疼了。"仔细一看，原来是邦邦掉牙了。有的小朋友听见了也跑过来看，还问邦邦疼不疼，是怎么把牙磕掉的。还有的小朋友说："牙掉了，全是血，那可怎么办啊？"结合这次"掉牙事件"，我们开展了这个爱牙护牙的活动。

活动目标

1. 了解换牙是一种正常的生理现象，正确处理掉牙。

2. 学习刷牙的正确步骤，养成刷牙、漱口的好习惯，知道保护牙齿的重要性。

活动准备

1. 牙齿模型或牙齿挂图，漱口杯，牙刷。

2. 图片：掉了门牙的小猴子。

活动过程

（一）图片导入活动。

出示小猴子的图片，猜一猜小猴子的牙齿怎么啦。

教师：小朋友猜一猜小猴子的门牙哪里去了？

幼儿：调皮磕掉啦。

幼儿：掉牙啦。

教师：小猴子换牙啦，它的门牙是自然掉落的。

（二）了解换牙现象。

1. 班里有哪些小朋友掉过牙？请掉过牙的小朋友举手说一说。

2. 师生共同讨论牙齿掉了怎么办。

教师：小朋友，如果你们的牙齿掉了应该怎么办？

幼儿：用手捂着嘴，找老师帮忙。

幼儿：把嘴先闭紧了，然后用水漱口。

幼儿：找爸爸妈妈问问他们应该怎么办。

小结：如果是自然掉牙，不要慌，可以用清水漱口，止住出血。如出血不止，可以去医务室拿消毒棉花咬紧止血，不要用舌头去舔。如果牙是被磕断的，要用清水漱口，清除嘴里的泥沙和污血，并且到医务室拿消毒棉花咬紧止血。不要用力擦拭断牙，要用清水冲洗干净，尽快找牙科医生处理。到了五岁以后，小朋友的牙齿就会一个个地逐渐脱落，之后长出新牙，最后满嘴的牙齿都会换成新牙，然后它们就会伴随我们到老了。

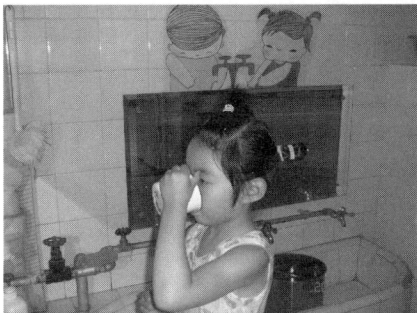

（三）初步了解换牙的过程。

出示牙齿模型或挂图，引导幼儿认识牙齿。

提问：人为什么要换牙呢？换牙好不好？

先请幼儿思考，然后自由发言，最后师生共同小结：人长到五六岁时开始换牙，换牙说明我们长大了，换牙是一件很正常的事情。掉下来的牙齿是乳牙，即将长出来的牙齿是恒牙，恒牙是陪伴我们一生的牙齿，所以我们更要好好地保护它们。

（四）保护牙齿。

教师：牙齿的作用很大，我们吃东西全靠牙齿，平时应该怎样保护牙齿呢？

幼儿：不乱咬硬东西。

幼儿：不吃甜的东西，不喝饮料。

幼儿：要饭后刷牙、漱口。

小结：无论是乳牙还是恒牙，我们都要爱惜，不能因为乳牙都要换成新牙，现在就不保护它了，现在的牙齿长得好不好，直接影响着以后新牙长得是否健康、漂亮。所以我们现在要好好地保护我们的牙齿，要保护好牙齿，就要每天刷牙、漱口。刷牙一定要早晨一次，晚上一次，还要用正确的方法认真地刷，这样才能使我们的牙齿更健康。

（五）学习儿歌，了解刷牙的步骤。

刷 刷 牙

小小牙刷手中拿，每天早晚要刷牙。

上牙从上往下刷，下牙从下往上刷。

顺着牙缝仔细刷，咬合面要来回刷。

刷得牙齿白花花，牙齿洁白人人夸。

（六）游戏"我会漱口和刷牙"。

教师先示范漱口、刷牙的步骤，然后指导幼儿正确地漱口、刷牙。

活动延伸

1.结合科学与健康，请幼儿认识牙齿，了解牙齿的重要性，预防龋齿。

2.家园共育：请家长配合，帮助幼儿每天刷牙漱口，清洁口腔。

活动反思

到了中班，个别幼儿开始掉牙，这时如果没有及时进行教育，幼儿会出现慌张和不安的情绪，为了使小朋友们正确认识掉牙，我们开展了这次活动。通过班上个别幼儿掉牙现象，告诉小朋友五岁以后每个人都会碰上的，不要惊慌。在活动中将换牙后的注意事项逐一进行了详细的讲解，同时提醒大多数没有换牙的幼儿，应该保护好现在的牙齿，才能保证今后的牙齿长得更健康、漂亮。

活动点评

活动设计符合中班幼儿的生长发育特点，本活动通过图片和牙齿模型等让幼儿进一步解了自己的牙齿，并通过讨论使幼儿认知到牙齿的重要性，从而进一步提高了幼儿爱牙护牙的意识。活动由浅入深地展开，层级关系明确，幼儿易于接受。

（教师　刘海燕）

活动三　小心烫伤

设计思路

幼儿的皮肤比较娇嫩，接触一定温度的东西都有可能造成烫伤，比如：蒸汽，没有燃尽的烟头，卫生间点燃的香，加热的电磁炉、火锅等。虽然平时我们非常小心，但是仍然不能确保万无一失。一旦烫伤，轻则红肿，重则幼儿娇嫩的肌肤马上鼓起水泡。为了增强幼儿的安全意识，了解生活中烫的东西，防止危险的发生，避免幼儿因好奇导致烫伤，增强他们的自我保护意识，开展了这个活动。

活动目标

1. 引导幼儿了解哪些物品容易造成烫伤。

2. 引导幼儿了解烫伤知识，并学会紧急处理轻微烫伤的技能。

活动准备

1. 两个杯子，冷水，热水，处理烫伤的视频。

2. 若干张有笑脸、哭脸、烫的物体和不烫的物体的图片。

活动过程

（一）利用冷热两个温度不同的水杯，让幼儿感受不同的温度。

教师拿出两个一模一样的杯子，在杯子里分别倒入冷水、热水，让幼儿感受不同的温度。

观察哪个杯子中是凉水哪个杯子中是热水，然后用手摸一摸杯子看看观察的对不对。

提问：摸热水的时候有什么感受？为什么手一下子就松开了？

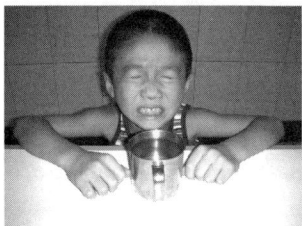 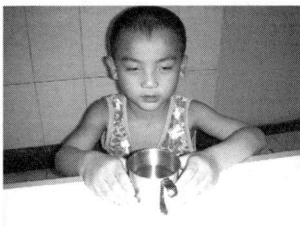 

烫　　　　　　　　　　凉　　　　　　　　烫和凉的感受

请幼儿初步感受热和冷，并说出烫时身体的感觉和动作。

（二）找一找，说一说，记一记。

教师：请找一找幼儿园和家中有哪些物品是烫的，比较容易烫到小朋友。（幼儿说，老师做记录。）

幼儿：热水瓶中的热水（小朋友自己不可以倒热水，那样会烫伤的）。

幼儿：锅里的开水和瓶子里的热水，也不可以乱摸。

幼儿：妈妈熨衣服用的电熨斗不可以乱摸。

幼儿：刚开锅的热饭、热汤很烫，吃饭的时候要小口试一下，不烫了再吃，要不然嘴和舌头会烫出泡。

幼儿：老师早上打水的水壶，里面装的是烧开的水，不能碰。

幼儿：冬天的时候，电暖气片可烫了，家里的电暖气片不能摸。

幼儿：爸爸的打火机打着火也很烫，平时不能玩。

幼儿：使用中的微波炉和煤气灶也很烫。

幼儿：水壶或者饭锅的水蒸气很容易造成烫伤。

幼儿：爸爸抽烟的烟头和烧的香也烫手。

教师通过自己的记录进行总结，进一步让幼儿知道哪些东西容易造成烫伤，不能随意触碰，加深他们对这些物品的印象。

（三）观看视频，引导幼儿掌握烫伤时应急的简单方法。

1.播放处理烫伤的视频，引导幼儿观看。

2.根据视频展开讨论。

教师：如果一不小心被烫伤了怎么办？

幼儿：马上叫身边的大人帮忙。

幼儿：立刻用凉水冲，给被烫到的部位降温。

幼儿：如果烫得不严重，找出烫伤膏抹一抹。

幼儿：如果严重，立刻和爸爸妈妈一起到医院请医生帮忙。

幼儿：烫伤时，如果衣服也被热水浸湿了，一定不要撕破衣服，那样会把皮肤撕掉特别疼，应该用剪刀剪开衣服。

教师：小朋友说得都很好，轻度烫伤用自来水冲洗20分钟以上，直到不痛为止。如果脸或头被烫到，用淋浴轻轻淋或用手浇水降温，不要擦任何药。接下来用清洁的纱布或毛巾覆盖后缠上绷带，绷带上面再加一个冰袋冷敷。受伤后48小时内要注意观察，如果伤情恶化，应立即去医院，严重的烫伤也应该立即去医院就医。

（四）游戏"连连看"。

教师发给幼儿每人一张烫和不烫物品的图片，请幼儿连线。将能造成烫伤的物体与哭脸连起来，不能造成烫伤的物体与笑脸连起来。

活动延伸

家园共育：家长和幼儿一起找出家中烫的物品，并给这些物品贴上标志。

活动反思

活动先从幼儿体验冷与热入手，引起幼儿参与活动的兴趣，然后逐渐引入生活中容易烫伤的东西。在活动中，幼儿能够根据播放的视频了解轻微烫伤的处理方法。在最后"连连看"的环节中，幼儿兴趣较高，能够准确地将对应的东西连起来。通过开展活动，加深了幼儿对烫伤的认识，也丰富了幼儿对烫伤的处理经验。

活动点评

活动通过启发幼儿思考、观看处理烫伤的视频及游戏连连看等方式，让幼儿对烫伤有一个较为直观清晰的认识。活动中的游戏"连连看"更是将幼儿在活动中掌握的已有经验得到验证，更加深了幼儿对生活中能够产生烫伤物品的认识，从而在生活中提高防范意识。

（教师 刘海燕）

活动四 她为什么受伤了

设计思路

由于幼儿好奇、好动，在乘坐交通工具时，经常发生被车轱辘别伤、被摩托车排气管烫伤的事故。不久前，一名幼儿在家门口的摩托车后面玩，摩托车要启动了，他没来得及躲闪，结果被摩托车排气管里冒出的气烫伤了。还有的孩子坐在自行车后坐上，不小心把脚伸进车轱辘里把脚别伤了。为了提高这方面的安全意识，让幼儿知道怎样保护自己，我们对怎样安全地乘坐自行车、摩托车展开了讨论。

活动目标

1. 掌握安全坐自行车和摩托车的要领，培养幼儿安全乘坐的意识。

2. 培养幼儿躲避危险的意识。

活动准备

1. 幼儿坐自行车，脚伸进车轱辘里受伤的图片，幼儿乘坐摩托车被摩托车排气管烫伤的图片。

2. 小自行车或自行车模型。

活动过程

（一）展示图片，导入活动。

1. 展示幼儿坐自行车和坐摩托车受伤的图片，提问：小朋友的脚怎么啦？

幼儿：脚伸到自行车轱辘里，受伤了。

幼儿：脚被摩托车的排气管烫伤了。

2. 讨论小朋友的脚为什么被卷到车轱辘里。

幼儿：没有扶好大人。

幼儿：在车上乱动。

幼儿：小朋友想别的事情，脚伸进车轱辘里了。

幼儿：不小心滑到轱辘里了。

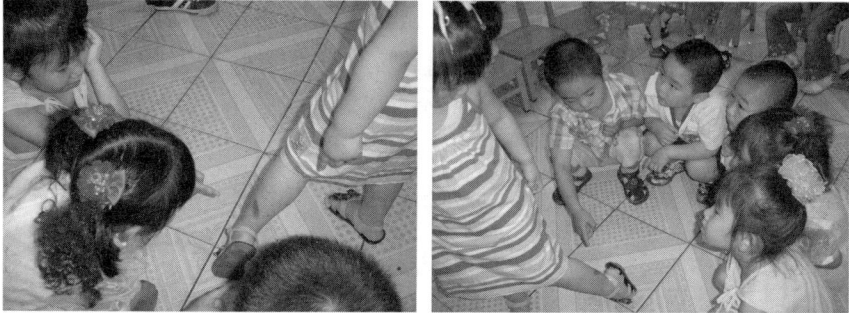

（二）游戏"骑自行车"。

请幼儿一人骑自行车，一人坐自行车，感受怎样安全坐自行车。

（三）讨论怎样保护自己。

1.乘坐自行车或摩托车时应该怎样保护自己呢？

幼儿：扶好大人，不乱动。

幼儿：脚要放好，不乱动。

幼儿：坐车时不东张西望，不晃来晃去。

2.为了避免危险，平时不应该在哪儿玩？

幼儿：不能站在摩托车的排气管口玩，车子启动时会被烧伤的。

幼儿：也不能站在汽车的旁边玩，这样也很危险。

幼儿：在幼儿园或家门口乱跑，如果来了汽车和摩托车，来不及躲也很危险。

3. 小朋友在户外玩时应该注意些什么？

幼儿：在玩游戏时不能猛跑，那样会撞到其他小朋友。

幼儿：在玩小汽车时不能开得太快，那样会撞车的。

幼儿：玩滑梯时，不能头朝下趴着滑，要坐着滑。

幼儿：小朋友在户外玩游戏的时候，不要推挤别的小朋友。

幼儿：在跑步时手不要放在兜里，因为这样很容易摔倒。

（四）延伸讨论。

将幼儿分组进行讨论。

1.在幼儿园你发现过哪些危险的事情？

一组：玩滑梯时，小朋友经常在滑梯上打闹，很危险。

二组：在玩沙土时，有的小朋友抓起沙土四处扬。

三组：在建筑区搭积木时，用积木敲别人。

四组：在美工区游戏时，有些小朋友经常拿笔、剪刀打闹。

2. 当你发现危险时，应该怎样做？

一组讨论的结果：玩滑梯时，小朋友如果推、挤，要立刻制止，并告诉他请排队上滑梯，不要在滑梯上打闹，这样很危险。

二组讨论的结果：在玩沙土时发现小朋友扬沙子或打沙仗，要告诉他沙子进了眼睛里，会迷眼的，很危险。

三组讨论的结果：在建筑区搭积木时，发现小朋友拿积木打其他小朋友的头时，要立刻制止这种行为。

四组讨论的结果：在美工区游戏时，发现同伴拿笔或剪刀打闹时，要立刻制止，并提醒他这样会戳到小朋友的眼睛或划破小朋友的脸，很危险。

3. 教师小结：当你发现小朋友有危险动作出现时，要立刻制止，并告诉他这样做很危险，如果他不听劝告，要立刻告诉老师，并同老师共同解决难题。

活动延伸

结合科学活动，了解小动物是怎样保护自己的。

活动反思

针对幼儿来园时被摩托车排气管烫伤这一案例，及时开展了相应的安全教育活动。孩子们亲眼目睹了小朋友被摩托车的排气管烫伤的地方，直观真实。发生在小朋友身上的真实案例引起了孩子们极大的关注，由此引发了热烈的讨论和对自身安全的警示，此活动带给孩子们的印象深刻，效果较为显著。

活动点评

教师通过抓住发生在孩子身边的生动案例进行教育，是对幼儿进行安全自护教育最行之有效的方式。通过组织幼儿讨论，将活动内容延伸扩展到生活中还有哪些地方是危险的，帮助幼儿梳理了生活中存在的安全隐患，进一步巩固了生活中的安全常识。活动重点突出，设计合理。

（教师　王伟、闻昕）

户外活动中的安全

活动一　跳绳时的安全

设计思路

跳绳是一项传统的体育活动，它能锻炼幼儿全身的肌肉组织，提高幼儿预防疾病的能力，增强幼儿的身体素质。升入中班后，幼儿开始学习跳绳，在初学习跳绳的时候，老师虽然将跳绳时需要注意的事项告诉了幼儿，但在他们跳绳的过程中，还是会发生事故。在积极开展体育运动的同时，我们也要引导幼儿注意跳绳时的安全，以免给自己和他人带来不必要的伤害。

活动目标

1.跳绳时知道避让正在跳绳的小朋友。

2.引导幼儿预知、发现跳绳中的危险，减少对自己或对他人的伤害。

3.知道跳绳时的一些保健知识，提高幼儿的自我保护意识。

活动准备

1.提前拍摄幼儿平时跳绳时的视频或图片。

2.每人一根跳绳。

活动重点

通过观察、分析图片，发现跳绳活动中存在的危险，学会正确地保护自己和他人。

活动过程

（一）语言导入，激发幼儿参与活动的兴趣。

最近我发现有的小朋友特别棒，已经学会跳绳了，我为你们感到骄傲。但是，我也发现了一些问题，让我很担心，请小朋友一起来看一看，老师在担心什么？

1.请幼儿观看平时跳绳的视频，提问：你觉得他们哪些行为是对的？哪些行为会给小朋友带来危险？

幼儿：抢着绳子玩很危险，会抽到旁边的小朋友。

幼儿：有三个小朋友跳绳离得很近，不安全。

2. 想一想，怎样跳绳才是安全的？

幼儿：跳绳的时候两只手拿好绳子，不能拉着跳绳跑来跑去。

幼儿：应该一下一下地跳，等绳子甩到脚前面时再跳，小心被绳子绊倒。

幼儿：自己在学跳绳的时候，不能两个小朋友拉着一条绳一起跳。

请一两个小朋友来做小老师，示范正确跳绳的方式。

3. 跳绳的时候，小朋友之间要保持距离，什么样的距离比较安全呢？

幼儿：我们跳绳时，两个人离得远点儿，绳子就不会打着别人了。

幼儿：跳绳时要看看身边有没有小朋友。

幼儿：我不跟小朋友抢地方，到旁边跳。

幼儿：走路的时候离跳绳的小朋友远点儿。

小结：小朋友说得都很好，我们在跳绳时既要注意自身的安全，还要照顾到别的小朋友不被绳子碰到，要找一个宽阔的地方跳绳；路过的小朋友看到跳绳的小朋友要离远一些，躲着抢起来的绳子以免被绳子抽到。

（二）观察图片，进行讨论。

1. 教师出示图片，让幼儿观察，然后幼儿之间自由讨论。

一个小朋友在石子路上跳绳。

一个小朋友穿着长筒靴跳绳。

一个小朋友在人多的地方跳绳。

一个小朋友在抢着绳子玩耍。

2. 图中小朋友跳绳的方式，可能会出现哪些危险？

幼儿：在石子路上跳绳容易崴脚。

幼儿：穿着长筒靴跳绳不方便，也容易崴脚。

幼儿：在人多的地方跳绳，绳子容易打到自己，也容易打到别人。

幼儿：不要拿着跳绳乱甩，绳子甩起来会伤到周围的小朋友。

（三）思考讨论。

我们在户外跳绳时应该注意什么呢？怎样才能避开危险，不让自己和他人受到伤害呢？

幼儿：地面要平，不能坑坑洼洼的，避免崴脚。

幼儿：地面也不能太滑，不然的话容易滑倒。

幼儿：跳绳的时候要小心一点，选一个宽敞的地方跳。

幼儿：跳绳的时候，应该穿运动鞋或布鞋。

幼儿：要先看看周围有没有人，不要离别人太近。

幼儿：找一个人少一点的地方玩跳绳。

幼儿：要抓住绳子跳，不能随意松手，不能打到别人。

小结：

（1）跳绳是一项比较剧烈的运动，除了刚才小朋友说的，还有一些需要我们注意，跳绳前一定要做好热身运动，如活动肩膀、手臂、手腕、脚踝等，可以很好地避免扭伤。剧烈的跳绳运动后不要立刻停下来，应该先放慢跳绳的速度，慢慢地停下来。

（2）每次跳绳的时间不宜太长，跳一会儿中间可以休息一下，之后接着再跳。饭前和饭后半小时内不要跳绳，避免引起身体不适。

活动延伸

1. 开展安全文明跳绳活动，鼓励幼儿踊跃参加。

2. 将跳绳中的注意事项画下来，贴到主题墙饰上，提醒幼儿注意。

活动反思

通过事先组织有关跳绳安全问题的谈话活动，幼儿在跳绳中的安全意识有了显著提升。在随后的跳绳活动中，虽然偶尔也会有孩子被绳子碰到的情况，但是他们马上就会说"对不起，我到旁边去跳"；从旁边经过的孩子也会绕着圈子走；孩子们已经有了在跳绳中保护自己不被绳子碰到的意识。对于幼儿活动中容易出现的安全问题，通过请幼儿自己商量、讨论解决，效果比老师的简单说教更好。

活动点评

教师通过视频提前捕捉幼儿在跳绳中的安全问题，在活动中将其直观地呈现在幼儿面前。能够有效地帮助幼儿反思自己在跳绳中的不安全行为。活动中教师通过层层递进的提问，逐步引导幼儿将怎样跳绳最安全的行为具体化。此活动操作性强，有助于幼儿在实际生活中参照执行。

（教师　庞翠艳、刘维）

活动二　郊游中的安全

设计思路

每个学期，幼儿园都会组织幼儿乘车去郊游。在这种大型活动中乘车时，经常会出现刹车时幼儿的脸撞到前面的座椅背上、急拐弯时摔倒、手和脑袋伸到车窗外等情况。虽然没有出现什么大事，但是这些现象令人担心。因此在外出前，必要的准备工作就是了解在乘车中容易发生哪些危险的事情，提醒幼儿注意，避免危险的发生，让他们拥有愉快、安全的郊游。

活动目标

1. 帮助幼儿掌握安全乘车的要领和常识，增强自我保护意识。
2. 引导幼儿知道外出前的准备。

活动准备

1. 教师利用道具事先排练情景剧《小木偶坐车》。
2. 椅子，郊游前准备物品的图片。

活动过程

（一）利用手偶表演情景剧《小木偶坐车》，引导幼儿了解在乘车中可能会遇到的危险。

1. 用小木偶表演小朋友在游玩路上，乘坐大巴车发生各种危险的情景，之后提问。

（1）故事讲了一件什么事？

（2）小木偶皮皮是怎样乘坐大巴车的？

（3）它遇到了什么危险？

（4）为什么会遇到这些危险？

2. 再次表演情景剧，请幼儿注意发生了哪些事。

（1）皮皮的牙齿是怎样磕掉的？

（2）豆豆的小手为什么会被树枝刮到？

（3）丫丫为什么会被甩到车座外面？

（4）你最喜欢故事中的谁？

（5）妞妞是怎样坐车的，为什么她没有危险？

（二）游戏"模拟坐车"，与幼儿共同总结安全乘车的注意事项。

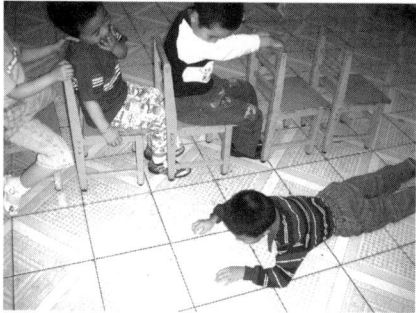

没有靠在椅背上，容易摔跤或者被甩出去。

在车上玩闹，很容易摔跤。

身体靠在椅背上，双手扶着前面的椅子把手，就安全啦。

一人扮演小司机，其他幼儿排排坐。

幼儿小结：

（1）乘车时不把手和头伸出窗外。

（2）乘车时要扶好扶手。

（3）车上没有安全带就靠在车背上，否则车子启动就会碰到脑门。

（4）如果身体不舒服告诉老师，或者打开窗户透透气。

（5）在车上不能和小朋友们打闹，会干扰司机开车。

（三）利用图片引导幼儿小结郊游前需要做的准备工作。

观看郊游前准备物品的图片，与幼儿共同总结郊游时需要做哪些准备工作。

穿不舒服的鞋，没法走路。

一个人到处玩和大家走散了。

晕车的小朋友吐了。

太阳很晒，没有带帽子。

玩累了，感觉口渴了。

想找厕所大小便。

幼儿小结：

（1）晕车的小朋友让家长准备晕车药，还要带一个垃圾袋，呕吐时吐到里面。

（2）上车前一定要去厕所，上车后好好地坐在座位上。

（3）穿舒服的鞋子。

（4）戴上帽子，背上小书包。

（5）带上水和吃的食物。

（6）和同伴结伴走，不能一个人到处跑。

活动反思

活动中，利用情景剧表演，把幼儿带入了郊游乘车的场景中。手偶活灵活现地把车上容易发生的危险展现在幼儿眼前，引发了幼儿热烈的讨论和积极的思考。通过展示图片，丰富了幼儿乘车的准备和生活常识，每一次小结都是幼儿自己总结的，相信他们也能在郊游中自觉地遵守自己讨论出来的规则，为接下来愉快的郊游打好了基础。

活动点评

郊游确实是一件让孩子们兴奋不已的事。由于幼儿本身的外出经验匮乏，考虑不到出游时的种种需要和可能发生的意外。但是中班幼儿又不同于小班幼儿，他们的规则意识开始萌发，已经有一定的判断和一定的自我控制能力。活动中，教师利用手偶表演，真实地再现了郊游途中可能发生的事情，从而引发幼儿对自身行为的判断，并制定郊游的规则，进行准备工作。本活动符合幼儿的发展水平，有利于幼儿主动地控制自我行为，养成良好的习惯。

（教师　马雪娜、刘海燕）

活动三　冬天里的安全我知道

设计思路

冬季户外活动时幼儿穿着过厚或衣服太长，会给他们的户外游戏造成不安全的因素。堆雪人、打雪仗、溜冰车、滑冰，这些都是孩子们冬天里最喜欢的游戏，但他们在快乐的游戏里，却忽略了环境的安全问题，如在非滑冰场和一些未冻结实的河面上滑冰、踩踏，或在有冰的马路上玩耍，都有可能出现危险。

活动目标

1.户外活动前整理衣服，检查鞋带，不穿长过膝盖的外衣等。

2.知道冬天哪些地方容易发生危险，不去这些地方。

3. 学会在日常生活中保护自己。

活动准备

1. 冬天小动物们活动的视频。

2. 共同收集报刊、杂志、电视报道中有关幼儿到不安全的地方玩发生危险事故的图片。

活动过程

（一）视频导入活动，激发幼儿参与活动的兴趣。

1. 请小朋友观看冬天小动物活动的视频，教师由此迁移经验进行谈话。

教师：冬天来了，小动物们准备过冬啦，小朋友准备怎样过冬呢？

幼儿：穿上厚厚的衣服。

教师：对，天气冷了，要穿上厚厚的衣服。

2. 引导幼儿发现衣服上的不安全因素。

教师：冬天，小动物们都换上了厚厚的衣服，活动起来比较笨拙，小朋友们穿着厚厚的衣服活动起来方便吗？

幼儿：冬天穿得厚厚的，像个大笨熊。

幼儿：我的帽子带子太长了，有的小朋友总是拽。

幼儿：棉鞋的鞋带系得不紧，会被其他小朋友踩到。

幼儿：棉衣太长了，跑起来会摔跤。

（二）冬天的运动。

教师：冬天可以进行哪些游戏呢？

幼儿：堆雪人，滑冰，溜冰车。

（三）思考讨论。

1. 下雪后可以堆雪人，堆雪人时要注意哪些问题呢？

2. 滑冰时，什么地方安全，什么地方不安全呢？

3. 溜冰车时要注意哪些安全问题呢？

4. 小结：堆雪人、打雪仗的时候，要小心脚下，不往别人头上扔雪球；小朋友滑冰要到滑冰场，不能在路边、河面、湖面上滑冰，这样做很危险，因为河面、湖面上的冰不结实，踩在上面容易掉进水里；溜冰车的时候要有家长陪同，不能自己溜。

活动延伸

家园共育：户外活动时请家长为孩子穿适宜户外活动的衣服和鞋子。

活动反思

在冬季户外运动量较大的跑步等活动中，臃肿的着装会使动作笨拙，幼儿之间一些推搡等动作更会使本已不灵活的身体失去平衡摔倒发生伤害。在活动中通过让幼儿观看视频《冬天里的小动物》，引导幼儿户外活动时注意自己的衣着，同时让幼儿了解冬天里应该注意的危险。

活动点评

电视媒体、报纸中常常会报导一些成人或孩子在非滑冰场所滑冰，或踩踏未冻结实的河面而发生危险的事。教师能根据冬季的天气特点，结合一些案例，组织安全教育活动。活动通过真实的画面，教育幼儿知道哪些地方是安全的，哪些是不安全的，通过思考讨论的形式，提升幼儿的安全意识和自我保护意识。

（教师　王伟、庞翠艳）

生活中的标志

活动一　小标志用处大

设计思路

在我们的生活中有许多的标志，这些标志看似很小，但能够起到很大的作用，这些标志时时刻刻提醒着人们注意安全。其中安全标志在生活中能对我们进行提示、警告。中班幼儿已具备一些生活常识，平时家长也会告知孩子一些标志的作用，但由于他们缺乏一定的生活经验，所以教师要多引导他们认识生活中常见的安全小标志，这样能起到防微杜渐的作用。

活动目标

1. 教师引导幼儿认识生活中的一些常见标志，知道它们的用途。
2. 培养幼儿的语言表达能力、观察能力和判断能力，提高自我保护意识。

活动重点

知道标志的用途，并能按照标志的指示去做事。

活动准备

1. 安全标志挂图，禁止通行和安全出口标志的头饰，标志宝宝。

2.幼儿预先排练情景剧。

活动过程

（一）情景剧导入活动。

1.请两个幼儿分别带着安全出口和禁止通行标志的头饰进行表演。

"安全出口"说："我能告诉人们安全出口的位置，每当发生重大灾难时，我的作用更大。""禁止通行"说："我能告诉人们哪些地方不能去，避免危险的事情发生。"接着两个标志争吵起来："我的作用大，我的作用大！"

2.提问。

教师：小朋友，故事中谁在争吵？

幼儿：标志。

教师：我们生活的地方有许多这样的标志，它们时刻提醒我们注意安全，所以小朋友要认识它们。

标志宝宝：小朋友们好，我是标志宝宝，今天我带来了好多朋友，它们都藏在活动室里，你们能找到它们吗？

请幼儿寻找，并提醒他们注意安全。找到后，请他们说一说是在什么地方找到的。

（二）认识安全标志。

1.出示安全标志，请幼儿观察认识。

教师：小朋友，老师手中拿的是什么标志呢？它表示什么意思呢？

请小朋友自由讨论，然后说一说，教师明确。

2.介绍自己认识的标志，互相认知。

请几个小朋友上前介绍自己认识的标志。教师鼓励幼儿积极参与，如果大家都想上台介绍，请小朋友轮流介绍。

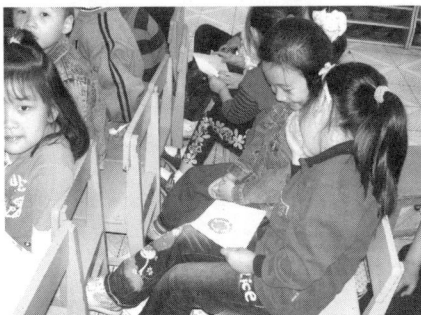

3.重点介绍几个标志。

如教师展示图（一）、图（二）两个标志，图（一）是禁止放烟花、禁止烟火的标志，它告诉人们在这个地方不能燃放烟花爆竹；图（二）是禁止明火的标志，它告诉我们这里堆放的物品都是易燃物品，禁止在这里点火、抽烟、放鞭炮。

图（一）   图（二）

（三）幼儿园里的标志。

1.教师带领幼儿在幼儿园里找一找标志。

这是禁止燃放鞭炮的标志。　　在垃圾筒上发现了标志。　　这是安全出口的标志。

2.发现问题，解决问题。

幼儿1：我发现秋千上有标志。

幼儿2：我也发现了，那个红色的大型玩具上也有标志。

幼儿3：那不是标志，那是提示语。

幼儿1：上面的字是告诉我们怎么玩这个玩具的，是提示语。

教师带领幼儿共同认识上面的字，告诉幼儿大型玩具上面的字不是标志，是提示语，引导幼儿了解标志与提示语有什么不同。

（四）实践操作。

1. 制作标志。

教师：今天小朋友认识了很多安全标志，但是在活动中我们发现园里很多存在危险的地方没有安全标志，我们一起来制作安全标志贴在这些地方好不好？

请幼儿动手制作标志，教师指导。

2. 看情景贴标志。

带幼儿到园里存在安全隐患且没有贴标志的地方，请幼儿讨论应该贴什么样的标志，并将自己设计的标志贴在那儿。

活动延伸

1. 鼓励小朋友将自己制作的安全标志贴在主题墙饰上，并讲一讲自己要表达的意思。

2. 制作安全棋。

步骤：1. 拼接棋盘；2. 绘画并插入奖惩图；3. 为奖惩图制定进退规则；4. 进行游戏。

活动反思

活动中教师利用故事的形式向幼儿展示标志，激发了幼儿参与的兴趣。在游戏中他们认识了各种常见的标志，并知道了各种标志的作用，从而提高了他们的安全自护能力，同时激发了幼儿的想象力。接着引导幼儿结合幼儿园的实际情况初步设计简单的标志，既有利于幼儿操作能力的提升，也有利于幼儿安全意识的增强。在活动中幼儿最喜欢的是看情境贴标志这个环节，幼儿通过观察情境选择对应适合的标志，更能加深记忆。

活动点评

教师通过组织幼儿开展认识标志的一系列活动，引导幼儿关注到标志在生活中的作用，理解常用标志的含义，学会使用一些简单的标志。通过认识常见的交通标志，丰富了幼儿生活经验，提高了他们的安全自护意识。活动内容层次清晰，目标的指向性较强，并能够围绕目标展开，利用多种形式来完成，幼儿在活动中的表现积极、参与性强。活动内容的选择符合幼儿的年龄特点和幼儿的实际发展水平，选择的标志贴近幼儿的生活，对于提升幼儿的经验有较大帮助。

（教师　闻昕、葛莉君）

预防自然灾害

活动一　地震了怎么办?

设计思路

近几年来自然灾害频发,在这种情况下教会幼儿基本的生存技能显得尤为重要。灾害来临时并不可怕,可怕的是我们对它毫无防备,现在资讯发达,幼儿通过不同的媒介知道了地震,也对地震感到陌生和好奇,为了让幼儿了解简单的地震知识,提高他们的自救意识和能力,我们设计了这次活动。

活动目标

1. 了解地震知识,满足幼儿的求知欲。

2. 知道地震中的自救方法——就近躲避。

3. 在情景演练中,幼儿能将自救知识转化为自我保护能力。

活动准备

1. 有关地震知识的视频、图片。

2. 请家长丰富幼儿有关地震方面的知识。

活动过程

(一)请幼儿观看地震的视频,感受地震。

1. 小朋友,你们看到了什么?

先请幼儿自由发言,教师帮助幼儿梳理经验:刚才画面上的地裂、地面剧烈震动、摇晃的现象就叫地震。地震是一种危害很大的自然灾害,它可能造成房屋倒塌、森林着火、山体滑坡和重大的人员伤亡。

2. 地震发生前小动物有什么异常?

幼儿讨论后,教师小结:地震发生前,小动物表现很异常,它们会乱叫、乱跑、不进窝里等,这是在告诉我们要发生地震了。地震前天边会出现刺眼的极光,这是发生地震前的预兆。

3. 为什么一个地方发生地震时,其他地方的人都没有感觉到呢?

幼儿自由发言,教师小结:那是因为地震的中心离我们很远,而且震级较小,所以我们这里只有一点点感觉或者没有感觉。如果震中离我们很近或者震级很高,我们就很危险了,但是大家也不要恐慌,要想办法自救。

(二)请幼儿观看视频,了解地震时如何自救。

1.播放地震时室内自救的视频，请幼儿观看。

讨论：地震时，如果我们在室内，应该怎样保护自己呢？

教师明确：大地晃动得厉害时，我们不能往外面跑，应该先把门打开，然后钻到坚固的家具底下躲起来，保护好头部。地震一般时间很短，震动时不要转移，等地震过后再转移到安全的地方去，在转移时不可以乘坐电梯，不可跳窗、跳楼。

2.师生讨论如何保护头部。

把书包顶在头上或用被子、坐垫等盖住头，实在没有软的东西保护时，可以用手护住脑后部，然后蹲下紧缩身体，这样你的膝盖就能保护好肚子了。

3.播放地震时室外自救的视频。

讨论：地震时如果在户外，我们应该怎样保护自己呢？

教师明确：如果地震时我们在马路上行走，那就尽量跑到开阔的地方去，电线杆、玻璃窗、广告牌等都是危险物品，一定要远离。

（三）情景演练：地震中的自救。

1.介绍演练方法和要求：当你感觉到地震来临时，请你用学到的自救方法跟老师一起转移到安全的地方。

2.教师播放地震模拟音乐，幼儿就近寻找可以利用的物品，用正确的姿势保护头部。

3.音乐结束，地震减弱，幼儿按教师口令转移。

4.小结：发生地震时人们要躲在墙角、卫生间、厨房等较小的地方，这些地方都相对安全。如果是平房，还可以躲在床下、桌下或跑到空旷的外边。拿着一个软的枕头放在头上，保护好头。

（四）游戏"看谁躲得快"。

玩法：幼儿听到紧张的音乐，在短时间内快速地躲到安全的地方。不要拥挤，躲好后不要随便换地方，听到轻松的音乐再回原位。

活动延伸

1.结合科学活动，了解一些地震知识，学习怎样保护自己。

2.知道地震是一种自然灾害，了解还有哪些自然灾害。

活动反思

在活动中，幼儿对地震这个词有了初步的了解，幼儿通过图像视频等认识了地震，感知到地震是如何发生的，知道了地震的危害等，增长了相关的知识经验。一旦发生地震，幼儿能知道如何保护自己，所以让幼儿了解地震知识是很必要的。

活动点评

当意外灾害发生时，孩子们会感到无足无措。通过了解地震知识和游戏"看谁躲得快"，丰富了幼儿对地震的相关经验，提升了幼儿的自我保护技能。本活动除了让幼儿了解有关地震的知识外，更重要的是教会幼儿知道意外灾害来临时应该怎样保护自己、怎样自救。

（教师　王伟）

第三节 | 大班安全教育活动案例

生活中的安全

活动一 不拿学具当玩具

设计思路

根据孩子上小学前的书写和完成作业的需要，家长们为孩子准备了相应的学习用具。面对漂亮又新奇的直尺、三角尺、下蛋笔、一撕得（免削铅笔）等，孩子们爱不释手。在自由活动时间，幼儿会把他们的"新宝贝"拿出来玩耍，有的幼儿会拿直尺当宝剑或拿三角尺当手枪与同伴打闹，还有的幼儿拿铅笔给小伙伴打针。为了告诉幼儿学具的用处，使用时要保护好自己，开展了这个活动。

活动目标

1. 了解学具的作用。

2. 知道把学习用具当玩具玩是不安全的。

活动重点

知道不恰当使用铅笔、尺子等学具可能会带来的危险。

活动准备

幼儿平时玩学具的照片，尺子，铅笔，橡皮，纸张，水果。

活动过程

（一）了解学具的作用。

教师展示尺子、橡皮、文具盒等学具。

教师：尺子是用来做什么的呢？

幼儿：量长短、画等号、画表格。

教师：橡皮是用来做什么的呢？

幼儿：擦错别字，擦画得不好的线。

教师：文具盒是用来做什么的呢？

167

幼儿：装铅笔、装橡皮、装尺子。

（二）了解拿学具当玩具可能带来的危险。

1.尺子像刀子。

教师：小朋友，我们今天来做一个游戏好吗？

教师出示尺子，演示用尺子裁纸，用尺子切水果。

教师：小朋友说一说尺子像什么？

幼儿：长长的，像刀子。

幼儿：很锋利，像刀子。

小结：尺子能像刀子那样裁纸，边角很锋利，拿尺子当玩具可能会被扎伤、划伤。

咱们拿尺子当"宝剑"来决斗吧！

哇！尺子边真是太厉害了！好像破皮了。

2. 铅笔尖像针。

教师拿出削好的、尖尖的铅笔问：这个铅笔真尖呀，像什么呢？我们使用的时候应该注意什么呢？

先请幼儿自由讨论，教师鼓励幼儿踊跃发言。

教师小结：铅笔是用来写字、画画的，铅笔头又尖又细，能像针那样

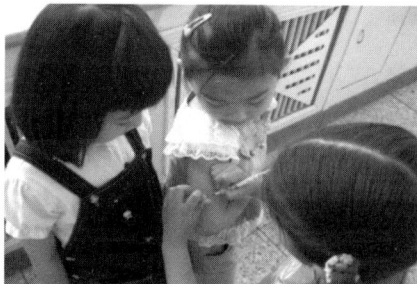

我当医生拿铅笔当"针管"给你打个针。

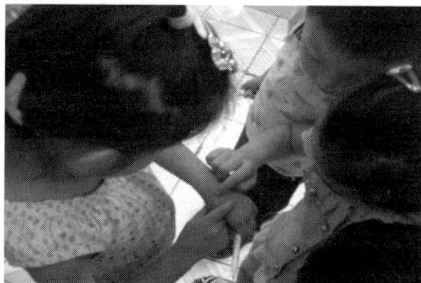

这是铅笔划的呀？都红了，以后小心点吧。

扎破纸和布，如果不小心皮肤也会被它扎伤。铅笔的铅里含有毒素，如果铅笔头不小心断在皮肤里，要找大人或医生帮助取出。

3. 橡皮香甜别乱尝。

有的橡皮很香很甜，但不能像糖那样放在嘴里，特别是被用过的橡皮更加不卫生。

（三）学习儿歌，进一步了解学具的作用。

不拿学具当玩具

铅笔、尺子本领大，又能写来又能画。

边边头头真厉害，一不小心划破皮。

我们互相来提醒，不拿学具当玩具。

（四）学习正确使用铅笔。

1. 教师：应该怎样拿铅笔呢？

请幼儿示范后，教师演示正确使用铅笔的方法。

2. 结合儿歌，教育幼儿安全使用铅笔。

安 全 拿 笔 歌

小小铅笔手中拿，笔头尖尖头朝下。

不能对着别人扎，用时不往嘴里放。

用完放入铅笔盒，安全用笔记心上。

活动延伸

1. 了解日常用品的作用，正确使用它们。

2. 由铅笔联想到细长的物品，如筷子、竹签等，知道这些物品可能存在的危险性，知道正确使用它们。

活动反思

大班幼儿在入学前会接触到大量的文具，这些文具具有新奇的功能、漂亮的图案，甚至有的还有香甜的味道，这都会引起幼儿浓烈的兴趣。他们需要知道如何正确使用文具，了解文具的"威力"，这样才能帮助他们有效地防止被文具误伤。通过活动幼儿认识到把学具当玩具可能带来的危险，如教师演示用尺子裁纸、削果皮时，他们认识到尺子边角的锋利。因此，在日常生活中，引导幼儿认识到不正确使用文具时的危险，告诉幼儿一些自我保护方面的知识是非常必要的。

活动点评

教师能够在生活中敏锐地发现发生在幼儿身边的安全隐患，并及时开展安全自护教育活动。通过逐个演示文具的用途、学习儿歌等方法帮助幼儿了解文具的用途及不正确使用后的危害。同时在活动延伸中，教师还注意将安全使用铅笔的经验迁移到其他生活用品（如细、长物品）的使用上，丰富了幼儿安全使用物品的经验，提升了安全意识。

（教师　葛莉君、刘维）

活动二　开关柜门时要小心

设计思路

幼儿园的每一位小朋友都有一个专用小柜子。平时，他们会把自己的衣服、小书包、学具、玩具等物品摆放在里面。在日常生活中，幼儿打开小柜子拿东西时如果不注意，就很容易碰到头或夹到手。为了让幼儿了解开关柜门时的注意事项，我们开展了这个活动。

活动目标

1.知道开门、关门时要注意保护自己。

2.提高幼儿的自我保护意识，开关柜门时关注自己和同伴的安全。

活动重点

了解开关柜门时的危险，知道开关柜门时动作要轻一点儿。

活动准备

小熊和小鹿的头饰。

活动过程

（一）情景表演导入活动。

请两名幼儿分别戴上小熊和小鹿的头饰进行情景剧表演。

小熊和小鹿的柜子是一上一下挨着的，在一次自选活动时，小熊和小鹿一起去拿玩具，两个人同时打开了柜子门，小熊先拿完玩具后扭身把柜门甩上了，这时只听"啊"的一声，小鹿的手被夹到了。

教师：小朋友，想一想小鹿为什么受伤了？

（二）讨论。

1.小鹿为什么受伤了，小熊是怎样关柜门的？

2.使用小柜子时，小鹿的手放在了什么地方？

3.小柜子哪些地方比较容易发生危险不能摸？（柜子口。）小手应该放在哪儿？（门把手上。）

4. 小朋友平时在使用柜子的时候，发生过这样的事情吗？你们还遇到过哪些危险？

5. 你觉得怎样做不会伤到自己和同伴？（开关柜门时动作要轻一点儿，要看看同伴是否在旁边。）

（三）总结归纳分享。

1. 教师帮助幼儿总结出安全使用柜子的方法。

（1）小朋友在使用柜子时，要先看看周围有没有其他小朋友，在确定没有危险时再开关柜门。

（2）一个人用完柜子另一个人再用。

（3）关柜门时的动作要轻，眼睛要看着柜子，避免柜子门和柜子角碰到别人。

小结：小朋友在使用分层的柜子时，用完上层柜子的小朋友关上柜子门后，使用下层柜子的小朋友再用。在关上柜子门前要先看一看，确定小朋友的手没在柜子门边上时再关上柜门；用最下层柜子的小朋友用完柜子后，先要确定上面柜子门没有打开后，再站起身离开。特别要注意的是：开关柜子门时手要放在门把手上。

2. 想一想，除了小柜子，在我们的生活中哪里还有类似像柜子门一样的东西，也存在这样的危险？

请幼儿思考后举例说一说，如门缝，孩子们喜欢挤到门口去玩，喜欢开门、关门，不免会出现门缝挤手的现象。

教师梳理：门在我们的生活中起着重要的作用，但是如果使用时不小心，也会给我们造成伤害，因此在使用门、柜子的时候一定要小心不要碰到、挤到手。

活动延伸

1. 了解在开关抽屉、窗户时可能会遇到哪些危险，平时应该怎样避开这些危险。

2. 请幼儿思考平时自身行为是否安全，并注意躲避危险。

活动反思

在活动中给予幼儿足够的表达机会，并利用情景剧表演激发了幼儿参与活动的兴趣。通过活动，幼儿意识到自己不妥当的行为可能会给自己或他人带来危险，危险处处存在。活动提高了幼儿的安全意识，完成了预期的目标，达到了预期的效果。

活动点评

在整个活动的组织上，教师不是停留在简单的说教上，而是再现了日常幼儿的生活场景，通过模拟情景表演，引导幼儿发现自身行为上的危险并进行思考，通过和小朋友一起讨论开关柜子的具体方法，有效地提高了幼儿的安全自护意识和防范危险发生的自觉性。

（教师　刘维）

活动三　不在危险的地方玩

设计思路

虽然幼儿已经升入了大班，但在日常生活中通过与幼儿交流，发现他们对周围生活中存在的危险还是预料不足。结合近期新闻报道中在工地、水塘等地发生的幼儿意外身亡事件，为消除安全隐患、避免意外的发生，我们设置了这个活动。

活动目标

1.通过活动知道哪些地方容易发生危险，知道躲避危险。

2.加强幼儿的自我保护意识，提升自我保护能力。

活动重点

知道哪些地方危险，不去危险的地方玩，保护自己不受伤害。

活动准备

相关场景的PPT，如候车站、马路上、风中的广告牌等。

活动过程

（一）演示PPT，引导幼儿观察。

教师：这是什么地方？在这些地方玩要有什么危险？

请幼儿思考后回答，教师引导。

（二）再次演示PPT，分析这些地方存在的危险。

1. 在车站候车时要站在白色安全线以外，否则容易发生危险，上车时要先下后上，不要踩空、踩滑。

2. 不能独自上街，大街上车多、人多，并且容易走失，小朋友上街要有大人的带领。

3. 下雨后的街道路滑，要小心，防止摔倒。

4. 工地上有吊车、卡车、沙石、工具等，不要靠近。

5.刮风时远离广告牌，不在广告牌下停留。

（三）思考讨论。

1.还有什么地方容易发生危险？怎样才能避免危险？

引导幼儿思考，启发幼儿寻找我们生活周围危险的地方，如幼儿园里危险的地方、家里危险的地方，请幼儿根据自己的经验，说一说遇到危险怎样解决。

2.引导幼儿做一个勇敢、坚强、不怕困难的孩子。

教师：我们遇到危险时应该怎么办呢？

请幼儿自由发言，说一说遇到危险时应该怎么办。然后教师小结：遇到危险时不要惊慌、害怕，要寻求大人的帮助，如果受伤出血了，要马上找块干净的手绢进行包扎，然后在其他人的帮助下，打电话与家人取得联系。

活动延伸

家园共育：幼儿回家后和父母一起把自己学到的安全知识编成故事或画出来，来园后讲给小班的弟弟妹妹听，进一步提高幼儿的安全意识。

活动反思

对于大班幼儿来说，不仅仅是让他们学到一些解决问题的方法，更重要的是让幼儿自己去寻找解决问题的方法，同时，还能明白为什么要用这样的方法，运用这样的方法到底有什么样的好处，幼儿明白后就会在生活中自觉地去使用了。所以，在活动中我们通过思考讨论、自由问答的方式请幼儿自己寻找解决问题的方法，提升了他们解决问题的能力。

活动点评

教师能抓住幼儿在生活中出现的问题，延伸出新的内容来开展活动，这一点非常好，而且非常适宜。在这次活动中，幼儿非常投入，充分发挥了学习的主动性和积极性，主要表现在：讨论的话题是幼儿身边的事，对于幼儿并不陌生，所以幼儿有话可说，能充分表达自己的想法。本活动结合大班幼儿的年龄特点，通过讨论分享等形式，提升了经验能力，对于幼儿步入小学奠定了良好的基础。

（教师　崔红健）

活动四　特殊用途的电话

设计思路

在平时的生活中处处都有危险存在，比如：火灾、遇到坏人、家里人突然病倒……而幼儿缺乏相应的生活经验，遇到困难、危险时，往往只知道哭，不知所措。我曾经看过一个电视报道，一个五六岁的幼儿和奶奶在家中，奶奶病了，自己不慌张，很镇定地给"120"打电话，还能准确地说出自己家的住址，挽救了奶奶的生命。大班的幼儿有必要知道有哪些急救电话，有了困难应该打什么电话来寻求帮助。

活动目标

1. 知道急救电话"120"，火警电话"119"，匪警电话"110"。
2. 知道遇到困难和危险时，打电话寻求帮助。

活动重点

培养幼儿遇到困难自己想办法解决的品质。

活动准备

三段突发事件的视频和突发事件的图片。

活动过程

（一）与幼儿分享第一段视频。

教师：小朋友你们看到了什么？

幼儿：一个商场着火了，消防车来了，消防员叔叔来救火了，叔叔拿着灭火器、还有高压水枪灭火。

幼儿：着火的地方有好多烟呢，很多人捂着头往外跑。

教师：小朋友，如果遇到着火应该怎么办呢？

幼儿：我用湿毛巾捂着鼻子往外跑。

幼儿：妈妈告诉我，要打电话告诉消防队员来灭火。

教师：小朋友，你们知道打什么号码可以通知消防员叔叔吗？

幼儿：是"119"吗？

教师：小朋友你们说对了，着火了应该打"119"。

（二）教师与幼儿一起看第二段视频。

教师：你们知道这个故事说的是什么事吗？

幼儿：有一位老奶奶躺在地上了。

幼儿：老师，她是不是生病了？

幼儿：是犯心脏病了吧。

幼儿：是中煤气了吧。

教师：那应该怎么办呀？

幼儿：快去找邻居帮忙。

幼儿：直接给"120"打电话。

教师："120"是干什么用的呀？

幼儿：医院的急救电话。

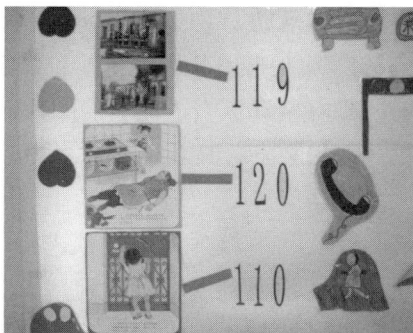

（三）教师与幼儿看第三段视频。

教师：小朋友，视频中发生了什么事情？

幼儿：有一位小朋友被关在家里了，出不来了。

教师：请小朋友给她想个办法吧。

幼儿：大声叫，让路过的人听见。

幼儿：使劲拍门。

幼儿：跑到窗户边叫人。

幼儿：把门撬开。

幼儿：给爸爸妈妈打电话。

幼儿：给警察打电话。

教师：打什么号码？

幼儿："119"行吗？（其他幼儿说不行）

幼儿："120"行吗？（其他幼儿说不行）

幼儿：打"110"。

（四）游戏"打电话"。

教师出示突发事件的图片，请幼儿两两组成组，选择一张图片，说一说图片中发生了什么事情。再请幼儿从三个急救电话中选择一个进行拨打，并告诉接线员阿姨发生了什么事，在什么地方，需要什么帮助。

（五）了解急救电话的重要性，知道什么时候可以拨打。

教师引导幼儿知道急救电话在我们生活中起着重大的作用，有危害财产和生命安全的警情时拨打"110"，有人得病受伤时拨打"120"，有火警或需要救援时拨打"119"。提醒幼儿遇到了以上事情才能拨打急救电话求救，平时不能随便拨打这三个电话，否则会扰乱叔叔阿姨的工作，给大家带来困扰。

延伸活动

1. 幼儿自由分组进行情景表演。

2. 在活动区投放相应的图片、情景剧头饰，让幼儿练习表演，在操作中提升自我保护意识。

活动反思

在活动中教师利用视频进行了情景再现，引导幼儿逐一进行分析和判断，了解到遇到了哪种危险应该拨打哪个电话，并利用游戏的形式引导幼儿知道了"110""119""120"的用途，并明确平时不能随便打这几个电话。

活动点评

活动案例的设计符合幼儿的年龄特点，教师利用幼儿喜欢的视频提出问题，然后进行讨论，引导幼儿大胆地说出自己的想法。由于在活动中教师的指导语到位，所以幼儿发言积极性很高，语言表达能力也得以发展，显得更有自信，讨论的氛围很活跃。为了加深幼儿的记忆，教师又采用了游戏的形式，对这三个特殊用途的电话加以巩固认识，活动的针对性、目的性较强。

（教师　闻昕）

活动五　什么是变质的食物

设计思路

幼儿对新鲜的食物都充满着强烈的好奇，但由于幼儿缺乏相应的生活经验，不能很好地分辨食物是否新鲜。食物是有保质期的，家里的冰箱里都放有酸奶，可是时间长了酸奶过了保质期就不能喝了，喝了就有可能拉肚子、得肠炎痢疾，甚至有可能危及到生命。能否分辨变质的食物，不随便吃东西关系到幼儿的身体健康，因此，我们开展了这个活动。

活动目标

1. 能初步从食物的气味、霉变等显著特征来分辨变质食品。

2. 知道食物变质后不能吃。

活动重点

能够区分什么是变质的食物，并知道变质的食物是不能吃的。

活动准备

1. 课件或故事，变质的食物和新鲜的食物。

2. 邀请医生做讲解员。

活动过程

（一）观看课件（或老师讲故事），导入活动。

放学了，明明回到家，打开电冰箱拿出一盒酸奶，吃了起来。吃完后，他又拿起桃子、薯片等吃起来，直到妈妈做好饭，明明的嘴巴就没停过。刚吃了几口饭，明明就感到肚子不舒服，一会儿他趴在地上捂着肚子，"哎哟、哎哟"叫起来。妈妈赶忙带他去医院。到了医院，医生问明明在家吃了什么，他将自己吃过的食物都告诉了医生。医生给他化验大便，结果显示他吃了变质的酸奶，导致拉肚子。

（二）幼儿分组讨论。

教师：明明为什么去医院了？

幼儿：他吃了过期的、变质的酸奶。

教师：小朋友知道什么是变质的食物吗？

幼儿：变了颜色的食物。

幼儿：长了毛的食物。

幼儿：本来特别稠却变得稀稀的食物。

幼儿：味道变酸了的食物。

幼儿：发黑了的食物。

教师：怎样分辨变质的食物？

幼儿：有的食物包装上有保质期，过期了就不能吃了。

幼儿：很光滑的水果黑了一块儿也不能吃了。

幼儿：蔬菜放得时间长了烂掉了就不能吃了。

幼儿：放在冰箱里的食物，时间太长也不能吃了。

幼儿：食物长小虫了也不行。

幼儿：喝饮料时变了味的不能再喝了。

教师：如果食物变质了应该怎么办呢？

幼儿：把食物处理了。

幼儿：把食物扔在垃圾箱里。

幼儿：变质的食物一定不能吃。

教师把各组的讨论结果进行梳理总结。

（三）请医生讲解什么是变质的食物。

1. 什么样的食物容易变质？利用实物（变质的食物和新鲜的食物）进

行对比展示。

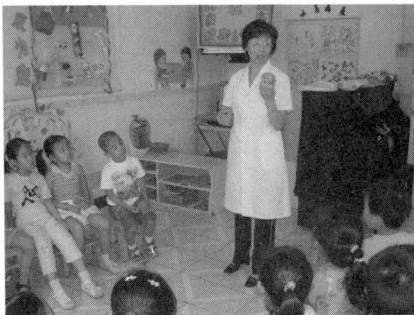

2. 分辨变质食物的方法：闻一闻，和平时的味道不一样，变质的食物会发出酸、臭的味道；看一看食物表面，变质的食物会有发霉的点点，食物的样子也和平时不一样，如酸奶变质了会变得很稀，有水出来。

3. 如果不小心吃了变质的食物，身体上会有什么感觉？怎样解决？

幼儿讨论后，医生明确。

活动延伸

1. 结合科学活动，引导幼儿了解除了变质的食物还有哪些食物不能吃。

2. 家园共育：请幼儿回家后告诉爸爸妈妈什么是变质的食物，家长为幼儿做补充。

活动反思

在活动中，通过观看课件、请幼儿讨论等环节引导幼儿知道了什么是变质的食物，怎样分辨变质的食物，知道食物变质了应该怎么处理。医生在讲解时利用实物对比的方式向幼儿讲解了变质的食物和新鲜食物的区别，内容简单易懂，清晰明了。在活动中幼儿思维活跃，发言积极踊跃，能够正确地区分变质的食物。

活动点评

本次活动目标符合大班幼儿的年龄发展特点，内容设置具体明确，通过看课件、分组讨论、请医生讲解等环节层层深入，由浅入深，环环相扣。活动首先通过看课件引出主题，再请幼儿分组讨论老师提出的问题，最后请医生进一步讲解，更具有说服力。活动内容围绕活动目标层层展开，由浅入深地让幼儿了解了什么是变质的食物，知道了怎么分辨变质的食物，提升了幼儿的自我保护意识。

（教师　闻昕）

活动六 逛 商 场

设计思路

幼儿都跟着家长去过商场购物，商场是一个非常大、非常热闹的地方。在里面，稍不注意可能会与家长走失，如果幼儿在商场里与家人走失了，会出现惊慌失措、无助大哭的情况，为了提高幼儿应对突发事件的能力，遇事不慌张，提升他们的自我保护意识，开展了这个活动。

教育目标

1. 增强幼儿的自我保护意识，知道遇到困难时要想办法解决。

2. 克服胆怯心理，敢于大胆说话。

活动重点

幼儿与家人走失时，不惊慌，会想办法求救。

活动准备

1. 商场的图片或视频资料。

2. 幼儿已有逛商场的经验。

活动过程

（一）观看视频或图片，导入活动。

教师展示商场的图片。

教师：这是哪儿？

幼儿：商场。

教师：小朋友们去过商场购物吗？在商场里会发生什么事情呢？

请幼儿说一说逛商场的时候发生过的事情。

（二）想一想

教师：逛商场的时候应该注意什么呢？

先请幼儿讨论，然后说一说自己想到的需要注意的地方。

教师：逛商场时，我们要先进入大门，商场的大门有的是推拉的，有的是旋转的，进门的时候我们要注意什么呢？在商场里应该怎么做？

鼓励幼儿根据已有的经验踊跃发言，教师正确引导。

小结：商场里人很多，逛商场的时候一定要有家长陪同。进入大门的时候不要停留或在门旁玩耍，因为一不小心就会被门推倒。进入大门后一定要紧跟家长，千万不能凭自己的喜好，随意离开家长；不能推着购物车飞跑，这样会收不住脚步，会撞到别人身上；也不能听信陌生人的话，随便跟着陌生人离开商场。

（三）商场里的提示牌。

教师：商场里会有一些标志或提示牌，它提醒我们注意什么呢？

幼儿：进门的时候，门上贴着"小心玻璃"的提示语。

幼儿：刚擦完地的时候，地上立着一个黄牌子，上面写着"小心地滑，以防摔倒"。

幼儿：有一些放在柜台上面的东西，会贴一张纸，上面写着"易碎商品，请勿触摸"。

教师：商场里有许多的提示语，都是提醒我们注意的，如"小心台阶"是提醒我们注意脚下，小心绊倒，在逛商场时我们一定要按提示语上的提示去做。

（四）商场里的电梯。

教师：为了方便大家，商场里上下楼都有电梯，坐电梯要注意什么呢？

幼儿讨论发言后，教师小结：坐电梯时，最好由家长带领，不要在电梯口停留玩耍，以免伤到自己。在电梯上不能打闹，手要扶稳，不能逆行乘坐电梯，也不能从电梯上往下跳。

（五）思考讨论。

教师：如果与家长走散了应该怎么办呢？

鼓励幼儿自己想办法，然后说出来与大家一起讨论这个办法好不好。

教师小结：一旦跟家长走散了不要着急、不要哭，先看看附近有没有穿制服的警察或保安，请他们帮忙去广播站广播，爸爸妈妈听到广播后会过来找小朋友的；或者站在原地不动，等待家长来找；记住爸爸妈妈的电话号码，请售货员阿姨帮忙打电话给他们；千万不要跟陌生人走。

活动延伸

1. 请小朋友把逛商场时的场景用绘画的形式记录下来，展示在环境墙饰中。

2. 请小朋友思考逛超市或菜市场时应该注意哪些问题。

活动反思

本活动是在观察幼儿实际需要的基础上确立的，活动将幼儿的生活内容与教学内容相结合，在讨论中实现了同伴间相互学习、分享经验的互动模式，为幼儿提供了发现问题、解决问题的机会。活动内容来源于幼儿的生活，幼儿已有相关的生活经验，因此在活动中较为投入，并且表达了自己的内心想法，而通过表达进一步提升了他们的自我保护意识。

活动点评

教学的内容来源于幼儿身边发生的事情，贴近幼儿的生活，符合大班幼儿的年龄特点，活动中问题的设置始终围绕着活动重点展开。在活动中，教师用谈话的形式，将已有的经验和当前学习内容相结合，通过层层递进的提问，引导幼儿积极主动地去发现、思考，在每个环节结束部分都能及时小结，提升了幼儿已获得的经验。整个活动环节紧凑，幼儿思维活跃，教师能结合活动中观察到的幼儿行为表现，鼓励每个幼儿都积极发言，师生互动融洽。

（教师　崔红健）

活动七　排队不拥挤

设计思路

随着幼儿认知水平的发展、生活经验逐步扩大以及自我意识的不断增强，幼儿与同伴、成人之间的交往越来越频繁。但是，由于他们缺乏相应的交往技能和沟通技巧，容易与同伴之间发生矛盾冲突，甚至还会给自己的身心健康和安全造成负面影响。大班的孩子马上就要升入小学，为了让幼儿能够比较顺利地适应新环境，引导他们遵守公共秩序、不拥挤、会排队等，培养他们遵守公共规则的良好习惯，开展了这次活动。

活动目标

1. 增强幼儿的秩序感，培养幼儿课间独立活动的安全意识。

2. 养成遵守公共规则的行为习惯，知道遵守公共秩序，要主动排队、耐心等待并且不大声喧哗。

活动准备

照相机，轻松欢快的背景音乐，搭建"山洞"的材料。

活动重点

知道拥挤会造成危险，遵守秩序，培养安全意识。

活动过程

（一）游戏导入，激发幼儿参与活动的兴趣。

1. 搭建六个"山洞"，三个一组；将幼儿分成两组，引导幼儿自由玩"钻山洞"游戏，体验无秩序可能带来的危险。

教师：这里有六个山洞，被分成了两组，请每组小朋友选择一组山洞自由地钻，看哪组能又快又安全地钻过每个山洞，钻时不能漏掉任何一个山洞。

2. 幼儿在自由地玩"钻山洞"游戏时，教师拍摄记录幼儿在活动中拥挤、无序、碰撞、掉鞋等行为。

（二）观察、讨论。

教师：小朋友，请对比一下游戏前后，你们和伙伴们有什么变化？

幼儿：××的鞋子被挤掉了。

幼儿：我的手划伤了。

幼儿：老师，我的胳膊被压得很疼。

…………

教师：为什么会这样呢，有没有又快又安全地钻山洞的方法呢？

教师展示拍摄的照片，引导幼儿分析、讨论又快又安全地钻过山洞的办法。

教师：小朋友们，看了老师拍的照片，你们发现了什么问题？怎样才能又快、又安全地钻过山洞呢？

引导幼儿思考发现问题，并请他们说一说。

教师小结：钻山洞时，大家要从同一个山洞出发，排好队，一个跟着一个，不推不挤不掉队，这样就能又快又安全地钻过每个山洞了。

（三）教师播放欢快的背景音乐，请幼儿再玩"钻山洞"游戏，丰富经验。

教师鼓励幼儿排好队，再次钻山洞。

请幼儿对比前后两次游戏的效果，教师小结：当很多人一起做同样的事情时，只要大家排好队、守秩序，就会很快、很安全、很开心地把事情做好。

（四）展示幼儿排队活动的相关图片，迁移、拓展幼儿的经验。

教师：小朋友，你们看这是什么地方呀？大家是怎么做的呢？为什么要这样做？还有哪些地方需要大家排队、有秩序地做事？

小结：我们和爸爸妈妈在商场缴费、车站上车、游乐场玩大型玩具时，都需要大家排好队、有秩序地进行。

（五）学习儿歌，增强秩序感。

排 排 队

小朋友出门要排队，不推不挤挨着走，

做游戏时讲规则，排队进行快乐多。

活动延伸

1. 请幼儿为需要排队的地方设计一个排队标志，提醒大家共同遵守。

2. 制作表格"我和小学生比一比"，找出自己需要改进的地方。

活动反思

增强幼儿的秩序感，培养幼儿在课间独立活动时的安全意识。这个目标的实现不是单靠一次活动可以完成的，而是需要长期的观察，在日常生活中及时捕捉教育契机。本活动结合幼儿的年龄特点，采用体验、鼓励、比赛的形式，让幼儿明白如何做是对的，这为幼儿今后进入小学，适应课间活动奠定了基础。

活动点评

大班末期，随着幼儿即将进入小学，教师将不再像幼儿园初期那样和孩子们紧密相随，幼儿需要掌握更多的自我保护方法，了解在公共场哪些行为会引发危险，遇到危险时，应该怎样做。在本活动中教师通过多种多样的方式来开展幼小衔接工作，为幼儿入学及参加集体活动准备了相关的安全知识，丰富了幼儿的生活经验。

（教师 葛莉君）

身体器官的安全保护

活动一 磕伤、碰伤了怎么办

设计思路

大班幼儿的自护能力虽然增强了，但是在平日生活或游戏中还是难免会出现磕伤、碰伤的情况，为了提升幼儿自救、处理问题的能力，我们开展了这次活动。

活动目标

1. 学习磕伤、擦伤的一些自救知识。

2. 培养幼儿的自救能力。

活动准备

1.经验准备：观察包扎伤口，知道包扎的基本步骤。

2.物质准备：情景剧《蒙眼摸人》。

活动重点

不在有潜在危险的场地玩耍，知道擦伤、磕伤时如何处理，不害怕、不恐惧。

活动难点

结合生活实际，了解包扎的基本步骤，能够及时自救。

活动过程

（一）观看情景剧表演。

剧情概述：豆豆跟小朋友在一起玩"蒙眼摸人"的游戏，在游戏中豆豆被小石头绊倒了，磕破了膝盖。

提问：豆豆在跟小朋友玩什么游戏？发生了什么事？豆豆为什么哭了？

回答：豆豆在跟小朋友玩"蒙眼摸人"的游戏，因为不小心被石子绊倒磕伤了腿。

提问：玩耍时怎么做才不会被磕伤、碰伤呢？

先请幼儿说一说，教师小结：小朋友们玩耍时一定要看清周围的环境，不在有潜在危险的场所玩耍，如果要玩"蒙眼摸人"的游戏，一定要确保活动场地安全。

提问：豆豆磕伤了腿，该怎么办呢？谁有好办法？你磕伤时是怎么处理的？

回答：擦伤、磕伤了要及时处理，如果伤得严重一定要及时去医院，如果伤势不严重，去医院不方便，可以请保健医生或家长帮忙处理。

（二）观看视频或步骤图学习磕伤的自救方法。

步骤一：先用干净的手绢轻轻擦去伤口上的泥土。

步骤二：再用清水清洗伤口。

步骤三：轻轻挤压伤口周围，并用清水洗掉渗出的脏血。

步骤四：用干棉球吸干伤口上的血和水。

步骤五：用创可贴或纱布包扎受伤部位。

提示：包扎处理好后，要细心护理伤口，经常换药或纱布，避免伤口感染。

（三）幼儿表演，学习包扎。

幼儿两人一组，一位幼儿当磕伤者，另一位幼儿配合，模仿学习包扎的方法。教师巡回指导。

（四）学习儿歌，巩固正确的自救方法。

磕伤、碰伤了怎么办

小朋友，要小心，保护自己不磕伤。

万一磕伤怎么办？不要急来不要慌。

凉水管下快冲洗，轻轻擦掉淤血迹。

然后涂上外伤药，及时自救伤害少。

活动延伸

1. 结合科学、社会活动，学习一些安全卫生知识。

2. 在角色区中投放棉球、创可贴等材料，供幼儿操作，学习包扎的方法。

活动反思

活动根据幼儿的年龄特点，围绕自救、自护展开。在活动中幼儿都很积极，争抢着要学习包扎。通过老师引导，幼儿轮流进行包扎，其他幼儿在一旁提示、帮助拿东西，经过反复实践，幼儿基本掌握了包扎的步骤和方法。

活动点评

此活动参与性和操作性比较强，能够给幼儿提供实践的机会，让幼儿在实践中学习。活动内容清晰，简单科学而又易于接受，特别是包扎的步骤，比较适于幼儿掌握。在最后环节通过儿歌让幼儿巩固了安全知识。

户外活动中的安全教育

活动一　怎样跳下才安全

设计思路

在现代生活中，幼儿一般都住在楼房里，即使在幼儿园也在教学楼里活动，上下楼梯的机会比较多。在园里，我们经常看到幼儿喜欢隔着两、三级楼梯往下跳，很不安全。由于幼儿的生活经验有限，他们很难预见自己的各种行为可能引发的后果。另一方面，大班幼儿马上就要升入小学了，跳作为一项基本技能，需要提升"高"的经验，根据实际需要我们设计此次活动，以引起幼儿关注"跳"的安全问题。

活动目标

1. 学习从高处往下跳的基本动作要领，懂得从高处往下跳时的自我保护方法。

2. 知道不能从哪些地方跳下，要注意安全，保护自己，不做危险动作。

活动重点

使幼儿分辨日常生活中的安全行为与危险动作，学习在跳的动作中保护自己。

活动准备

1. 音乐磁带，不同高度的桌子、椅子若干，垫子若干，幼儿从楼梯第三个台阶跳下的照片，房顶等高处的图片，禁止停车、禁止吸烟的标志。

2. 幼儿穿合脚的运动鞋。

活动过程

（一）图片导入。

1. 教师出示照片，提问：照片中的小朋友这样跳下对不对？为什么？

请幼儿说一说自己从高处跳下发生危险的经历，并说一说不能从哪些地方往下跳。

2. 小朋友都认为从高处往下跳是一件很危险的事情，有什么办法能让这种跳的危险动作变得安全呢？

鼓励幼儿演示，教师引导：跳的动作要正确，跳的高度要适合自己，而且要在有保护措施的地方跳。

3. 教师演示从高处跳下的要领：跳下后双腿膝盖处稍微弯曲，双脚着地。

（二）户外游戏"小伞兵"。

1. 游戏前的准备活动：幼儿听音乐做转手腕、转脚腕、转膝、转腰、蹲站、轻跳等热身运动。

2. 尝试从椅子上往下跳（椅子下面要铺上垫子，做好保护措施）。

教师：现在我们要来练习跳的本领，请试一试，看你是怎么跳的。

幼儿练习跳的动作。

教师请跳姿标准的幼儿演示。

分析幼儿动作：大家学一学××小朋友是怎样跳的。他的脚是怎样的？腿是怎么样的？落地时声音是怎么样的？（双脚并拢轻轻地跳下，跳下后双腿膝盖处稍微弯曲，脚尖着地。）

幼儿再次分散练习。

教师巡回指导，提醒幼儿双脚轻轻落地，纠正个别幼儿不正确的姿势，鼓励胆小的幼儿大胆练习。

（三）讨论：不能从哪些地方往下跳？

1.教师出示矮墙、高台等图片，提问：能从这些地方往下跳吗？为什么？还有哪些地方是不能跳的？

幼儿：从高处跳下来很危险，很容易受伤。

幼儿：超过自己腰部的高度就很危险了，不能随便从矮墙、高台等地方往下跳。

2.引导幼儿设计禁止跳下的标志。

请幼儿观看房顶、山坡等高处的图片。

教师：从高处跳下来太危险了，为了保证大家的安全，我们设计一个禁止跳下的标志吧。

出示禁止停车、禁止抽烟的标志，迁移经验，引导幼儿观察，讨论怎样设计禁止跳下的标志。引导幼儿发现在红色圆圈中画出跳下的动作后，加上"\"或"×"。

（四）讨论挑战高度的感受，结束活动。

教师：小朋友们说一说从椅子上跳下来的时候感觉怎么样？

先请幼儿说一说自己的感受，教师引导。

小结：今天小朋友能从椅子上跳下来真的很棒、很勇敢！但是跳的动作也是危险的，下次再做跳的动作的时候要注意保护自己，跳之前做一些准备活动，还要注意跳的高度，不能从太高（超过自己腰部）的地方往下跳。

活动延伸

鼓励幼儿将自己设计的禁止跳下的标志，贴在幼儿园不能往下跳的地方。

活动反思

大班幼儿对跳的安全知识有了一定的经验，但是预见危险的意识比较薄弱。从活动的过程中发现，有的幼儿跳的动作掌握不够准确，跳下后双腿膝盖弯曲不够或落地太重，在今后的活动中还需要进一步加强指导。多数幼儿通过在游戏中反复尝试，对跳的动作要领已经基本掌握。通过活动，幼儿也意识到从高处跳下很危险，不能往下跳。

活动点评

大班幼儿动作的协调性、灵活性、准确性有了很大的提高，他们喜欢尝试一些有难度、冒险的动作。教师能够根据大班幼儿的年龄特点，发现幼儿在日常生活中出现的危险行为，设计相适宜的教育活动。在活动实施过程中，教师始终围绕着教育目标、教育重点展开活动，帮助幼儿积累了跳的动作方面的安全知识，提高了幼儿自我保护的意识和能力。在此基础上，教师应进一步培养幼儿的安全自护意识，使教育要求真正地转化为幼儿自觉的安全行为，避免安全事故的发生。

（教师　刘维）

活动二　做操时需要注意什么

设计思路

做操是幼儿园小朋友每天都需要做的事情，由于幼儿的年龄不同，做操时使用的器械也会有所不同。今年，我们大班幼儿学习的器械操是旗操，红红的小旗子使劲地抖起来"呼呼"作响，很威风。做操的时候，经常会看到幼儿在使劲地挥舞着小旗子，很少注意到周围人的安全；偶尔也会发现有的幼儿拿着旗子与同伴玩耍，打闹。为了使幼儿意识到危险，增强这方面的安全意识，我设计了这个活动。

活动目标

1. 在做操时能够正确地使用器械。

2. 学习保护自己和他人，培养幼儿的安全意识。

活动重点

在活动中正确地使用器械。

活动准备

根据幼儿做操时出现的问题自编成短小故事。

活动过程

（一）教师讲述故事，导入活动。

天天和乐乐做操的时候一前一后紧挨着。一次做操时，俩人发生了一件不愉快的事，做操结束时，乐乐收旗子时使劲一甩，不小心甩在了天天身上，天天感到很疼，说乐乐不讲礼貌，乐乐说自己不是故意的，俩人谁都不肯让，因此发生了争执。

（二）围绕故事展开讨论。

1. 小朋友平时在使用旗子的时候，发生过故事中的事情吗？

2. 你觉得天天和乐乐应该怎样解决他们之间的矛盾？如果是你，你会怎么做呢？

3. 在使用旗子的时候还会发生哪些危险的事？

（三）怎样使用旗子最安全。

1. 分组讨论：教师鼓励幼儿动脑筋想办法，大胆说出自己的想法，并和同伴进行交流。

2. 小组交流：引导各组幼儿之间进行交流，并说一说哪种方法最好。

3. 小结：教师帮助幼儿梳理与归纳，总结出使用旗子的注意事项，如拿旗子的方法、幼儿与同伴之间的距离、动作的一致性、不玩耍小旗子等，引导幼儿安全地使用旗子。

延伸活动

引导幼儿一起制定游戏安全规则，然后将其贴在主题墙上，鼓励大家一起遵守。

活动反思

大班幼儿有了一定的是非辨别能力，在日常生活中，他们懂得哪些事情是应该做的，哪些事情是不应该做的，但是，在生活中有的幼儿还是不能控制自己。在活动中，我们通过做操来引导幼儿注意活动的安全性，建立秩序感，并迁移经验，制定规则。

活动点评

活动的目标是教师在观察本班幼儿做操的基础上确立的，目的是解决幼儿做操中的问题。在活动的过程中，教师给予幼儿充分的时间，鼓励幼儿大胆表达自己的想法和认识，并予以回应。建议在日常生活中，教师注意纠正幼儿做操时的动作，加强幼儿的规则意识并由此事件迁移到其他安全事件中，逐步提升他们的安全意识。

（教师　刘维）

交通安全教育

活动一　会说话的标志

设计思路：我们生活的周围有许多标志，每个标志都有不同的意思，它能帮助人们传达信息提示人们可以做和不可以做的事。根据幼儿的年龄特点、学期目标及幼儿的兴趣，结合大班幼儿即将升入小学，会接触到更多的交通安全问题，于是，我们把交通安全教育作为大班安全教育中的一项重要内容。在前学期认识交通标志的基础上，教师在区域中投放了有关交通标志的游戏材料，尽可能地从多方面让幼儿理解交通安全的重要性，引导幼儿在了解其重要意义的基础上，将交通安全的意识转变为交通安全的行为。

活动目标

1. 引导幼儿了解周围生活中的各种标志。

2. 熟悉认识基本的交通标志。

3. 在游戏中促进幼儿社会交往能力的发展，增强自我保护意识。

活动准备

活动前收集各种标志，师生一起布置"标志的家"，并向同伴介绍这些标志传递给大家的信息。

活动过程

（一）出示图片，观察地铁标志。

1. 这是什么？你在哪里见过？这个标志表示什么意思？

2. 生活中哪些地方需要标志？哪些标志一看就明白？它有什么作用？

（二）逐一将图片展示，幼儿边看边讨论标志的内容。

1. 引导幼儿观察：你从下面三幅图中看到了什么？分别是什么地方？

（一）　　　　　　　（二）　　　　　　　（三）

2. 以上三幅图分别是什么标志？这些标志分别表示什么意思？提醒人们要注意什么？

（三）介绍自己认识的标志。

教师：讲一讲自己还见过什么标志，在哪儿看到的，这些标志告诉我们什么呢。

1. 请小朋友介绍自己在生活中看到的标志。

　　教师小结：小朋友认识了很多标志，知道了标志的作用。有的标志是提醒人们的，它们一般都是方形的；有的标志是禁止人们做一些事，它们一般都是圆形的；还有一些标志告诉人们这是什么地方，应该怎样做，它们没有固定的图案，但人们看到标志就可以很清楚地知道怎么做了。

　　2. 交通标志游戏。
　　请小朋友展示自己收集的交通标志，大家一起分享讨论。

师生共同观看和查找有关　　小朋友正在画交通标志。　　学警察叔叔指挥交通。
交通标志的资料。

　　（四）交通游戏毯。
　　1. 请幼儿观察城市交通图上的建筑，说出建筑的名称：地铁、医院、动物园、学校、超市等。
　　2. 与幼儿进行情景游戏，带领幼儿"坐"上汽车到城市参观，边参观边说到哪里了，并在所经过的路上放上相应的交通标志，给幼儿讲解交通标志的功能，进行安全教育。
　　（1）"现在我们去超市买点东西吧！（P）这是停车场的标志，车要停在停车场里，不能乱放。"放上停车的标志，告诉幼儿乱放车子的后果

（被交通警察开罚单，造成交通混乱等）。

（2）"我们要经过马路才能到超市，过马路要走人行横道线。"放上人行横道线的标志，告诉幼儿要遵守交通规则，不要横穿马路，防止发生危险。

3. 在游戏时，丰富、巩固幼儿的交通安全常识。

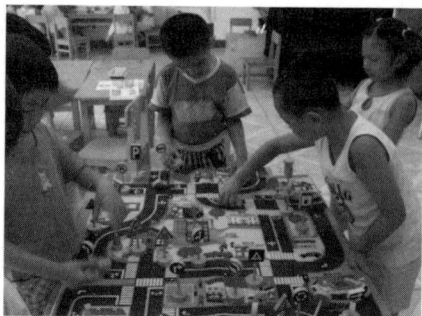

（1）"交通游戏"可以多名幼儿一起玩，在玩的过程中，教师可以给幼儿安排能配合的角色，如：警察与司机，妈妈与宝宝，游客甲、乙等。

（2）集体游戏时，发生碰撞和矛盾是不避免的，这是幼儿学习、实践怎样与他人合作与分享的课堂，教师应给幼儿自己解决困难的信心和时间，然后在适当的情况下进行干预教育。

（3）在幼儿游戏时故意制造小意外，如："两辆车撞上了怎么办啊？""找交警，解决交通事故。"或"前面有辆车，我们超过他吧！""不行，前面有禁止超车的标志不能超车"等。

活动延伸

请小朋友收集各种各样的标志，带到园内和同伴分享讨论，并试着给标志分类。

活动反思

在众多的安全标志中，幼儿对交通安全标志最感兴趣，相对也了解的最多。通过系列的活动后，幼儿对于交通安全标志更加熟悉了，进而有了玩交通游戏的愿望。教师为幼儿提供了游戏的材料，小朋友每天都抢着来这个区域。游戏中，他们有的拿着汽车，有的拿着交通标志，有的拿着人物模型在游戏毯上边摆边说。游戏毯上的内容情节与幼儿的亲身经历构成了幼儿的游戏素材，幼儿之间的相互交流与碰撞又使游戏变化无穷，对幼儿具有更大的吸引力。通过这种"实战"游戏，有利于帮助幼儿将交通安全的意识内化为今后的交通安全行为。

活动点评

随着幼儿对交通标志认识的不断加深，教师在提供图书、实地参观和讲解的支持外，又能为幼儿提供"实践"的材料。使幼儿在玩游戏的过程中提高了参与交通安全的技能和意识。游戏是幼儿学习的最佳方式，在愉快有趣的游戏中体验各种角色，尝试解决各种问题，不仅使幼儿从中获得安全知识和方法以及相关的规则和经验，也可满足幼儿情感的需要，获得成功和信心。教师把安全教育与幼儿的游戏融合在一起的，并更多地与生活相结合，让幼儿在玩中体会到什么是安全，逐渐形成一种安全意识，以及应对危险的能力等。

（教师　崔红健）

活动二　自行车怎样骑最安全

设计思路

大班小朋友开始学骑两轮自行车，但有的小朋友怕摔不敢骑；有的小朋友有了在平地上骑自行车的经验后，想体验一下骑车上、下坡的感觉；还有的小朋友学会了骑自行车，在骑的时候没有意识到骑车的安全问题。为了培养幼儿的安全意识，引导幼儿了解骑在车上怎样保持平衡不摔跤，让他们知道在哪儿骑最安全等，组织了这个活动。

活动目标

1. 引导幼儿知道在骑自行车时怎样保持平衡，骑自行车时怎样上下坡。
2. 了解在哪儿骑自行车最安全，不在马路上骑自行车。

活动重点

在会骑四轮自行车的基础上，探索两轮自行车的骑法；知道在哪里骑自行车最安全；培养幼儿的合作精神。

活动准备

塑胶场地，两轮小自行车。

活动过程

（一）学骑两轮自行车。

1. 小朋友们，你们会骑自行车吗？会骑两轮的还是四轮的？
请幼儿根据自己的经验回答。

2. 两轮自行车与四轮自行车哪个好骑？为什么？
请幼儿说一说自己的感受，并说出理由。

3. 怎样才能骑好两轮自行车，不从车上掉下来？
请会骑两轮自行车的小朋友说一说，教师引导补充。

4. 将会骑两轮自行车的幼儿和不会骑的幼儿分成两组，请会骑的幼儿教不会骑的幼儿，教师在一旁指导，重点引导幼儿把握方向，感受平衡，大胆尝试。

猜拳决定谁先骑。　　　　　摔倒了，再爬起来。　　　　我们合作得不错吧！

（二）骑车上下坡。

在幼儿会骑两轮自行车的基础上进行。

1. 教师先向幼儿介绍活动的场地，然后与幼儿一起讨论活动中应注意的安全问题，制定出活动规则，引导幼儿遵守。

2. 引导幼儿在坡上骑自行车（先骑上坡，再从坡上骑下）。

教师：小朋友，你在骑车上坡的时候成功了吗？骑车上坡和下坡时的感觉相同吗？

请骑车上坡成功的小朋友根据经验说一说，并和大家一起讨论怎样才能成功骑车上坡。

3. 幼儿运用讨论得出的方法再次尝试骑车上下坡，在尝试过程中，引导幼儿遇到问题随时解决。

（三）在哪儿骑车最安全？

1. 围绕"自行车在哪儿骑安全？"展开讨论。

教师：在哪儿骑自行车最安全？骑车时要注意什么呢？

幼儿：可以在小区里骑自行车。

幼儿：不能到马路上骑车。

幼儿：快撞到人时要捏闸，注意避让行人、车辆。

幼儿：骑车时靠道路右边骑。

教师：小朋友说得都很正确，平时我们不能骑着小车上马路，不在车辆穿梭的小区骑自行车，可以在没有车辆来往的小区里骑车，骑车的时候要有大人跟着。

2. 请幼儿观看骑自行车的视频，进一步了解骑自行车的注意事项。（有条件的幼儿园可带幼儿到马路边实地观看马路上的行人是怎样骑自行车的。）

（四）讨论小结。

引导幼儿总结怎样骑自行车，在哪儿骑最安全。

活动延伸

1. 结合美工活动，请幼儿画一画骑自行车的场景，并将幼儿的画作贴在主题墙上，鼓励幼儿讲一讲画中的故事，进一步了解安全问题的重要性。

2. 家园共育：请家长带幼儿到马路上观察行人是怎样骑自行车的。

活动反思

活动前幼儿对自行车已经有了认识和了解，根据活动的进展和幼儿的兴趣，教师进一步引导幼儿从实际操作中发现问题，调动他们的积极性，鼓励他们去发现、解决新问题。在活动中，我们支持幼儿尝试与实践，引导他们自主探究，放手让他们去尝试、探索、体验，并创造机会让他们在与同伴共同探讨或争论中寻求解决问题的方法，这样更能加深他们对骑车安全问题的认识。

活动点评

活动重点引导幼儿在会骑四轮自行车的基础上，探索两轮自行车的骑法。在学骑两轮自行车的过程中，孩子们不怕困难，不断尝试，不怕失败，积极总结失败原因。

在活动过程中，对于老师提出的安全问题，幼儿能够根据自己的已有经验说出一些注意事项。当幼儿观看安全骑自行车的视频后，再回答问题时就更深入了。通过视频（或实地观看）他们直观地看到了马路上快速骑行的人们和各种复杂的路况，大班幼儿已经有了一定的预知能力，能够想象出一些危险的后果，这样的印象对幼儿来说是深刻的，更能促使他们注意骑车安全。

（教师　卫蕾）

活动三　马路上的安全

设计思路

走在大街上，有时会看到一些小朋友在街道上边走边玩，追逐打闹。在横穿马路时，有些人为了抄近路，常常出现翻越栏杆、攀爬翻越隔离设施的现象，稍不注意就会造成意外的人身伤亡。为了保证幼儿日常外出的安全，外出时一定要在家长的带领下，注意交通安全；穿越马路时一定要走人行横道。

活动目标

1. 知道过马路要看交通信号灯，并走人行横道。

2. 知道等待拐弯车辆通过后才能过马路。

活动重点

了解"斑马线"的作用，遵守交通规则。

活动准备

1. 幼儿在回家、来园的路上观察行人是怎样过马路的。

2. 幼儿已经认识了一些交通标志。

3. 多媒体课件《交通安全》。

活动过程

（一）请幼儿观看多媒体课件《交通安全》，导入活动。

在幼儿观看课件后提问：

1. 行人是怎么过马路的？（不看马路红绿灯就穿过马路。）

2. 差点发生什么事？（差点被车撞。）

3. 过马路时要注意什么？（看到红灯要停下来，绿灯亮了要看看两边没车辆经过马路再走。）

（二）巩固复习。

1. 教师出示马路、红绿灯的图片，提问：

（1）这是什么地方？（马路。）你看到了什么？（人、车、路、红绿灯等。）

（2）这是什么呢？（红灯和绿灯。）红灯和绿灯有什么作用呢？（指挥交通，绿灯亮时可以走，红灯亮时要停下来。）

（3）马路上一条一条的白线是什么呢？它有什么作用呢？（"斑马线"是人行横道，是行人过马路时要走的路。）

（4）为什么要设置人行横道？小朋友应该怎样横过马路？（为了大家安全、有秩序地过马路，小朋友过马路时应该先看红绿灯，再看两边行驶的车辆。）

2. 引导幼儿充分讨论：走人行横道时要注意什么呢？

鼓励幼儿自由发言，然后教师小结：小朋友过马路时要先站在路边的"斑马线"处观察，看对面的信号灯，红灯亮时要等待，绿灯亮时再过马路。过马路时要走在"斑马线"内，先看左边没有拐弯的车辆时再通过，走到路中央时，再向右看，右边没车辆时，才能走过马路。

（三）了解隔离护栏的作用。

1. 教师出示隔离护栏的图片，提问：

（1）隔离护栏是干什么用的？翻越护栏会发生哪些危险？

（2）小朋友如果要过马路时，这个地方没有人行横道怎么办呢？

通过提问，引导幼儿与同伴充分讨论，交流讨论的结果。然后教师小结：路段没有人行横道时，不能为了超近道而翻越马路中间的隔离带，如果那样做是很危险的。可以走过街天桥、地下通道等，不要翻越隔离护栏。

（四）游戏"大马路"。

1. 在场地上用粉笔画上"斑马线"，一名幼儿扮警察，一组幼儿扮行人，剩下的幼儿分两组，分别代表向不同方向行驶的车辆。游戏开始，警察控制红绿灯，有违反交通规则的幼儿停止游戏一次，提醒幼儿看信号灯过马路。然后互换角色，再次游戏。

2. 游戏结束时，教师表扬在游戏中能够遵守交通规则的小朋友，提醒幼儿过马路时要遵守交通规则，不闯红灯，走"斑马线"过马路。

活动延伸

结合语言活动，开展情景剧《我是小交警》。

活动反思

大班幼儿已经有了遵守规则的意识，活动中多媒体课件的运用能够有效地调动幼儿的已有经验，通过提问不仅使幼儿了解了交通标志，而且帮助幼儿认识到在生活中遵守交通规则的重要性。过马路走人行横道对于大班幼儿来讲并不陌生，但是过马路时，先看左再看右、避让拐弯车辆等常识，对于大班孩子来讲是需要教师帮助进一步梳理提升的。针对隔离护栏的讨论，主要是让孩子了解到翻越护栏的危险，从而进一步巩固幼儿过马路时要走人行横道的意识。

活动点评

教师结合幼儿就要升入小学，每天早晚都要在马路上穿行的现状，开展了更为具体的交通安全教育。活动中，通过与孩子进行充分讨论的形式，让幼儿在已有经验的基础上，结合观看视频自己得出过马路应注意的几个要点，丰富了他们避让车辆的生活常识，进一步树立安全意识，掌握安全知识和方法，增强了他们的自我保护能力。

（教师　崔红健、任丽静）

活动四　过街天桥和地下通道

设计思路

大班幼儿就要进入小学，上学的路上会面临过马路、走人行横道等问题。有些路口是重要的交通要道，为了减少交通堵塞，没有设置人行横道，而是建了地下通道或是过街天桥。这个时期，教师和家长不仅要从物质上帮助幼儿做好入学准备，更多的是从心理上满足和支持幼儿的实际需要，因此设计了本次活动。

活动目标

1.帮助幼儿了解过街天桥、地下通道是横过马路的安全通道。

2.使幼儿具备初步的自我保护意识和能力。

活动重点

与家庭密切配合，在日常生活中加强安全教育，避免危险和意外的发生。

活动准备

1.认识相关的交通标志。

2.过街天桥和地下通道的照片。

活动过程

（一）视频导入活动。

198

1.播放相关资料：宽阔的马路上车来车往，路中心有一道长长的隔离护栏。

2.讨论：这个路口没有"斑马线"，要横过马路怎么办呢？你和爸爸妈妈是怎样过马路的？

（二）认识过街天桥和地下通道。

1.出示地下通道、过街天桥的图片。

提问：图片是什么呢？（过街天桥和地下通道。）

先请幼儿自由发言，然后教师小结：我们在马路上可以看到一座座过街天桥和一条条地下通道，这些都能让我们安全地穿过马路。当你走在过街天桥上面时，各种车辆在你的脚下通过，小朋友走在桥上不必担心汽车碰到你；当你从马路的地下一端，走到另一端时，路面上的车辆就在你的头顶上行驶，在地下通道里，你也不用担心汽车会撞到你。走过街天桥、地下通道都能够让你平安地穿过马路。

2.怎样才能找到地下通道和过街天桥呢？

先请幼儿根据自己的经验说一说，然后教师明确：找地下通道先找通道入口，牌子上有一个小人下楼梯的标志；找过街天桥看马路上面就可以啦，它就横架在马路的上面，像一条长长的虹桥。

（三）回忆已有经验，讨论。

1.过街天桥两侧的斜坡有什么作用？为什么要设计这个坡道呢？

2.推车上过街天桥会遇到哪些困难？推车下过街天桥时会遇到哪些不方便，人们应怎样做才会方便呢？

3.为什么要设立过街天桥和地下通道？

（四）学习儿歌，巩固所学的知识。

通 道 歌

马路上架起天桥，地下藏着大通道。

车辆行人各自走，安全快捷真叫好。

活动延伸

结合美工活动，请幼儿为马路设计过街天桥或地下通道，并将画作贴在主题墙饰上，和小伙伴一起分享观看。

活动反思

活动目标设计与幼儿的认知水平相适应，在活动中幼儿能围绕教师的提问展开争论、思考、交流，并从同伴那里得到了不同的建议，开阔了思路。活动中，幼儿始终以饱满的热情、愉快的情绪参与到活动中。在出示过街天桥和地下通道的图片时，幼儿能够一下子认出，并说出了相应的经验。通过活动，幼儿进一步认识到过马路的复杂性和多样性，提升了安全意识。

活动点评

本次活动目标制定得准确清晰，在活动过程中，教师能及时抓住幼儿的问题进行引导，鼓励幼儿表达自己的想法，这有利于幼儿相关经验的提升，进一步拓展师幼互动。本活动最大的特点是教师能根据大班幼儿活动的自主性、主动性特点，给予幼儿充分表达的机会。

（教师　崔红健）

预防自然灾害

活动一　夏天的雷雨

设计思路

夏天经常会出现雷雨天气。在雷雨天气中，轰隆隆的雷声伴随着闪电，电闪雷鸣，一时间仿佛会地动山摇，这常常让缺乏生活经验的孩子感到恐惧。本次活动，通过收集雷雨天气时的一些图片，如树被雷击、人们怎样躲雨等，让幼儿明白雷雨天气是一种常见的自然现象，对它不要感到恐惧，同时让幼儿掌握一些在雷雨天气中必要的知识和保护措施。

活动目标

1.引导幼儿丰富有关雷雨天气的经验。

2.培养幼儿动脑筋、解决问题、克服困难的能力。

活动重点

引导幼儿知道雷雨天气是一种正常的自然现象，掌握雷雨天气的必要常识。

活动准备

下雨、打雷的图片，雷雨形成的视频。

活动过程

（一）图片导入。

教师出示图片，请幼儿观看思考。

教师：谁能讲一讲图片上发生了什么事情？

请幼儿自由发言，教师引导幼儿知道图片上是雷雨时的现象。

教师：什么季节下雨的时候会听见雷声、看见闪电？

幼儿：夏天。

教师：小朋友见过下雷阵雨吗？下雨之前天空是什么样子的？我们有什么感觉？

先请幼儿说一说自己的感受，引导幼儿明白雷阵雨是一种夏天特有的自然现象，雷阵雨前，天空变得又黑又暗，有时还刮着大风。

（二）引导幼儿了解雷雨是一种正常的自然现象。

请幼儿观看"雷雨是怎样形成的"相关视频，引导幼儿了解雷雨是一种自然现象。

（三）结合幼儿在生活中遇到的下大雨的经历发散思维，思考讨论。

1.如果在家时，突然电闪雷鸣要下雨了，我们应该怎么办？应该怎样保护自己？

请幼儿各抒己见，然后教师小结：下雷雨时要关闭窗户；关掉电器开关，切断电源；外出时不要使用金属制作的雨伞；不要使用热水器洗澡；要关闭手机。

2.小朋友外出时有没有碰上雷阵雨？如果碰上了应该怎么办呢？

先请幼儿说一说，教师小结：不要在树底下或电线杆旁避雨，不可以在高处或潮湿的地方躲雨；遇到响雷时可以捂住耳朵，如果不捂耳朵就要张开嘴巴。

（四）找一找。

请小朋友找一找，在我们教室里有哪些在雷雨天不能使用或需要关闭的电器。

活动延伸

1. 结合科学知识，了解还有哪些自然灾害，遇到时应该怎样保护自己。

2. 家园共育：回家和爸爸、妈妈一起关注天气预报，第二天将两天之间的气温变化告诉老师和小朋友，同伴之间相互分享经验。

活动反思

雷雨天气是夏天比较常见的天气，一般在下雨时，小朋友身边都会有成人陪伴。即便是这样，一些胆子比较小的幼儿听到大声音的雷鸣，仍会感到害怕。本活动立足于帮助幼儿勇敢面对雷雨，减少恐惧，让幼儿掌握一些关于雷雨天气时自我保护的要领。活动通过视频、图片和讨论的方式，帮助幼儿感受雷雨，引导幼儿知道了在雷雨天气里如何保护自己，同时引发幼儿关注天气以及气象预报，了解天气变化；在天气变化时，知道调整穿衣，做一些必要的准备工作，丰富他们的生活经验。

活动点评

生活中，小雨容易让幼儿如鱼儿进了水一样在里面嬉戏欢腾，而大雨或者雷雨，却让幼儿望而却步，甚至被巨大的电闪雷鸣吓得瑟瑟发抖。通过活动帮助幼儿了解了雷雨现象，并接受这种自然的天气现象。雷雨的形成对幼儿来讲不是用语言描述就能够理解的内容，在活动中教师恰到好处地避免了生硬的讲解，而是采用幼儿喜欢的动画形式，生动形象地演示了雷雨的形成。这让幼儿知道，雷雨天气是一种正常的自然现象，从而逐渐减少幼儿对雷雨天气的恐惧感。

（教师　刘海燕）

安全应急

——防范意外

    生命只有一次，安全是人类生存最基本和最重要的需求之一。学前儿童由于年龄小，缺乏相应的生活经验，加之动作发展不完善，致使他们极易受到意外伤害。据一项调查显示，中国儿童死亡原因中26%来自于意外伤害，意外伤害已成为儿童死亡的第一杀手。如何防范、处理儿童意外伤害事故，成为家庭、教育机构、社会共同关注的话题。幼儿园、家庭作为低幼儿童生活学习的养护机构，是幼儿意外伤害事故易发、多发场所，因此，需要引起我们高度的重视。

第一节 | 幼儿意外伤害事故的特点与类型

一、概念界定

幼儿意外伤害事故，主要是指日常生活中人们没有事先估计到或预料到的偶发事件对幼儿造成的伤害。意外伤害事故主要包括跌落、烧烫伤、窒息、交通事故、切割伤、中毒、动物咬伤、触电、溺水、玩具伤害等，有些会造成致命的损伤，甚至死亡。

二、幼儿意外伤害事故的特点

有关统计数据表明，我国每年14岁以下的儿童因意外伤害而死亡的人数接近5万，从伤害发生地点和场所看，学龄前儿童意外伤害发生地点以家中最多，其次分别为社区娱乐场所、路上、幼儿园等；从伤害发生的季节分布来看，学龄前儿童意外伤害事故发生的高峰期是夏季，其次是春季。

三、意外伤害事故类型

（一）幼儿园意外伤害事故

幼儿园意外伤害事故，是指在园内教师所组织的各项活动中及幼儿园组织幼儿外出集体活动过程中发生的人身及心理伤害。

事故类型主要有：

1. 因设施设备引起的伤害事故；
2. 因保教人员工作失误引起的伤害事故；
3. 因幼儿自身原因引起的伤害事故；
4. 因外来人员引起的人身伤害事故；
5. 集体外出活动引起的伤害事故。

（二）家庭意外伤害事故

家庭意外伤害事故，是指幼儿在家或在家长所组织的各项外出活动过程中发生的人身及心理伤害。

事故类型主要有：

1. 幼儿误食、误服一些药物与食物；

2. 因家庭设备引起的伤害事故（电器、煤气泄露）；

3. 因家长看管失误引起的伤害事故；

4. 家庭外出活动引起的伤害事故。

第二节 | 幼儿意外伤害事故的原因分析

一、幼儿自身因素

（一）生理特点：幼儿易发生意外伤害与其自身的生理特点有着密切的联系。首先，幼儿的神经系统发育还不完善，多种感知觉及动作的综合协调能力都较差。其次，幼儿的肌肉组织发育也不完善，在活动时往往掌握不好平衡，身体重心不稳，动作不协调，因此在行走、跑跳或从高处往下跳时容易摔跤、磕碰进而发生意外事故。再次，他们的知识和经验匮乏，防范意识和自我保护能力也较差。

（二）心理特点：儿童易发生意外伤害与其心理发育水平有着密切的联系，一般来讲外向性格的儿童较内向性格的儿童更易发生意外伤害。其次，幼儿具有好动性，爱模仿，在活动中会模仿一些成年人的动作，喜欢冒险，以满足自己的感官刺激。随着年龄的增长，幼儿的独立性逐渐增强，不愿意大人总是跟着自己，而此时他们对各种游戏中的危险因素缺乏足够的认识，这就比较容易导致意外事故的发生。再者，幼儿缺乏生活经验，无法判断一些潜在的危险，对突如其来的意外事故往往不能准确地做出反应，如幼儿不能理解趴在窗台上可能引发的危险。

二、幼儿园因素

幼儿最容易受到伤害的地方往往是他们活动较多的场所，幼儿的大部分时间都是在幼儿园度过的，因此，幼儿园在保护幼儿免受伤害方面的责任是首位的，但目前幼儿园在这些方面仍存在不足之处。

（一）幼儿园管理制度不严，管理不善。园内领导不重视安全工作，而是将工作的重心放在教育教学成果上，安全制度形同虚设，导致教师以及幼儿园其他人员也不重视安全工作。

（二）园内设施存在安全隐患。室内桌椅的边角未做圆角处理，室外

207

设备陈旧、老化、年久失修，大型玩具螺丝脱落、生锈等。这些若不及时修理维护，都容易引发意外伤害事故。

（三）保教人员责任心不强，安全意识淡薄，对保护幼儿的安全意识不足。很多教师不注意观察幼儿的表现，任由他们自由玩耍，甚至当幼儿去比较危险的地方时，教师都没有察觉到，疏于对幼儿的看管。

三、家庭因素

（一）父母的文化程度、对伤害预防的态度、家庭经济状况等，都与儿童的意外伤害有着密切的联系。父母文化程度低、贫困以及安全防范意识不强，直接关系到家庭对安全教育的及时性和经常性。

（二）家长的安全意识观念不强。大多数独生子女家庭对孩子过分保护，限制孩子的活动，这样也就失去了对幼儿进行安全教育的机会。有的家长由于工作太忙，只管孩子吃饱穿暖，而疏于对孩子进行安全教育，等出事了又后悔莫及。

（三）各类家用电器的普及给幼儿的生命安全带来了新的隐患。这些带电的东西很容易引起孩子们的好奇心，孩子们总想去看个明白，弄个清楚。而父母出于对孩子安全的考虑总是习惯于不厌其烦地告诫孩子"当心！不能做！这样太危险！"，而忽视了其安全意识与能力的培养。然而父母越是反对的，孩子们越感兴趣，越想弄个明白，结果意外就发生了。

四、教育方式的偏差

幼儿意外事故发生率的高低，与家庭、幼儿园的教育方式密切相关。现在孩子大都是独生子女，不少家长和老师对儿童的一举一动都给予"好心"保护，许多本该由幼儿自己干的事全由成人来代劳。家长和幼儿园过多的对幼儿实行各种保护性管理措施，限制幼儿的各种活动，忽略对孩子进行安全教育，没有树立起他们的安全意识和独立生活的能力，一旦危险突然来临，孩子们往往手足无措。

第三节 | 幼儿常见意外事故的预防及对策

一、预防园内意外事故

安全工作关系着幼儿的健康与家庭的幸福，理应也必须成为幼儿园工作中的重中之重。现在孩子都是家庭的重心，虽然他们在家里也经常会发生意外，但如果孩子在幼儿园发生意外伤害，却很少有家长能够冷静地对待。在幼儿园中，无论是领导还是教师，可谓是谈"事故"色变。如何减少园内事故的发生就是我们迫切需要思考的问题。

（一）提高安全意识，强化管理，增强教职工责任感。建立健全幼儿园安全管理制度，消除各种安全隐患，并通过检查、兑现奖惩和考核机制认真落实安全防范措施，使安全工作真正处在"全员、全过程、全方位、全天候"的监督之中。

（二）增强教职工责任感。加强教职工安全教育工作，提高其安全意识，增强其事业心和责任感，促进教职工安全工作积极性稳步提高。同时，要把幼儿的自我防范意识融入教学活动中，提高幼儿自我防范的能力。

（三）读懂孩子，交给孩子安全生存的钥匙。教师应组织多种活动，通过在生活中渗透、游戏中贯穿、活动中体验、环境中展示、家园中互动、随机性教育等方式，在日常生活中抓住偶发事件对幼儿进行安全教育，防患于未然。在日常教学中教他们一些简单的自救方法，从而强化幼儿的安全意识，防止各种事故的发生。

（四）加强幼儿体能锻炼。儿童的动作协调能力、反应速度以及手、脚、肌肉的力量，是影响幼儿自我保护能力的重要因素。事实证明，在紧急情况发生时能迅速脱险的幼儿通常是那些眼疾手快的"机灵鬼"，这主要在于他们反应速度快、动作协调能力强。所以家长和教师应从提高儿童自护能力的新角度去重视幼儿的体能锻炼。

二、家庭中对意外事故的预防

（一）家庭中家长做好安全教育，消除安全隐患。幼儿因生活经验所限，不具备预见危险的能力，家长应注重正面引导，通过讲故事、念儿歌、看图画、看录像等多种形式，使幼儿体验到安全的重要性。

（二）学习正确使用家庭设备，尽量消除幼儿可能会出现的意外事故，防止中毒。家中的电源开关、插销要安装在儿童摸不到的地方；禁止幼儿爬高、爬窗户，禁止他们玩锐利的刀剪、打火机等；更不要让孩子到江河、池塘、井边玩耍。定期检查适合幼儿身心特点的玩具，如有破损马上修复；室内的家具尽量做成圆角的，避免尖角或粗糙边缘等擦伤、碰伤孩子。尽可能为孩子营造一个安全、卫生的活动环境。

三、防范幼儿意外伤害事故的对策

一项最新的医疗调查结果显示，意外伤害事故已经成为幼儿的第一"杀手"。根据卫生部对北京和杭州等地7所医院的儿科就诊统计结果显示，因意外伤害而接受住院治疗的幼儿近年来呈上升趋势。调查发现，半数以上的孩子是由于烧烫伤的原因入院的，部分是因为进食瓜子仁、花生等坚果类食物或果冻、糖类等黏性食物引起窒息而入院的，被宠物咬伤或触电事故等原因而入院的孩子也占到一定的比例。

专家指出，孩子发生意外后的第一现场施救非常重要，不少意外事故都需要及时处理然后再送往医院。限于经验和知识的局限，很多教师、父母在面对孩子发生意外事故时，不知道怎样处理或者进行错误处理，而错过了治疗的最佳时机。幼儿在成长的过程中，难免会出现一些意外情况，由于事出突然不得不对幼儿进行应急处理，而这时如果不及时采取应急措施或者措施不当，会使意外伤害变得更加严重。

生活中，意外防不胜防，一旦意外事故发生，及时、快速、正确地采取应对措施是降低伤害程度、遏制伤害扩大的关键。因此，教师、家长了解、学习各种正确的急救措施是至关重要的。

第四节 | 幼儿意外伤害事故的急救处理

一旦意外事故发生，对孩子进行现场急救非常重要，在医生和救护人员没有到来前，家长或老师及时、快速、正确地采取应对措施是降低伤害程度、遏制伤害扩大的关键。

一、幼儿园内常见的意外事故处理

一般来讲，在幼儿园日常生活中比较常见的意外伤害事故是跌倒、磕碰伤、扭伤、擦伤、骨折、牙外伤、烫伤等，它们可分为简单性创伤和重伤。其中简单性创伤，指伤口浅、仅仅蹭破表皮等伤情，只需在园内请保健医生进行处理；重伤则需要经幼儿园保健医生初步处理后送往医院进行治疗。在幼儿园较为常见的意外事故主要有：

（一）跌倒、磕碰伤——蹭破皮肤

险象分析

幼儿生性活泼好动，喜欢跑跑跳跳，在奔跑、跳跃时不慎跌倒，碰撞到他人或物品的情形经常发生，这时就很容易被挫伤，出现蹭破膝盖、胳膊肘等现象，在穿衣较少的夏季，这些现象更为常见。

伤情诊断

幼儿跌倒、磕碰经常会出现青紫肿胀、压痛、皮下软组织损伤等闭合性外伤，或者呈现表皮渗血并沾有沙土和污物等状况。

急救处理

如果只是红肿没有破皮，可立即采取冷敷的方式处理，二十四小时以后瘀血较重者，才能用热敷，切记当时不能揉搓。

蹭破皮肤后应先观察幼儿伤口的深浅，若伤口较浅仅仅蹭破了表皮，只需将伤口处的泥沙清理干净即可。如果表皮擦伤，首先用双氧水或生理盐水

211

冲洗伤口，清除污物和沙土后，涂红汞或龙胆紫。如伤口较深且出血多，应立即止血，然后用消毒纱布将局部包扎压迫止血后，送医院进一步处理。

预防措施

组织户外活动及游戏活动前，要检查活动场地是否平整，有无砖头、绳索及凸起物等妨碍幼儿活动的障碍。

提醒幼儿不猛跑、不推拉追逐；跑动时注意观察左右，会躲闪。

检查幼儿鞋子的大小及裤子长短是否适宜，鞋带是否散开，以免发生绊倒、磕伤现象。

定期检查大型玩具、体育器械等有无螺丝松动、破损、绳网脱落松动等不安全因素。

如厕、盥洗环节要组织幼儿分批进行，同时保持室内地面干燥，以免幼儿滑倒摔伤。

（二）跌倒、磕碰伤——头部起包

险象分析

幼儿在走路或跑动中摔倒受伤多数是头部受伤，这是由幼儿身体发育特点决定的，2～4岁的幼儿头部占整个身体比重的四分之一，而且在这个时期孩子身体发育不完善，动作发展不协调，跌倒时不会用手支撑地面，因此跌倒后通常是头部先着地。

伤情诊断

头部常常出现青紫肿胀、压痛、皮下软组织损伤等闭合性外伤。

急救处理

如果平地跌倒后磕到头部，只出现红肿、淤血，并没有破皮，千万不要用手揉患处，可迅速采用冷敷的方法，防止皮下继续出血，以达到止血、消肿、止痛的目的。具体操作方法为：用毛巾包上冰块、冰棒或蘸冷水冷敷5～10分钟；也可以立刻使用"好得快气雾剂"，在距离受伤部位10cm处喷射于皮肤表面（伤处在眼睛、嘴、鼻周围时先进行局部遮盖后再使用）。

如果皮肤被擦破了，先清理创伤并检查伤口深度，一般浅表性破皮用生理盐水清理，然后敷上创可贴，这样没有刺激感，幼儿也不会因为跌倒后惊慌、疼痛再加上药物刺激而大哭不止。

预防措施

组织幼儿户外活动前，要对幼儿提出明确的规则和要求。活动中教师要注意站位是否能保证所有孩子都在自己的视线内，并加强巡视。格外关注班内活泼好动的孩子，避免因运动过激引发磕碰伤。

桌、椅、柜子角以圆角为宜，以免碰伤。教育孩子不要从台阶、攀登架等高处往下跳。

保证户外活动时间，加强户外活动锻炼，增加下肢力量和身体的协调性。

（三）利器割破、划伤

险象分析
生活中，幼儿在使用剪刀、小刀等文具或触摸纸边、草叶、打碎的玻璃器具、陶器时，都可能会发生手被划破的事故。

伤情诊断
皮肤被锐利的物体划破后，可见伤口不断向外流血。

急救处理
若伤口较小，则属于浅出血性伤口，若伤口内无异物时，可将伤口周边清洁后，用创可贴处理即可；若伤口较大时，要用干净的纱布按压伤口止血，止血后在伤口周围用浓度75%的酒精由里向外消毒，然后敷上消毒纱布，用绷带包扎。若是被金属、玻璃等异物扎伤，应先用清水清理伤口，再用镊子将异物清理干净后对伤口做消毒处理，消毒后再进行包扎。

若割伤严重、流血过多要及时对伤口进行止血包扎，可在伤口靠近心脏的一端用绳带等物系紧，包扎后立即将伤者送往医院治疗。若幼儿的手指被利器割断，要保护好断指，将断指放入容器中和幼儿一起迅速送往医院治疗。

预防措施
班级内不摆放仙人掌（球）等带刺的观赏植物。

提供安全剪刀供幼儿使用，班级内制定使用剪刀的安全常规并用图示的形式说明剪刀的正确使用方法。将班内削水果的小刀放置在幼儿触碰不到的地方。

木制家具、玩具等边缘要圆滑并定期检查，发现有毛刺要及时打磨修理或更换。

尽量不在班内投放玻璃质地的物品。

（四）挤伤

险象分析

孩子将手伸进门窗开合的空隙处，被突然关上的门窗挤伤，或将手指放在两个椅子中间时被挤压到。

伤情诊断

幼儿被门缝、抽屉、椅子等挤伤多发生在手指部位，轻则造成手指肿痛，重则造成手指皮肤破裂、出现淤紫、甚至指甲脱落。

急救处理

若幼儿手指被挤后无破损，可以立即用凉水冲洗受伤的手指，也可以用冰块进行冷敷，以便减轻痛苦。之后对幼儿挤伤的部位处进行消毒并用纱布适度包扎。

若挤伤处流血不止，应及时消毒并进行包扎。此时，可将幼儿受伤手指高举过肩部以辅助止血。若指甲被掀开或脱落，应立即去医院诊治。

预防措施

幼儿出入的门应向外开，并在门缝处加塑料及橡皮垫，以免他们出入时被夹伤。

为幼儿摆放座椅时注意椅子之间的间距不要太近，同时教育幼儿不把小手放在椅子之间。

（五）刺伤

险象分析

幼儿接触的物品并不是十分平整光滑的，如带刺的花草、木棍、竹棍等。如幼儿玩劣质的木制玩具，不小心被玩具周边锐利的木刺扎入手指；或者去摘花草，被花草上的刺扎伤。

伤情诊断

刺伤是由锐器戳刺所致的皮肤损伤，特点是伤口小，非常容易被忽视，但却最容易受感染，因为尖物刺入身体的时候会带入细菌和污垢。

急救处理

若木刺扎入皮肤后有一部分露在皮肤外面，可先用镊子夹住外露的部分顺着刺入的反方向将刺拨出，接着将伤口用自来水或生理盐水清洗，洗净后再用消毒纱布将伤口轻轻擦干。

若刺物太短或已全部刺入幼儿的肌肉中，可采取挤压、挑拨法将刺清除，用消毒过的针或镊子顺着刺入的方向将刺物全部挑、拨出来，不应有残留，并挤出淤血。具体方法为：用消毒过的针轻轻挑开幼儿伤口的外皮，使刺尽量外露；然后用镊子夹住刺向外拔出；最后，用酒精（浓度为75%）、碘酒或双氧水为伤口消毒。

若被较长的刺物刺伤，应在清除刺物后及时为幼儿注射破伤风针。如果刺物不易取出，可用绑带固定局部（以免活动后造成更大伤害），再送往医院处理。如果刺扎在了指甲里难以拔除，也应送往医院处理。

预防措施

检查室内物品或木制玩具的边角是否打磨或者是否出现毛刺物品。

幼儿观察带刺的花草时，提醒他们要注意上面的刺，不用手去摸。

（六）扭伤、脱臼

险象分析

追逐打闹是幼儿的天性，在户外活动中由于他们比较兴奋，很难控制住自己的力度和速度。有时在游戏时用力过猛或跑得太快，他们的手腕、肘部、脚踝、腰颈等部位可能会发生扭伤。另外，幼儿的韧带比较松，用力拉拽胳膊等都可能造成脱臼。

伤情诊断

以上情况轻则会出现皮肤青紫、淤血、肿胀，重则会出现脱臼。幼儿脱臼后症状并不十分明显，没有特别的疼痛感觉，脱臼的胳膊虽然还能活动，但不能抬高，使不上劲儿，抓握时喜欢用另一只手代替，这需要仔细观察才能发现。

急救处理

轻微的扭伤可用冷水浸湿的毛巾或冰块敷于伤处，也可用红花油涂抹于扭伤处，然后再让幼儿平躺休息将其受伤的踝关节抬高。

若扭伤严重很快出现肿胀或淤血时，不能让幼儿走动，要立即将其送往医院治疗，并在前往医院的途中用冷敷的方法为幼儿减轻疼痛。

如果幼儿四肢某个部位严重扭伤，可用绷带、毛巾、布带等在扭伤的上、下部位进行固定包扎，注意要将包扎的绷带适当放松，随后立即将幼儿送往医院。

若幼儿某部位发生脱臼，应及时带其到医院进行复位。

（七）烧（烫）伤

险象分析

烧（烫）伤是幼儿园中最常发生的事故之一，它是高温（如热水、蒸汽、火等）、电以及化学物质作用于幼儿的皮肤而引起的。在幼儿烧（烫）伤事故中，最常见的是由开水、热汤、热粥引起的，天冷时家中的热水袋、暖手宝、电热毯等取暖物品以及摩托车、汽车的排气管等都是造成幼儿烫伤的原因。其次，还会发生明火烧伤、化学制剂烧伤等，如消毒液、洁厕灵等化学制剂因使用不当沾染到幼儿皮肤上会造成皮肤损伤。

伤情诊断

创面表皮红肿、疼痛或起水疱，有衣物粘连在创伤面。

急救处理

如果是小面积的轻度烫伤，皮肤只是红肿，没有起疱、破皮，应立即用冷水冲洗局部15～30分钟，或将烫伤部位浸入冷水中，以便降低温度舒缓疼痛。

如果皮肤表面起疱或皮肤已破，则不能用水冲。如果幼儿是穿着衣服鞋袜被烫伤，千万不能直接将衣物脱掉，有衣物粘连住皮肤的情况时更不能硬扯，要连同衣服一起在冷水龙头下冲洗、降温。之后剪去衣物没有粘连皮肤的部分，所有的动作要轻柔，此时一定要保持创面干净及水疱完整，紧急处理后，用干净纱布敷盖创面，送孩子到医院救治。

对于烫伤部位，可以迅速用大量干净的冷水冲洗，切记不要盲目使用一些土办法涂抹伤口，如用酱油、牙膏、肥皂水、香油等涂沫，这些做法轻则污染烫伤创面，重则会引起创伤面化学烧伤，进一步增加孩子的痛苦。

如果皮肤沾染了化学用品，要立即用清水反复冲洗。

预防措施

为幼儿分发饭菜时，教师要再一次检查饭菜、粥汤的温度是否适宜，注意不要盛得太满，不能从幼儿头上传递饭菜，避免造成烫伤。

班级内的暖瓶、饮水桶等热容器放置在离幼儿较远的安全地带（幼儿触碰不到的高处或柜子内），开水壶、饮水桶、汤盆等都要盖上盖子。给幼儿提供的饮用水温度要适宜，饮水机要妥善放置。

把电热水器的温度设定为"温水"，或者在50摄氏度左右；室内冬季取暖用的暖气片应加上罩，炉火周围应围上防护拦。

教师不能带幼儿到厨房操作间去送、取物品，饭菜烹制完毕后晾至适宜温度后才能发到班级内。

家中尽量不用桌布，以免孩子拉扯桌布造成热汤类容器倾洒。尽量让孩子远离厨房，最好把厨房的门锁上，防止孩子无意中闯入厨房，打翻热水瓶等危险物品。每次用完煤气后都要关紧开关，以免泄露引发爆炸。

把孩子放进浴缸之前，用手试试水温，最好用温度计测试一下，水温在37～38摄氏度最适宜，不要让孩子自己呆在浴缸里。

易燃、易爆物品不能给幼儿玩耍，喜庆佳节放鞭炮、焰火，让幼儿远离放炮地点，以免炸伤脸、手、眼等部位。

（八）骨折

险象分析

当幼儿跌倒或从高处跳下后，身体某部位着地时可能会造成骨裂、骨折等。幼儿在园发生骨折的部位通常是小腿或肘部。

伤情诊断

孩子摔倒后，身体某部位剧烈疼痛或局部有明显的压痛，且摔倒后不久患处肿胀、隆起。表现为伤处拒绝触碰，且运动受限。在关节脱位和严重骨折时，还会发生肢体变形。

急救处理

先要了解着地部位及当时事故详情，不要牵拉或强行把幼儿抱起，切记不要试图把变形或弯曲的肢体弄直，这样只能加重骨折。让幼儿试着自己起来，并注意观察受伤部位。当幼儿身体的某一部位疼痛不能触碰且无法用力时，可初步判断为骨折。为使骨折处得以固定，可在幼儿骨折部位用宽绷带和木板等把骨折处的关节暂时固定住。

若是肋骨处骨折，幼儿会感到呼吸困难或胸部疼痛难忍，要检查其血压以防休克。若是颈部受伤，要让幼儿仰卧，并用有一定厚度的软质物品垫在颈部两侧，以稳定颈部原有状态。

如果怀疑孩子的脊椎骨断了，切不可随意挪动幼儿，要先固定头部，将幼儿平抬放到担架上，迅速送到医院进行治疗。若遇颌骨骨折时，要立即清除幼儿口腔中的异物，防止异物堵塞喉咙，也可用纱布等做垫托放在幼儿受伤的下颌处并用软质物品托住伤处，既保证幼儿的下颌固定不动又可以使幼儿易于开口。

（九）牙外伤

险象分析

日常生活中，幼儿因跑动中相互碰撞、不慎摔跌等都有可能导致幼儿的牙齿撞到硬物，受到不同程度的伤害（牙体裂缝、牙根断裂等）。若处理不当，幼儿的牙齿非但不能继续发育生长，还会导致牙槽受感染。

伤情诊断

根据碰撞的剧烈情况，轻者可能会出现牙齿松动，牙龈出血；重则会出现牙体断裂，从牙根处断成两截。

急救处理

应让幼儿头部向前倾，在其身前放置一个卫生碗或盆等容器，然后用手清理幼儿口中的断齿和血块。用一块消毒纱布，卷成略大于牙槽且厚度稍高于受伤牙槽两旁牙齿的垫子。将垫子轻放在幼儿受伤的牙槽上，让幼儿紧咬15分钟左右，并告诉幼儿如果嘴里有血渗出，要在不放松垫子的同时将血液吐出来。尽快将幼儿送往医院治疗。

幼儿的牙组织还处于生长期，当牙齿摔断后，应在半小时内把孩子连同断牙送往医院救治，时间越短越能提高断牙的成活率。若条件允许，最好把断牙放到牛奶或生理盐水里，如果没有条件，就直接把断牙放回口腔里。

断牙掉在地上可能沾上脏东西，千万不要用自来水清洗，如果用水清洗，断牙上的牙周膜很可能就被洗掉了。

预防措施

平时加强体育活动，增强幼儿身体的协调性，使其在摔倒前能下意识地用手做支撑，防止脸部触地。

（十）高处跌落伤——头部受伤

险象分析

幼儿好奇心十分强烈，喜欢攀高爬低探索新奇的事物，但他们又缺少必要的自我保护常识，因此，从高处跳下或在大型玩具上推搡打闹引起从高处跌落的情形时有发生。据统计，跌落伤在儿童意外伤害事故中占居首位。

伤情诊断

从高处跌落的情形中，比较常见的是头部着地，也有四肢和臀部着地。头部着地会引起头部起包、渗血。

急救处理

如果孩子只是表皮擦伤，可以用凉开水或自来水清洗局部，用酒精消毒后再擦上碘酒即可。如果有铁器造成的伤口，可能会被破伤风杆菌感染而诱发破伤风，应及时带孩子到医院处理。

头部着地受伤如果出血时，立即用一块清洁的纱布轻轻按压伤口止血，并及时送往医院。如果摔伤后未见出血，只发现头上起包，不一定代表摔得不严重。如果跌下时是后脑勺着地，最需要引起重视，随后要对幼儿进行24小时的密切观察，如果出现以下症状应及时送往医院急救：（1）受伤后有恶心、呕吐的现象；（2）受伤后出现过意识丧失的现象，或正处于意识丧失的状态；（3）头部剧烈疼痛；（4）眼、耳、鼻周围有出血症状；（5）有抽风、麻痹、言语障碍等症状。

生活中教育幼儿，摔伤头部后务必及时告诉老师或家长。

预防措施

教育幼儿站在高处时或上下楼梯时不推搡别人。教师组织活动时要让每位幼儿都在自己的视线内，对于一些可能会导致不安全因素的行为要及时制止。

儿童双层床不宜过高。在午睡期间，教师不能离开幼儿，避免幼儿在睡梦中及上下床时跌落。

在组织幼儿开展从高处跳下的活动时，一定要有垫子做保护。

（十一）惊厥

险象分析

目前入园的幼儿中有高烧惊厥史的孩子比例上升，有的孩子发烧体温还没有达到高温时就可能发生惊厥。

伤情诊断

幼儿惊厥（俗称"抽风"）通常突然发作，表现为意识丧失，头向后仰，眼球上翻，口唇青紫，面部和四肢肌肉强直性抽搐，持续的时间长短不一，短的仅数秒，长的数分钟，患儿呼吸细弱且不规则。幼儿惊厥后，千万不可惊惶失措、大声呼叫或用力摇晃、拍打幼儿。

急救处理

首先让患儿头偏向一侧平卧，托起下颌，以保持呼吸道通畅，也便于及时排出呼吸道分泌物。不要搂紧患儿，应松开患儿衣领、裤带，保证血液循环、畅通。用大拇指按压患儿的人中穴（即唇沟的上三分之一处），以减轻抽搐程度和缩短抽搐时间，并随时清除口、鼻分泌物。迅速将毛巾或衣服拧成麻花状放在患儿上下牙齿之间，以免患儿咬伤舌头。但如果患儿牙关紧咬，无法塞入毛巾时，不可硬撬。如果患儿伴随高热，应同时采取物理降温措施。在急救处理的同时，应做好去医院的准备工作。

预防措施

开学前要先了解班上哪些幼儿有惊厥史，并在日常工作中注意观察。

对于有高烧惊厥史的幼儿，当有发热症状时，班内要做好交接班工作，在一天之中三位老师都应密切观察发热幼儿的精神状况。

（十二）误食药物、异物

险象分析

宝宝开始长牙后，由于咀嚼的需要，接触到任何事物都喜欢先放到嘴里尝一尝，玩具、药片、纽扣甚至钱币等，只要能拿到的东西都会成为他品尝的对象。另外，幼儿也会将一些颜色鲜艳、圆圆的物体看成好吃的食物而误食，如孩子看到桌上摆着花花绿绿的药瓶，认为里面装的是糖豆，伸手拿到并打开吃进去的意外事故常有发生。

伤情诊断

如果只是误食药物，在短时间内通常不会有特别的反应。误食其他物品时，根据所吞食物的特征不同，会有不同的反应，孩子的情绪、精神状态也会有异常，如没精神、恶心、呕吐等。

急救处理

发现孩子误食，应立即检查孩子的口腔并设法将异物取出，并询问孩子吃的是什么。如果孩子能够说话、哭叫、咳嗽并能配合大人的指令，应鼓励其用力咳嗽，尝试咳出异物；如果是较小的幼儿，家长可以用倒立背法，即将孩子倒置、头向下提起，拍打背胸部。一定要反复进行，直到排出异物或急救人员到达。

如果误服药物，首先要确定服用了什么药物，是否过量、是否有毒，如果弄不清楚，要将装药品的瓶子及小孩的呕吐物一同送往医院进行洗胃治疗。

食品包装袋内的干燥剂也容易被孩子误食。硅胶干燥剂无毒性，可通过粪便排出体外，一般不用做特殊处理，除非出现了头晕、呕吐等特殊反应。但氧化钙干燥剂遇水后会变成强碱，有腐蚀性，发现幼儿误食后应在家先喝水稀释，然后送医院做进一步处理。

如果误服腐蚀性液体，应立即喝牛奶、豆浆；误服强碱性药物，应立即服用食醋、柠檬汁、橘汁等；误服强酸，应服用肥皂水、生蛋清，以保护胃黏膜。如果误喝了碘酒应赶紧喝米汤、面糊等淀粉类流质食物，以阻止人体对碘的吸收；如果误喝驱蚊药水，应立即多喝浓茶。以上进行应急处理后，应及时送医院就诊。

预防措施

班内的药品袋上要标明幼儿姓名和服用方法，教师每天要做好详细的服药登记记录。药品要放在幼儿触摸不到的地方，以免被其当作糖丸误服。

日常用的灭虫、灭蚊、灭鼠等剧毒药品，要妥善处理，以免幼儿接触。

妥善保管洗涤消毒类物品，把它们放置在幼儿碰触不到的地方。

（十三）口腔异物——异物卡喉

险象分析

儿童意外窒息通常是由口腔吸入异物引起的，导致窒息的异物多种多样，最常见的是花生米、瓜子，另外还有滑溜溜的果冻、玩具零件、纽扣、笔帽、塑料插板甚至铁钉、图钉等小物品。异物卡喉通常发生在进食或口含异物嬉笑、打闹或啼哭时，由于食物或异物嵌顿于声门或落入气管，造成幼儿窒息或严重呼吸困难。

伤情诊断

表现为突然出现剧烈呛咳、不能发音、出现哮鸣，异物堵塞气管时产生憋气、呼吸急促、声音嘶哑、面色苍白或青紫，严重者可迅速出现意识丧失，甚至窒息。

急救处理

孩子吸入异物后如果还能够有力地说话或咳嗽，可先让孩子尝试咳嗽将异物排出，绝不可用手指挖取，也不可用大块食品咽压，而应想法诱其本人吐出，过分的干预和不当的操作可能会促使异物吸入呼吸道。

如果孩子咳嗽无力，呼吸越来越困难，嘴唇、指甲或皮肤发紫，甚至用拇指和食指卡住自己的脖子，这就说明气管被堵住了。在迅速与医院联系的同时，应立即对其进行现场急救。具体方法为：

拍背法：让孩子趴在救护者膝盖上，头朝下，托起胸，猛击背部四下，使孩子咳出异物。

倒提法：将孩子倒置、头向下或倒提孩子的双腿，使其头向下垂，拍击其背部，可通过异物重力和幼儿呛咳时胸腔内气体的冲力，迫使异物向外咳出。

迫挤胃部法：让孩子坐着或站着，成人站在其身后，手臂抱住孩子，一只手握成拳形，大拇指向内放在孩子肚脐与剑突之间，另外一只手掌压住拳头，有节奏地向上向内推压，以促使孩子的横膈抬起，压迫肺底，让肺内产生一股强大的气流，使卡在其中的异物在气流的冲击下排出。

预防措施

午睡时幼儿常将被子或枕巾蒙在头上睡觉，值班教师要勤巡回、细观察，及时发现异常。

培养幼儿良好的进餐习惯，提醒其不在进餐时嬉笑打闹，以防食物噎住或卡住气管，进餐中不把筷子含在嘴里说话、玩耍，以免戳伤喉咙。

不给幼儿玩体积小的玩具及物品，如珠子、扣子、玩具零件、棋子、别针、图钉、硬币等，以防误吞。

（十四）鱼刺卡喉

险象分析

孩子在进餐时，因饮食不慎，将鱼刺、骨头渣等卡在咽部或嵌入扁桃体而引起疼痛，吞咽时疼痛加剧。

伤情诊断

一般情况下，鱼刺最容易刺入扁桃体下端、舌根部等部位，喉部卡了异物，人的咽部会感到刺痛或有异物感，如果异物刺激喉黏膜，会引起剧烈的咳嗽。

急救处理

一旦被鱼刺卡了，喝醋、大口吞咽等方法对幼儿是不适用的，因为幼儿的很多器官还处于发育阶段，这些方法可能会适得其反。当有鱼刺卡在幼儿喉咙里时，首先要稳定他们的情绪，尽量不要让其大声哭泣。不再让幼儿进食其他东西，停止再吞咽食物，因为再吞咽食物可能会使鱼刺卡得更深。

可以让幼儿张大嘴，拿手电筒观察其喉部是否有鱼刺。如用汤匙或牙刷柄压住幼儿舌头的前面部分，在亮光下仔细察看舌根部、扁桃体、咽后壁等，如果发现鱼刺并有把握取出，可以试着用工具夹出来。

鱼刺较大或扎得较深，做吞咽动作时一直持续疼痛，应尽快去医院请医生取出。

预防措施

在为幼儿做鱼类食品时，应选择小刺或刺比较少的鱼类，且保证将鱼刺烹制酥烂后再出锅。

（十五）异物入眼

险象分析

眼内异物最常见的是小沙粒、小飞虫等。幼儿在户外游戏时，大风会将沙子吹入幼儿眼中，夏天小飞虫也会误入幼儿眼中。

伤情诊断

异物入眼后导致眼睛睁不开，流泪。如果没有及时采取措施，任凭幼儿揉搓眼睛是非常危险的，如可能会造成幼儿的眼角膜损伤，甚至失明。

急救处理

幼儿眼内进入沙尘类异物时，用两个手指捏住上眼皮，轻轻向前提起，往眼内吹气，刺激眼睛流泪冲出沙尘；也可翻开眼皮查找，用干净的纱布或棉签轻轻沾出沙粒。

如果眼内进入的是铁屑类或玻璃、瓷器类的危险颗粒，切忌揉搓或来回擦拭眼睛，尤其是黑眼球上有嵌入物时，应让孩子闭上眼睛，然后用干净的小酒杯扣在有异物的眼睛上，再盖上纱布，用绷带固定迅速带孩子去医院就诊，并让孩子尽量不要转动眼球。

预防措施

教育幼儿不用脏手揉眼睛，不玩尖锐的物品，游戏时不抛撒沙子，以防异物入眼。

教育幼儿不玩弄铁丝、小刀、毛衣针、树枝等物品，以防刺伤或划伤眼睛。日常用的消毒液及杀虫剂要妥善保管，防止液体溅入幼儿眼中。

及时修剪园内绿化带内低矮的树枝，以防幼儿跑动中刮伤眼睛。

（十六）异物入耳

险象分析

多发生在午睡或自由活动时，幼儿出于好奇，将随手玩弄的小物体塞入耳朵内。有时也会有小昆虫爬入幼儿的耳朵内。

伤情诊断

如果异物在耳中的部位较深，可能会有疼痛感。幼儿耳朵塞进异物后，用手在耳朵中乱掏，这种做法容易损伤外耳道皮肤，也可能将异物推入深处，损伤鼓膜，甚至将异物推入中耳，造成严重后果。

急救处理

如果是小石块、纽扣、豆类等小的异物，可让幼儿头歪向塞进异物的耳侧，单脚跳，使其自行脱出。对于不能及时取出的小异物或小的固体物，不可自作主张用镊子夹取，否则容易损伤外耳道及鼓膜，应迅速去医院处理。

如果是小昆虫类异物，可带幼儿到暗处，用手电筒或小型照明设备的光线诱使其爬出；或用食用油，滴3～5滴入耳，过2～3分钟后，把头歪向耳朵进异物的一侧，小虫一般会随油淌出来；也可用生姜汁或食醋滴入耳内，过几分钟昆虫自己会爬出。

如果幼儿在洗头、洗澡时，将水溅入外耳道后引起耳鸣，可用双手紧捂两侧耳廓，然后迅速松开，借助气流的冲击作用将水弹出，也可用柔软的卫生纸捻成长条，轻轻塞入外耳道吸收水分。

预防措施

教育幼儿不把玩具等物品放入耳中。午睡时检查幼儿有无将小的玩具等物品带上床玩耍。幼儿园、家长要及时灭虫，保持室内清洁，没有小虫进入。

（十七）异物入鼻

险象分析

孩子玩耍时，出于强烈的好奇心，将手边的纽扣、黄豆、果核等异物塞入一侧或双侧鼻孔中。这不仅影响呼吸，还会引起鼻腔异症，异物继续下行甚至会进入气管。

伤情诊断

异物进入鼻腔后，鼻子会有肿胀、疼痛的感觉。

应急处理

对于进入鼻孔较浅的异物，可争取幼儿的配合，让其深吸一口气，教师紧按无异物的一侧鼻孔，让幼儿用力擤鼻，有时异物可以自然排出。如果这种方法无效，切不可用镊子等器具夹取圆形异物，因为稍有不慎，不仅不能取出异物，反将其推向鼻腔深处，甚至落入气管，危及生命。

异物取出后，如有鼻黏膜损伤，可以根据具体情况给幼儿涂点消炎药膏或让其口服消炎药。

经简单处理异物仍不能排出的，应立即前往医院，请医生用专用的器械取出。

预防措施

教育幼儿不将物品塞进鼻子，鼻子内有异物要及时告诉老师、家长。

（十八）流鼻血

险象分析

幼儿鼻出血极为常见，通常是由鼻挫伤、挖鼻孔、用力抠鼻等原因引起的，另外鼻内有异物及幼儿感冒发烧等也可引起鼻出血。生活中幼儿鼻出血主要是由于奔跑中相撞或抠挖鼻孔引起的。

伤情诊断

鼻腔黏膜出血，没有痛感。发生鼻出血时，幼儿紧张、大哭、用力揉擦鼻子等都会加重出血。

急救处理

首先安慰幼儿不要紧张，因多数幼儿见血会产生恐惧感。然后让幼儿坐正并保持身体略向前倾，不要低头或仰头，用拇指、食指用力捏紧鼻子，并向面部方向用力压，持续数分钟后轻轻松开，以防再次出血，让孩子保持静止至少30分钟并让其张口呼吸。鼻出血后数小时或数日内，因鼻黏膜尚未完全愈合，要避免剧烈运动和抠挖鼻孔。

也可用冷水浸泡过的毛巾放在幼儿前额部，使其双脚浸入温水中。当出血较多时，可用脱脂棉卷、纱布卷塞鼻孔，填紧止血。若经以上处理，幼儿仍血流不止，应立即去医院做进一步检查。

幼儿发生鼻出血后，传统的做法是让幼儿仰头或拍击额头，其实这样做是很危险的。头后仰会使鼻血通过咽喉、食道直接流入胃里，而拍击额部会使幼儿脆弱的血管受到震荡，引起血管进一步破裂。

预防措施

活动中避免幼儿碰撞以免引发鼻外伤；天气干燥时让幼儿多喝水，多吃蔬菜；教育幼儿不随意抠挖鼻孔。

（十九）触电

险象分析

幼儿园、家庭常用电器出现故障或受潮放电导致幼儿触电。

幼儿玩弄电源插座和插头导致触电。

伤情诊断

触电后会引起皮肤干燥、灼伤、头晕、心跳加速、面色苍白等症状，严重的会造成抽搐、昏迷、窒息、甚至死亡。

急救处理

发现幼儿触电时，要迅速切断电源，或用不导电的物品（如木棒）将人体与电源线分开，因为电流通过人体时间越长损伤越严重。切记不可用手去接触触电者，当幼儿脱离电源之后，尽快将他转移到通风较好的地方，然后迅速拨打急救电话。

预防措施

为防止幼儿触电，所有的电源插座都应该安装在幼儿触摸不到的地方（室内电器插座应安装在1.6米以上），插座上安装保护盒，教育幼儿不要把铅笔、小棍、橡皮等物放入插座孔内玩耍。

经常检查电器是否漏电、电线是否老化，以防幼儿接触造成触电。

（二十）塑料袋套头

惊险画面

3岁的杨洋独自玩耍，他随手拿起妈妈买食品用的塑料袋套在了头上。半小时后，妈妈从厨房出来，发现杨洋脸色乌青，已经停止了呼吸。

事故诊断

这个案例看似偶然，但教训是深刻的。塑料袋不透气，一旦套在头上没有别人帮忙，幼儿就会窒息死亡。因孩子在情急的情况下，不会从头上取下塑料袋，若是将袋口拉紧则更加危险。

急救处理

发现险情时，检查幼儿是否还有呼吸，如果还有微弱的呼吸，立即让幼儿平躺着调整呼吸；如果幼儿已经停止了呼吸，立即对幼儿进行人工呼吸，并迅速拨打急救电话或将其送往医院急救。

预防措施

幼儿园和家里平时用完的塑料袋应放在安全的地方，教育幼儿不要将袋子、绳子套在头上玩耍。

二、家庭中常见意外事故的处理

许多家长往往只注意到孩子的营养、卫生、学习、疾病和品德等，而对意外伤害预防重视不够，除以上幼儿在园内常见的意外事故外，在家庭中还会因成人照看上的疏忽发生一些其他的意外事故。

（一）高楼坠落

险象分析

媒体经常会报道这样一些新闻：家长在孩子睡觉时外出买菜，将孩子一人留在家中，孩子醒后爬上窗台坠楼致死。这样惨痛的意外伤害事故在生活中时有发生。

伤情诊断

孩子从高处坠落多数会出现流血、骨折现象，严重者会有生命危险。

应急处理

幼儿从高处跌落后，不可移动幼儿，应立即联系急救中心将其送到医院，同时在出血部位用干净的纱布加压止血。幼儿有骨折情况需用胶布、坚硬的物体等将受伤部位和未受伤部位固定在一起。

预防措施

家长不要把孩子单独留在家中，窗口附近不要放置床、桌椅、沙发等，以防幼儿攀爬到窗台上，发生高空坠落的危险。所有窗户插销应安装在中部。

窗户、阳台、楼梯口应安装护栏，护栏应采用直栏，高度不低于1.1米，栅间距不大于11厘米，中间不设横向栏杆。

（二）宠物咬伤

险象分析

现在饲养宠物的家庭越来越多，孩子与其玩耍时容易被抓伤或咬伤。6

岁以下的孩子身形小，一旦被猫狗咬伤、抓伤，多为脸部和颈部受伤。

伤情诊断

被咬的伤口部位出血并伴有疼痛感，伤口边缘处有牙印。

急救处理

孩子被猫狗抓伤、咬伤后，立即用凉开水或肥皂水彻底清洗伤口，切忌不对伤口做任何处理就涂上红药水、包上纱布。狗咬伤的伤口往往是外口小里面深，因此冲洗时应尽可能把伤口扩大，用力挤压周围软组织，设法把粘在伤口上的动物唾液和伤口上的血液冲洗干净，但绝不可以用嘴吸出（以免病原祸及成人）。反复冲洗后用碘酒消毒。

紧急处理完后，无论伤口看上去有多小，都应立即带孩子去医院诊治，医生会根据情况决定是否需要注射狂犬疫苗等。在疫苗注射期间，不要让孩子吃有刺激性的食物，比如辣椒、油炸食品、大蒜等，同时还应避免剧烈的运动、避免受凉。

预防措施

教育孩子在路上看到没有主人牵引的小狗时，不要猛跑；看到小动物正在进食或睡觉时，不要去触摸它们。

（三）咬破水银温度计

惊险画面

孩子发烧了，妈妈把温度计放在孩子口中测量体温。不料，温度计竟然被孩子咬破了，妈妈立即让孩子吐出口中的玻璃碎片和水银珠，并将孩子送到医院诊治。

事故诊断

体温计折断，水银流到口腔内被吞下，会引发肝肾等汞中毒；如果皮肤被断裂的水银温度计碎片划破，可能会引起皮肤感染；如果水银进入人的血液里，将会危及生命。

急救处理

首先让孩子将碎玻璃吐出，并用清水漱口，如孩子误吞水银，应立刻将孩子送往医院诊治，同时大量服用牛奶尽快把水银排掉。另外，体温计含汞量不大，在家打破水银体温计后，及时处理干净，并且保持室内通风，一般不会引起汞中毒。

预防措施

用温度计为幼儿测试体温时，尽量放在腋下，不放在口中。

（四）缠绕伤

险象分析

婴幼儿可能因窗帘绳、百叶窗的拉绳缠绕在颈部导致窒息。孩子对绳子类的物品很好奇，会拿着在自己身上缠来缠去，线头、绳索一旦勒住孩子的手脚可能会造成局部缺血坏死，如果套在脖子上则更危险。如家长为防止婴儿抓脸或吃手，用柔软的纱布缝制了手套，但线丝却缠绕在手指上，手指活动使缠绕的线丝越勒越紧，导致被缠绕的手指缺血坏死。

伤情诊断

轻者被缠绕的手指远端红肿；重者被缠绕的手指远端指节发黑、坏死，形成人为的截指。

急救处理

发现孩子被绳子缠绕后，应迅速解开绳子，并在第一时间带孩子到医院诊治。

预防措施

注意将绳子放在儿童接触不到的地方或将绳子捆扎起来。

家长要检查给孩子买的内衣裤是否有脱落的线头，有时，男婴的生殖器也会被内衣裤里的线头勒破，引发感染；棉被或毯子如果有脱落的线头，必须剪掉，以防宝宝的手脚被缠住。

三、交通中常见意外事故的处理

（一）幼儿园乘车意外事故

1. 在幼儿园门口发生轧伤、撞伤

险象分析

幼儿园门口就是马路，幼儿跑过马路时撞上了行驶的车辆；家长接完孩子，开车倒车时撞到了在一旁玩耍的幼儿。

伤情诊断

在幼儿园门口发生的意外伤害一般比较轻微，主要有擦伤、磕伤以及轻微撞伤等几种。

急救处理

应及时将受伤的幼儿送到幼儿园医务室，对其进行消炎、消肿处理。如果幼儿伤势比较严重，应送往医院治疗。

预防措施

一般情况下，幼儿园的地理位置、园门的大小、停车场面积等都是造成这类伤害的主要因素。

如果幼儿园门外就是马路，早晚接送幼儿时，家长要与老师进行"手递手"交接，避免孩子在马路上来回跑动发生交通事故。

园门外的马路边要竖立限速标识和警示标牌，提醒过往车辆减速慢行，躲避儿童。

园门口的保安要及时疏导门口车辆，引导其停放在指定的地点。

教育孩子不在马路上、停车场中玩耍，不让10岁以下的儿童单独过马路。

启动车辆或倒车时，若有孩子在车子附近，一定要观察他的动态，并下车让他躲避，或者有大人在其旁边监管后再启动车子。

2. 校车接送孩子途中发生的事故

险象分析

因司机违章、校车超载、车辆故障等原因造成交通事故，致使孩子受伤；幼儿在车内打闹、跑动，因急刹车发生撞伤。

伤情诊断

幼儿园在接送孩子途中，发生的意外伤害事故主要有摔伤、撞伤、磕伤、甚至死亡。

急救处理

稳定幼儿情绪，对受伤幼儿进行安慰，如果伤势严重要迅速拨打120急救电话。

如果汽车发生侧翻，应立即呼救，找到逃生锤击碎车窗，及时将幼儿从座位上救出。迅速带领幼儿离开事故现场，以免汽车发生爆炸。

如果发生骨折，先为幼儿止血并固定受伤的肢体，等待专业救护人员急救。

如果幼儿昏迷、休克或停止呼吸，在专业救护人员到来之前，应对幼儿实施人工呼吸进行急救。

预防措施

司机必须做到安全驾车，不超速、超载，跟车教师应了解一些基本的行车安全以及安全护理知识。

对校车的使用、管理及对驾驶员的聘用应符合国家对校车管理的相关规定，严格遵守《校车安全管理条例》，并建立园内校车使用安全管理制度。

校车内应当配备逃生锤、干粉灭火器、急救箱等安全设备，安全设备应当放置在便于取用的位置，并确保性能良好、有效适用。

3. 不该发生的遗忘

惊险画面

某幼儿园校车将幼儿接园门口后，本应该由跟车教师将孩子一个一个抱下，但跟车教师脚疼，让另外一位带班教师到校车内抱孩子下车。幼儿下车后，教师将车门关上，谁都没有发现小明还在车里，等到中午发现的时候，孩子已经没有了呼吸。

险象分析

近年来，幼儿园校车事故频频发生，主要原因是民办幼儿机构为了吸收生源，节约成本，将不符合标准的车辆用于接送幼儿上下学。再者校车管理措施不到位，临时改变行车路线，上下车未清点人数，超载、超速等问题也是导致校车发生交通事故的原因。

预防措施

接送幼儿的校车上一定要安排跟车教师，在接幼儿上车时要观察幼儿的情绪和状态，了解幼儿的身体情况，和家长进行沟通交接，并清点人数。

路途中，教师要密切关注幼儿的情绪反应，发现问题及时处理。下车时清点人数，并和带班教师做好交接工作。

司机离开校车前要对车内再仔细检查一遍，并对车辆进行检查清扫，做好消毒工作。

（二）家庭乘车意外事故

随着我国经济水平的发展，家庭轿车普及率大大提高，在带来出行方便的同时，由此发生的幼儿交通伤害事故也直线上升。引发事故的原因主要有以下几方面：

1. 单独坐前座

惊险画面

让幼儿单独坐在坐位上，或家长抱着幼儿坐在副驾驶座位上，为幼儿系成人的安全带。

险象分析

普通的一次急刹车或并不严重的碰撞事故，抱在怀中的孩子都会成为成人的"安全气囊"。因此一旦出现追尾、碰撞等状况，幼儿将是最直接的受害者。

当遇到急刹车时，幼儿颈部极易受到过大惯性的冲力而造成伤害。与成人相比，幼儿的头部比重大，致使颈部受力更大；婴幼儿的骨骼十分脆弱，其颈部更容易受到致命性伤害。当车子时速在50千米以上时急刹车，坐在前排的孩子碰撞仪表板的强度相当于从三楼坠下的冲击。孩子独自坐在前排，不系安全带，一个急刹车，孩子的下巴碰撞到仪表板就可能造成下颌骨骨折、关节损伤等。因为幼儿的身高问题，成人安全带只能系到孩子的颈部腹部，系在颈部时，若意外发生时冲击力过大，很容易折断孩子的脖子。

预防措施

13岁以下的儿童乘车要用安全座椅，正确的做法是在小汽车的后排座位上为儿童配备专用的汽车座椅。2岁以下的幼儿要使用脸向后的儿童安全座椅，并系好特制的安全带。

儿童不要坐在副驾驶位置上，最安全的位置是后排的中间位置，家长应根据儿童的身高经常更换、配备适合的安全带。

不要给孩子绑成人安全带，孩子使用成人安全带若绑得太紧，车祸时可能会造成致命的腰部挤伤、脖子扭伤、脸颊压伤，绑得太松，发生车辆碰撞时可能会从安全带和座椅之间的空档飞出去。

2. 独自在后座玩耍

惊险画面

在行车的过程中，家长有时候放任幼儿独自在后座玩耍，幼儿可能会去触碰汽车的车窗，并将头、手伸出窗外。

险象分析

孩子的自制力和控制力较差，当车窗开启时会不自觉地将肢体伸出车外，这样易被路边的树木、栅栏刮碰，更为危险的是可能会被急驰而来的后方超车刮碰到。

如果车窗开得过大，孩子一旦趴在车窗上，重心不稳会跌出车外。

预防措施

上车后要马上锁好车门及车窗的中控锁。如果要开启车窗时，也不要

开得太低，以免幼儿重心不稳而跌出窗外。

孩子坐后排要有人看护，避免其将肢体伸出窗外。

3. 车内进食

惊险画面

在车内，家长给孩子准备了许多食物，如小饼干、糖果、果冻等，孩子边玩边吃，行经不平路段时车子颠簸，食物哽住幼儿的食道。

预防措施

驾车行驶中，尽量减少孩子在车内的进食次数，随着车的减速、加速或急刹车，孩子口中的食品碎屑很容易被误吸入气管，造成呼吸道阻塞，甚至窒息。如果需要进食，家长也不要给幼儿提供颗粒状的食物，避免食物哽住幼儿的食道。

4. 开关车门、窗

惊险画面

上车时，幼儿将手放在车门处，家长关车门时没注意，致使幼儿的手指被车门挤压；幼儿自己开车门下车，被疾驶而来的车辆撞到。

险象分析

车门开启时，如果推不到位，微微回弹的力很容易夹伤孩子的手指。电动车窗方便易操作，但更容易导致玻璃窗夹伤手指甚至头颈部。尤其在急速行驶过程中，如果孩子误开了车门，会将其抛出车外。

预防措施

幼儿上、下车时，要由父母在车外为其开、关车门，以免幼儿在下车时无暇顾及周围，被疾驶而来的车辆撞到。

有儿童乘车时，上车后要马上锁好车门及车窗的中控锁，不要让孩子来开门窗。如果孩子需要打开门窗时，尽量由家长代劳。

5. 滞留车内

惊险画面

家长离开车去办事，将幼儿单独留在车子上。

险象分析

车子熄火后，车内的空气流动性减弱，经过日晒，车内的温度大幅度上升，幼儿长久在车内会造成缺氧，甚至窒息而死。

预防措施

家长绝对不能将幼儿单独留在车内。

6. 车子未熄火，孩子帮挂挡

惊险画面

爸爸看到路边有卖豆浆的，便把车子停在摊位旁下车购买。由于车子就在身旁，家长也没有熄火，甚至忘了拉手刹。没想到，留在车内的孩子一时好奇，用手推了一把挡位挂到了一挡位置，结果车子突然前冲，撞翻了数辆停放在路边的电动车。虽然孩子受到惊吓，但所幸没有造成更大的伤害。

险象分析

生活中，家长经常因为车子就在身边，不熄火就下车，而且把孩子留在车内，孩子在车内因为好奇而乱动各种仪器，导致车子启动。若是在夏季高温季节，车内还开着空调，容易导致一氧化碳中毒。

预防措施

只要成人离开车内，就要将车子熄火，然后拉下手刹，拔下钥匙，并将孩子抱下车。

7. 物品摆设

惊险画面

在后座的上方，放置坚硬、危险的物品，遇到急刹车，这些物品掉下来砸伤幼儿；幼儿在汽车行驶过程中手持刀枪玩具在车内玩耍。

险象分析

一旦汽车变速或紧急刹车，坚硬、锐利的物体极有可能戳伤、砸伤孩子。

应急对策

注意车子后座的物品摆设，在后座的上方，尽量不要摆放物品，或摆放一些小、软的物品。

车内装饰，绝对不能有尖锐的和硬的东西，避免儿童受到伤害。

一些可能在行车过程中对幼儿造成伤害的玩具等物品，应收放在后备箱内，下车后再拿给幼儿玩。

亲子安全出行小贴士

1. 外出走路时要走人行道，如果人行道又是非机动车道时，成人应走在孩子的外侧。

2. 过马路时，成人要牵好幼儿的手，告诉幼儿遵守交通规则，走"斑马线"，红灯停绿灯行。

3. 在人多拥挤的地方，成人应时刻关注自己的孩子。此外，可在幼儿口袋中放一张纸条，写明幼儿和家长姓名、家庭住址、电话等。

4. 提醒孩子在车上不吃带棒的食物（如棒棒糖、冰棍），以防急刹车时棍、棒刺伤喉部。

5. 乘坐公交车时，家长让幼儿先上或抱幼儿一起上车，以防司机因看不清幼儿是否上车而关门开车，造成幼儿身体损伤。

第五节 | 幼儿园发生意外事故后的工作流程

安全工作历来是幼儿园各项工作的重中之重，孩子的平安健康牵动着千千万万家长的心。幼儿在园内生活、学习和游戏的过程中，由于其年龄特点和认知特点，对任何事物都充满好奇，但又由于他们身体协调性差，缺乏相关的生活经验及自我保护意识，而常常不能预见自己的行为会带来什么样的后果，不可避免地会发生一些意外伤害事故。虽然《学生伤害事故处理办法》中明确指出，"学生在校内发生伤害事故时学校行为并无不当的，不承担事故责任，其责任要根据过错责任原则来确定"。可现实中不管责任在谁，特别是一些调解案例中，只要家长追究责任，总因为是"公"对"私"，"集体"对"个人"，幼儿园出的事故，闹大了对幼儿园声誉有影响等因素，最后由幼儿园出钱来"息事宁人"。当意外事故发生后，如果处理不当，不但会延误幼儿的治疗时间给孩子造成痛苦，还会造成家园之间的矛盾纠纷，使幼儿园的管理工作陷入被动。因此，意外事故发生后的每一个工作流程都可能会影响到事故的处理结果。

一、案例分享

（一）事发经过

入园环节，小班的李老师在带孩子回班途中，漂亮的小姑娘欣怡在上台阶时不慎摔倒，嘴角内层被牙硌破了一个口子，血顺着嘴角流了下来。李老师连忙给刚刚离开幼儿园的欣怡家长打电话，家长很快返回幼儿园，在李老师的陪同下带孩子去医院诊疗，在医院孩子的嘴角内侧缝合了三针。

两天后家长气愤地来到园长办公室，言辞激烈地指责幼儿园对孩子受伤一事毫不关注，并说孩子从小到大从来没有受过伤，但是刚上幼儿园半年就受伤了，而且伤在面部，这两天孩子因受伤缝针导致嘴肿，没有办法很好地进食，看着孩子受罪家里人都很心痛，但幼儿园却没有人去探望孩子，实在太令人气愤了。家长同时提出，就诊时医生说孩子成年后面部的肌肉有可能会发生萎缩，造成两侧脸颊不对称。家长以此为根据要求幼儿园给予赔偿，并要幼儿园写出书面承诺，为欣怡今后可能发生的整容承担费用。

见家长情绪激动，园长首先平复家长的怒气。在与家长耐心沟通的过程中，告诉家长孩子受伤了，从老师到园里都很关心，对于他提出的问题和要求，园里进一步咨询、了解情况后，会在最快的时间内给予答复。

送走家长后通过了解我们得知，事发当天两名保健医生因晨间在园门口对入园孩子进行手足口筛查，而没有按照惯例派一名保健医生随欣怡去医院就诊。李老师说因工作较忙，事发当天傍晚欣怡的家长来园取孩子的小书包时，将事先准备晚上去探望孩子时带的食品、营养品等直接让家长带回家中，没有按照以往的要求和班内的其他老师一起去孩子家中探望，每天仅仅通过电话询问了解孩子的情况。

（二）案例分析

对于孩子受伤这件事，家长本来就很心疼，每天看着孩子受伤后的种种不适，医生那句"今后可能留下……"更给家长愤怒、焦虑的心情火上浇油。由于保健医生当天没有陪同孩子去医院，也就无法了解治疗过程中的相关诊治情况，而没有做相关的后续工作，如告诉家长护理孩子应注意的事项，陪同孩子换药等事宜；而班级教师也没有按照要求带着慰问品去家中探望孩子，宽慰家长焦虑的心情，只是简单地认为将慰问品送给家长，这项工作就完成了。以上两点使家长觉得没有得到幼儿园应有的关注，为后面的处理埋下了隐患。

（三）后续处理

在接待家长来园的当天，我们马上安排保健医生和老师到孩子家中探望。一周后家长再一次来园要求事故处理结果时，我们给家长平心静气地进行分析：几天过去，孩子嘴角的肿胀已在慢慢地消褪，这说明伤口在吸收、愈合，孩子在进行良性恢复。对于医生所说的可能，现在并没有成为现实，让幼儿园支付目前未发生的费用也不现实；如果要求事故赔偿，也必须要有三甲医院书面诊断结果，而不能只凭一个医生的口头说明。我们建议，在随后的日子里，家长和老师共同观察孩子伤口的恢复。

后来孩子嘴角的浮肿已经消下去了，孩子恢复得很好，医生说的可能性微乎其微，再加上老师和保健医生又到孩子家中进行了探望，家长心中的怒气渐渐平息了。

针对这件意外事故的处理过程，幼儿园和保健医生、教师一起分析了发生意外事故后工作中的疏漏，制定了幼儿园发生意外事故后的工作流程，进一步完善、规范了发生事故后的各工作环节。

二、意外事故处置的班级管理要务

（一）幼儿发生轻微的意外伤害事故时（指园内即可处理的小擦伤、磕碰伤等）

意外事故发生后，不论伤者伤情轻重，都应立即通知保健医生，避免因随意搬动或处置不当而延误、加重伤情。根据幼儿伤情来决定是否需要第一时间通知家长，并送往医院。经保健医生诊断后，只需在园内就可处置的，治疗方法要得当。

1. 班内幼儿发生小的磕碰时

如遇幼儿面部、身体四肢等处的擦伤、抓伤、咬伤、头部肿包等情况时，教师首先要安抚幼儿，并及时带幼儿到园保健室进行诊治，同时与班上的另一位教师就幼儿的磕碰情况及经过做好交接工作，以便随后在离园前进行跟踪观察处理。晚上离园时由幼儿发生磕碰时的当事教师主动向家长当面详细讲述事情的经过，并诚恳地向家长表示歉意，将在园内采取的相关处理措施告知家长，请家长予以谅解。

2. 幼儿离园后家长回园质询老师

教师在幼儿离园时未向家长说明孩子受伤，一般有以下两种情况：

一是教师因为工作疏忽，在幼儿离园时未和家长主动沟通，造成家长发现孩子受伤后来找老师质询的被动局面。这时教师不能直接解释为："我工作忙，一时忘了……"

二是教师对幼儿在园的伤情并不知晓，当幼儿离园后家长发现伤情再回来找老师。这时，老师切忌一开始就推脱责任，向家长解释"不知道，没看见""我下午上班时没有发现，是不是上午啊"之类的话。因为此时家长既有对孩子受伤的心痛，又有对教师工作不细心的不满，他们会对教师在工作中没有发现孩子受伤这个说辞很愤懑。

因此在接待家长时切忌一开始就忙于解释，强调理由。因为这样的信息会让家长认为教师在强调客观原因，推卸责任，根本不想解决问题，从而增加家长对教师的反感和愤怒。教师要一开始就应承认自己工作中的疏忽，让家长感受到教师的真诚以及敢于负责的态度，同时第一时间带孩子去处理伤情，让家长感受到教师对孩子受伤后的痛惜之情，这样经过教师的安抚，家长的心情也就逐渐地平复下来。

（二）幼儿发生较为严重的意外伤害事故时（指需要到医院诊治的伤害）

1. 初步诊断、紧急处理

初步判断事故类型，在园内进行"预处理"。当幼儿发生意外伤害事故后，如果幼儿可以行动，应在第一时间将孩子带到幼儿园医务室（或通知保健医生迅速到事发地），由保健医生初步诊治、对伤口采取必要的防护措施后，当班教师和保健医生一起以最快的速度将受伤幼儿送往医院救治，同时安排好班内其他教师继续组织孩子活动，保证安全。

温馨提示：

（1）在不影响对幼儿进行救治的前提下，最好有其他人员拍摄事发现场，做好记录。

（2）送医原则：应将伤者送往"三甲"医院（或市属医院）就诊，或根据幼儿受伤的不同部位等选择相关的专科医院，以使幼儿得到最好的治疗。如遇牙齿断裂、口腔受伤等应送往口腔专科医院，烧伤、烫伤等应送往专治烧烫伤的专科医院。

如遇需要紧急处理的伤情，为争取抢救时间，可先到最近的医院就近进行初诊，在进行紧急处理后再行转院。同时电话联系家长，征求家长意见，最终由家长确定就诊程序，指定医院。

（3）当伤口需要缝针时，为使伤口愈合后减少疤痕，应尽量使用美容针进行缝合。

2. 遵循事实、及时报告

（1）园方：事故发生后，在保健医生到场处理事故后，第一时间将突发伤害事故发生的经过及伤者伤情向园长进行简要报告。在事故发生的当日或次日，事故责任人将事情经过以书面形式送交园长室。

（2）家长：当班教师在带孩子去医院就诊的同时通过电话联系家长，简单告诉家长事情的经过，并跟家长商议确定送诊地点，如果家长方便可随后在就诊医院汇合。

温馨提示：

（1）当事人不得隐瞒不报或拖延时间上报。在报告事情经过的过程中，不能为了减轻责任，避重就轻，混淆事实。

（2）与家长电话联系时，不要把紧张的情绪传染给家长，应注意用委婉的语言安抚家长，如"请您不要着急，孩子没有什么危险"等，以免引起家长的担心，并说清孩子准备就诊的医院，让家长赶往医院共同参与孩子的诊治过程。

（3）教师在事故后见到家长时，应安抚家长焦虑不安的情绪。在向家长详细地说明事故发生的过程和原因时，应本着实事求是的态度，如实、诚恳地讲述，教师的态度越诚恳，就越易赢得家长的理解。

如果遇到家长不冷静、有过激行为或确实难以沟通时，应多换位思考，体谅家长的心理感受，适时调整与家长的沟通策略。在沟通过程中，不要为了安抚家长过激的情绪而随意包揽不应承担的责任，如"对不起，都是因为我们没有照顾好"等。

3. 送医就诊、全程陪同

（1）受伤幼儿在医院诊治过程中，当事教师、保健医生或其他教职工应陪同全部诊疗过程，并可以主动支付其中的相关费用，保留相应的原始票据、病历等。

（2）在医生接诊时，当事教师应主动将事发当时的情况向医生进行介绍，保健医生可以主动向医生咨询一些外伤病愈过程中的护理知识，遵医嘱并征得家长的同意后为幼儿做一些相关的检查。

（3）在治疗中教师要主动安抚幼儿的情绪，使其配合医生的治疗。

（4）如果家长未及时赶到，幼儿园应如实将治疗过程、检查结果及时反馈给家长，病历等诊疗过程的原始单据暂由幼儿园留存。

温馨提示：

（1）个别家长因对孩子伤情过于紧张，提出做一些与伤害不直接相关的检查项目，保健医生一定要在与医生反复确认后，请家长斟酌后再做决定，以免因做一些过度检查而对幼儿身体造成额外的伤害。

（2）在就诊过程中，家长通常会咨询医生幼儿伤愈后可能出现的后遗症，医生则通常会将最严重的后果告知家长，这无疑会加剧家长的焦虑。此时，教师应特别关注家长的情绪，在幼儿随后的康复过程中，通过与家长沟通进行安抚。

4. 事故回访、安抚家长

（1）教师要在当天到受伤幼儿家里进行探望，对孩子及家长进行精神上的安抚。晚上下班后，当事教师应与班内的其他教师一起购买一些礼品到家中探望幼儿，以表示对幼儿的关心与重视。在问候的过程中，通过与家长的进一步交流沟通，增进家园间的理解和信任。

（2）告知家长在家中护理幼儿的相关注意事项，并告诉家长如果要换药、拆线或做进一步的检查时，应通知幼儿园，由教师与保健医生陪同一起去医院就诊。

（3）幼儿在家养伤期间，班内教师与保健医生应坚持定期给家长打电话，询问伤情的恢复状况。告诉家长如果家中无人照顾孩子，可将孩子放在幼儿园隔离室由保健医生负责护理。

温馨提示

如果教师在孩子的活动组织中并无任何过失，并按要求做好了相关的善后工作，但家长在随后的交涉中仍不依不饶，有不合理要求和过激言行时，教师应不卑不亢、有礼有节。

5. 信息留存、以备后用

（1）当儿童伤害事故较严重时，当事教师应做好事故日记，保存完整的信息资料，内容包括伤害事故发生后幼儿园、受伤害幼儿家庭及医院三方的交流情况。

（2）当事教师当天记录对孩子的紧急处理过程、送医过程、家访慰问等情况，以及受伤害儿童家庭对事件的反应、言行等。

（3）就诊当天回园后，保健医生要填写"儿童意外事故处理记录表"，由当班教师、班长和保健人员共同签字后交给园长审阅并存档。

（4）留存就诊资料，如病历、诊断书、化验单等相关资料原件（或复印件），此外还要留存就诊医生的姓名等。

（5）留存原始单据，如交通费、营养费的发票，由幼儿园垫付的医药费的发票等。

6. 抓住契机，安全教育

班内发生意外事故后，教师一定要抓住教育契机，组织幼儿讨论，对幼儿进行安全自护教育，以避免同类意外事故的发生，身边的案例会给幼儿留下深刻的印象，有助于提高幼儿的安全意识。

三、意外事故处置的园级管理要务

（一）熟悉相关的法律政策

作为园所的管理者，应熟悉涉及校园安全相关的法律法规，并有意识地了解发生在幼儿园内的相关安全事故案例的处理结果。

（二）为幼儿购买意外伤害保险

实际生活中，幼儿园内大大小小的人身伤害事故屡有发生，由此引发的赔偿纠纷也越来越多。在商谈赔偿时家长的期望值过高，而园所经费又难以承受，有时不得不对簿公堂。为了避免此类纠纷，可为在园幼儿投保意外伤害险和校方责任险。

投保意外伤害险后，幼儿无论在家中还是在园内发生意外事故，治疗过程中的费用可以按比例从保险公司得到赔付。

投保校方责任险后，在园内实施的教育活动或组织的园外活动，以及在园内负有责任的园舍、场地、其他教育教学设施和生活设施内，由于幼儿园或者教职员工的过错造成的人身伤害和财产损失，依法应由幼儿园承担的经济赔偿责任，都可以通过保险公司获得赔偿。这些有利于避免或减少经济纠纷，减轻幼儿园的办学负担。

（三）制定安全管理制度、预案、事故处理后的方法与流程

幼儿园安全工作管理制度和安全预案是减少幼儿园安全事故发生的基础与保障。同时制定出事故发生后一系列详细的工作流程与方法，引导教师处理好事故后的各项工作。

（四）对事故现场及时取证

幼儿园事故发生后，园里要在第一时间了解事故发生的经过，以保留最原始、真实的材料。可利用录音、录像和照相等方式留存，同时向发生事故现场的当事人和与此事相关的其他人员了解。

（五）详细记录事故发生的经过

当事教师及时上交事故详细经过的书面材料，分析发生事故的原因，

并签字确认。这样既有利于帮助教师反思工作，便于今后更进一步完善活动的组织流程，也可作为幼儿园的事故案例警醒其他教师。材料可附身份证复印件，以备今后起诉至法院作证人时使用。

（六）安抚家长，争取主动

事故发生后，幼儿园要由当班教师或保健医生在第一时间通知家长，并简单讲述事情的经过，讲述时要将重点放在幼儿园将要为幼儿进行的治疗措施上。一般来讲，幼儿园在发生诸如缝针、磕碰等小事故后，家长如果要向幼儿园讨说法、谈赔偿等，会在事故发生的第二天来园找园长，且大多会情绪激动、言辞激烈。如果此时家长谈及赔偿等问题时，园方暂不要急于回应，因为此时家长听不进太多理性的分析，而是要把重点放在孩子的伤情上，让家长感受到幼儿园对孩子的关心。

如果家长在第一次谈话后给园里留下了自己的要求，等候园方的答复，此时幼儿园既不能将第二次约谈的时间安排得太远，也不能太近，时间间隔太远家长会认为幼儿园忽视孩子的伤情和家长的要求。约谈可以安排在三至五天内，因为随着孩子的伤情好转，家长激动的情绪会逐渐平复，此时再约谈时，就能与家长就孩子的伤情恢复进行一些理性的分析。如果第二次还是无法达成共识，再次约谈的时间可以安排在一周后，此时孩子的生活基本上已经恢复正常了，而且家长也能与幼儿园心平气和地进行沟通交流，从而做出理性的决定。

当家长情绪激动地找到园方要求讨说法、谈赔偿时，应理智对待家长的过激情绪和要求，要掌握几点化解矛盾的技巧与方法：（1）营造宽松的调解环境；（2）态度诚恳，不急不躁；（3）语言得当，以理服人；（4）多人一起，交流面谈；(5)把握尺度，坚守原则。

（七）及时与主管部门联系

当发生重大事故时，幼儿园要及时与上级主管部门联系，汇报事故的经过，征求处理意见，沟通处理过程中的相关细节，以便在事故的后续处理中得到上级领导的支持，为事故的妥善解决做好铺垫。

（八）妥善保存相关资料

对于事故处理过程中当事人书写的事情经过，事故现场的照片、影像资料，医院就诊病历、检查费、药费、交通费、营养费单据等，以及家长就事故处理每次与幼儿园约谈的谈话要点等相关资料都要及时进行归档保存，以备事故处理无法达成一致而诉诸法律时使用。

（九）相信司法能公正判决，不与家长私了

当意外事故发生后，幼儿园通常都会主动承担幼儿的相关治疗费用。但部分家长会因为期望值过高，就赔偿问题无法与幼儿园达成一致而纠缠不休，事故的后续处理严重干扰了幼儿园的正常工作秩序，部分园长经常会因为怕麻烦而答应家长的不合理赔偿要求，但有的家长在得到赔偿后又会反悔，出现继续讨要后续赔偿的现象。因此，当赔偿双方实在无法达成一致时，一定要坚持依法调解、一次性解决的事故处理原则，由法律来判定赔偿结果，不为事故的处理留下后患。

（十）切忌瞒报

安全工作是幼儿园一切工作的底线，因此每所幼儿园都制定了在园发生事故后的奖惩条例。但事故发生后有的教师因担心影响奖金，凭着与家长平时关系不错而与家长进行私了，最终家长因反悔而把教师告上法院。因此在制度的制定上，要把瞒报的处罚等级定为严重违章，以杜绝瞒报现象的产生。

综上所述，意外事故发生后的处置及家长工作是否得当尤其重要。如果幼儿园建立了完善、系统的事故处置管理机制和工作流程，就能在发生事故后处乱不惊，有条不紊地应对。

安全直通车

——规范管理

生活中，事故仿佛总是在一瞬间发生，但事故的发生不是偶然的，也不是孤立的，它是由一系列事件引发的。如果在事故发生之前，做好安全预防措施，及时消除不安全因素，许多事故是完全可以避免的。

幼儿的在园安全，不是只和班级内的教师有密切的关系，而是和园内的每一名工作人员都密切相关。因此，幼儿园教职工的思想状况、工作责任心、安全意识和防范意外事故的能力等因素，都直接影响在园幼儿的安全。任何一个岗位的员工都有可能因为自己工作的失误给幼儿、家庭、幼儿园带来不能弥补的灾难。如：教师可能因缺乏工作责任心，上班离岗造成幼儿意外伤害；保育员摆放消毒物品位置不安全，致使幼儿误服有害物品；食堂采购人员没有从正规渠道购买食品，造成幼儿食物中毒；保健医生没按操作规范查验药品，使幼儿误服过期药；门卫没看管好大门，致使幼儿走失；因管理人员疏于监管，造成幼儿园发生责任事故等。

幼儿园的安全工作涉及到幼儿园的每个岗位、每名员工，为确保幼儿的身心安全，防止意外事故的发生，必须从加强幼儿园日常工作的安全管理入手，规范各环节的工作程序，才是保障幼儿在园安全的有效途径。

第一节 │ 教职工日常安全教育

一、加强教职工队伍的师德建设

（一）坚持准入制，严把进门关

近年来，为了应对"入园难"，各地不断新建幼儿园，造成幼儿师资力量不足。同时幼儿教师队伍呈年轻化趋势，教龄不足五年的青年教师占全体教师的一半以上。当师资力量不足时，个别幼儿园会放宽教师准入制度，降低对教师的考核标准，部分私立或未经注册的幼儿园还会出现无证上岗现象。

部分幼儿园在教职工招聘、录用管理的过程中存在着不规范、不严谨的现象。有些幼儿园仅在入职前审核教职工所任岗位的资格证书，对其是否有心理疾病及入职后的心理健康关注不够，使得一些心理不健康、人格不健全的人员留在了教职工队伍中。

案例一　录用有精神疾病的门卫，致师生伤亡

2004年，北京某幼儿园的15名儿童和3名教师被该园的门卫砍伤，其中1名重伤儿童经抢救无效死亡，2名儿童和1名教师伤势严重。据调查，涉案犯罪嫌疑人徐某患有偏执型精神分裂症，幼儿园在录用徐某时只看了他的工作证书，并未对其心理健康状况做过测试。

案例二　浙江温岭无证上岗幼师虐童案

2012年，一张幼儿园女教师拎幼儿耳朵的照片在网上流传。照片中的老师是温岭市某幼儿园的颜某，颜某在工作期间曾多次对幼儿园幼儿以各种方式进行虐待，并拍照取乐，并毫无愧疚地说是为了好玩。经调查，颜某从业近两年来并未取得教师资格证，是通过关系进入该幼儿园的。

案例三　教师将自身不健康的心理施加于幼儿

在某幼儿园上小班的亮亮，某天回家突然给爸爸妈妈唱起了《世上只有奶奶好》的歌曲。妈妈纠正亮亮说，这首歌应该是《世上只有妈妈好》，亮亮撅起小嘴着急地说："不对，不对，我们老师说的，世上就是奶奶好！"亮亮妈妈随后了解得知，原来班里一名工作不到两年的年轻教师从小是由爷爷、奶奶带大的，为此和母亲一直有矛盾。她在班里听到孩子们哼唱《世上只有妈妈好》时，立刻瞪着眼睛对孩子们说："谁说世上只有妈妈好，世上只有奶奶好。"并要求幼儿用"奶奶"来替换歌词中的"妈妈"。该教师忘记了自己的身份，把自己心中不健康的信息施加于没有分辨能力的幼儿。

（二）开展师德教育，为安全奠基

教育部公布的《幼儿园教师专业标准（试行）》强调，幼儿园教师要将保护幼儿的生命安全放在首位，要尊重幼儿的人格，平等对待每一名幼儿，不讽刺、挖苦、歧视幼儿，不体罚或变相体罚幼儿。无论幼儿在活动中出现任何状况，教师都该用正确的方式去引导他们，以爱为出发点。教师有任何的不良情绪，都不能带到工作中，更不能在孩子身上撒气。部分教师在遇到个别"淘气"孩子的教育问题时，缺乏耐心和有效的教育策略，不能很好地控制自己的不良情绪，忘记了教师的身份，放任自己拿幼儿撒气、发火，而导致了不良的后果。

案例一　心情急躁摔伤幼儿

广州儿童康复服务中心的一位年轻教师，因4岁的瑶瑶不听话，将其提起做了360度翻转摔在地上，致使其头部撞地摔成重伤。事后当事教师辩称事发时因心情急躁，没有考虑将孩子甩出去会有什么后果，她认为这样做会令学生对自己更加"敬畏"。

案例二　幼儿不睡午觉被教师扎脚心

家长发现某幼儿园大班的多名孩子脚心都有伤，孩子出现不愿意上幼儿园的激烈反应。后来经调查询问，孩子因中午不肯睡午觉，屡次被该班的教师用签字笔扎破脚心。幼儿不肯睡午觉，教师生气着急，控制不住自己的情绪。

案例三 体罚、扭打现象经常发生在幼儿园

2014年，北京朝阳区一家有办学资质的民办幼儿园监控视频显示，教师经常对孩子大声训斥，做出推搡、踢踹、拎后衣领的动作。经调查，该教师殴打过班上大约20名幼儿，其中多名幼儿受伤，11名幼儿伤情鉴定的结果为多发软组织损伤，有些还有水肿的现象。

此外，幼儿园虐童事件频繁发生。山西太原蓝天蒙台梭利幼儿园内，一名5岁女童因不会做算术题，在短短十几分钟时间内，被老师狂扇几十个耳光；深圳罗湖区一幼儿园的一名5岁女孩，因为午睡时与几名小朋友聊天被老师发现，老师便用剪刀剪孩子的手脚。

部分教师对职业道德缺少深层次的认识和理解，把爱孩子、尊重孩子的人格等原则仅仅停留在口头上，并没有真正落到实处。对一些违反师德的言（讽刺挖苦、呵斥）、行（拉拽、推搡）习以为常，不以为错，甚至形成了有违教师行为准则的不良习惯。还有部分教师没有形成正确的儿童观、教育观，缺少对儿童年龄特点的认识，把幼儿活泼、好动的天性当做缺点，用管制、控制、强压的方法去约束孩子，还自认为那是对孩子负责，为孩子好。

要从根本上改变这种状况，首先要加强师德教育，提高教师的自律性；其次建立健全的约束机制。

1. 师德教育，自律是根本

师德教育不是一两次简单的活动就能达到效果的，良好师德素养的形成是"知—情—意—行"的发展过程，需要晓之以理、动之以情、导之以行、持之以恒，是一个需要长期推进的系列工程。这可以通过开展不同主题的师德活动进行教育，帮助教师解决工作中的实际问题，让教职工在日常工作中自觉地践行师德规范。

（1）岗前培训——晓之以理

学年初组织全体教师系统学习《中小学教师职业道德规范》《教师法》《未成年人保护法》《中小学教师违反职业道德行为处理办法》《教育部关于进一步加强和改进师德建设的意见》等法律法规和相关文件，提高教师对遵守教师职业道德重要性的认识。在思想上引导教师树立正确的价值观，明辨是非，明确认识，端正态度。

学期中开展"日常工作中教师适宜言行"大讨论，向教职工征集"师生互动中的忌语""家园互动中的忌语"，引导教师通过讨论、反思工作中不适宜的言语及行为举止，达到进一步规范自己的语言和行为，在工作中自觉使用适宜的言行。

（2）故事分享——动之以情

分享"童年时代——我与老师的故事"，请每位教师回忆自己的童年中与老师之间的温馨故事，并在教职工之间分享，进而引申讨论在平时工作中怎样去爱孩子，怎样让孩子们感受到自己的爱。让教师们通过自身的讲述，感受到教师在孩子的成长道路上，不论正面或者负面的点滴影响都是长久而深远的。由此及彼，触动教师的心灵，引发每一位教师对自己的教学产生这样的追问：今天我给孩子的教育是否适宜？有哪些方面需要改进？在互动中唤起教师内心的道德自律，激发教师爱孩子的内在动机，使爱孩子、遵守师德规范成为教师自觉主动的行为。

（3）爱岗敬业——寻找幸福

只有让教师真正感悟职业的幸福，才能在工作中发自内心地爱孩子。要引导教师们在忙碌的工作中，体验到职业的快乐。开展"寻找身边的幸福"活动，请每一位教师寻找在工作中与孩子、同事、家长、领导共事中获得的点点滴滴感动与快乐，并将其中的典型事例进行梳理、提炼、分享。使教师在寻找工作中的幸福过程中，体验工作及周围的人带给自己的温暖与快乐。

（4）典型引路——导之以行

开展"向师德楷模学习，做孩子喜欢的好老师"活动，让教师们聆听或观看师德楷模的事迹，帮助他们学典型、找差距。通过具体、生动的事例感染、带动教师，用师德楷模的好思想、好经验、好方法，让教师明确"爱"不仅是教师的基本素养，更是实施教育的最佳语言。同时树立身边的典型，使教师学有榜样。

（5）案例教育——警钟长鸣

组织教师分析社会上发生的违反师德的典型案例，引发教职工对师德的思考及自身行为的反思，以警醒教师，使其工作中不断完善师德素养，加强自我约束。带领全体教职工举行"师德宣誓活动"，鞭策全体教职工要将"责任"铭记心中，做一名充满爱心、富有耐心的幼教工作者。

（6）顽皮儿童——因材施教

日常工作中，教师出现师德问题或教态问题多发生在班级内个别"淘气"孩子的教育上。这可以通过组织教师开展研讨"如何与顽皮孩子过招"，观看教育影片或请有经验的教师分享对待班里淘气、顽皮孩子的教育心得等办法解决，对待"特殊孩子"或"问题孩子"更应该多些耐心，学会等待。鼓励教师用宽容的心接纳孩子的缺点与不足，用耐心对待孩子不良习惯的不断反复，注意给予他们更多的正面鼓励。

2. 制度约束，他律是保障

生活中一些违反师德的恶性行为确实仅仅发生在个别教师身上，但是只要一位教师出了问题，对于孩子、家长、幼儿园都会产生极恶劣的影响。在师德师风建设中，思想工作固然重要，但必须与管理相结合，建立健全一套有效的管理机制作保证。

（1）严格教师准入制度，关注教师心理健康。把好入门关，在招聘教师过程中，除了严格执行教师持证上岗的准入制度外，还要关注其思想品德、性格倾向、气质类型、人际交往、思维方式等，要对教师进行全方位的综合考量。国家在教师准入过程中可以审核个人的资质条件，但是无法保证思想层面的师德。因此，在日后的工作中对于不适宜教师工作的人员，要及时调整岗位或劝退。

（2）健全园内层级监管机制。管理者高度重视师德建设，对教师师德师风现象开展定期检查、不定期抽查，形成园内上下级之间、同事之间相互监督、相互提示的良好工作氛围。

（3）加强对班长队伍的选拔、任用机制。一个德才兼备的班长，能在各项工作中起到标杆及正面的榜样示范作用，监督班级内工作正常合规地进行。一般情况下，班长多由在园内时间长、资历老的教师担任。

（4）建立师德评价机制。完善日常量化考核监督机制，每学期期中和期末两次向学生幼儿和家长发放"问卷调查表"，及时了解幼儿和家长对每位教师的评价。建立师德档案，把师德行为表现纳入教师工作考核内容，将其与教师自身发展和实际利益挂钩。在岗位聘任、职务评聘、进修提高、表彰奖励等方面，优先考虑师德行为优秀的教师，对师德行为考评不合格者实行"一票否决"。

（5）建立健全师德预警机制。及时掌握教师的师德表现，收集师德方面的信息，发现、掌握和分析教师中存在的问题，认真接待和处理师德投诉事件。

（6）建立师德表彰机制。建立和完善激励机制，对教书育人成绩突出者，要予以表彰和奖励。树立典型和榜样，挖掘、提炼师德师风建设中的感人事迹，大力宣传师德师风先进典型的好思想、好作风。

（7）建立家长、社会各界对师德教育的舆论监督机制。采取多种形式征求家长、社区对师德师风建设方面的意见，如定期发放调查问卷、随访、接待来访者等。

（8）为教师营造和谐的工作环境和提供合理的工作报酬。关注教师成长，为教师成长搭建平台；改善教师的工资待遇，让教师获得的劳动报酬能够有尊严地生活。

二、定期组织安全教育培训

有效地预防、避免或减少事故的发生是幼儿园安全工作的根本。因此幼儿园要坚持开展周期性的安全教育培训，提高教职工的安全防护意识，使其在日常琐碎的工作中，能及时发现幼儿生活环境中的安全隐患，并预见其危险性，做到及时发现、及时处理上报解决，以减少事故的发生。只有增强教职工的责任感和主人翁意识，工作中严格遵守各项制度，以身作则，认真履行岗位职责，才能为幼儿的在园安全打下坚实的基础。

（一）学期初对各岗人员进行常规性安全教育

开学前，集中全体教职工采用现场讲座的方式进行安全学习，可通过组织学习法规文件、安全工作制度，观看安全教育专题片等方式，让每一名上岗的工作人员具备基本的安全常识，提高教职工的安全意识。

（二）学期中针对不同阶段的工作重点进行安全培训

1. 结合日常工作中出现的问题及安全隐患，及时进行安全教育培训，注重教职工身边发生的小事，将安全教育培训落在实处。如节假日、放假前后，教职工容易产生懈怠心理，此时要提出具体的工作要求。特殊时段要制定安全工作提示，进行计划部署，如新生入园阶段、组织大型活动及外出活动前，需要召开专题会对活动前准备、活动中场地器械安全、活动后收尾等工作进行具体的部署。

2. 组织全园开展专项安全演习，开展安全防范技能的培训。如发生火灾后的逃生演习、安全防暴演习、地震后逃生演习等，掌握一定的安全知识和安全防范技能，提高应对能力。

3. 针对幼儿园常见意外事故处置的常识进行培训。选择幼儿园经常发生的安全事故类型，结合案例来分析事故发生的原因，掌握意外事故的防范对策和应急措施。

（三）对新入职的教师开展针对性培训

新教师刚刚从校园踏入社会，时间充裕、精力旺盛，富有开拓创新精神，进取性强。但是新教师初入职场经验不足，在工作中常会出现考虑不周、做事不严密等现象，针对新教师的特点开展有针对性的培训，可以提高其预见隐患、及时预防的意识和能力。

1. 仪容仪表培训

每天，教师都要跟幼儿近距离、亲密地接触，如果教师穿着不当，会给幼儿的安全带来隐患。因此，入职前对新教师进行仪容仪表方面的培训十分必要。教师的着装要得体、适合室内外活动，禁止穿高跟鞋、长筒靴、超短裙，禁止佩戴胸前挂饰、戒指等容易对幼儿造成伤害的装饰物。

2. 事故案例分析

为新教师进行已有事故案例分析，使他们对工作中比较常见的意外事故发生原因、解决方法及应对策略有一个初步的了解。在分析每个案例的过程中，与新教师一起找出事故发生的某些规律，引导他们从中吸取教训，为今后的安全工作提供宝贵经验。

3. 搜集问题答疑培训

搜集新教师在工作中遇到的有关安全方面的问题，组织有针对性的讨论，如在组织幼儿半日活动各环节中，你最担心的安全问题是什么？通过共同教研、集体讨论、以点带面地分析，提升新教师解决实际工作中安全问题的能力。

4. 师徒带教，一对一指导

为新教师配备有经验的"师傅"，在日常活动组织中进行贴身指导。如"师傅"在户外活动前提醒新教师组织幼儿玩大型玩具应注意的要点，教师站在什么位置能让所有的孩子在自己的视线之内等。发现不安全的情况，"师傅"要立即采取行动。如当幼儿发生扭打而新教师还在犹豫不知道如何应对时，"师傅"可施以援手，并随后为新教师进行及时的分析。

第二节 | 安全工作的常规管理

"幸亏园里有规定，否则就麻烦了。""幸亏园里培训了消火栓的使用方法，这次还真用上了。"当一件意外事故发生并得到有效的遏制后，经常能听到教师这样说。这说明对于一些防不胜防的安全事故，只要应急措施做到位、安全管理做到位，就能防患于未然，大大减少安全事故的发生。

一、安全小组对日常设施设备的定期检查

（一）定期检查

幼儿园的操场上，每月一次的大型玩具检查又开始了，安全小组的成员们在主管园长的带领下，认真地检查着每一个大型玩具，从每一个部位到每一颗螺丝钉，教师们都不放过，他们边检查边做记录。检查完大型玩具，教师们又去查看其他设备设施。据有关部门统计，幼儿园因设备设施原因引起的安全事故发生率已高居第四位，这说明幼儿园内的设备设施存在着诸多的隐患。如果幼儿园设备设施陈旧、老化，幼儿园又不注意检查维护，存在的问题不能及时发现，常常会引发事故，如：睡眠室高低床使用不当、教室里的桌椅设计不合理、柜子边角尖锐、室内摆设拥挤等对幼儿都存在着潜在的危险。幼儿园以楼房为主，楼道、走廊、楼梯、电梯间等都是事故易发地。

这些问题应引起幼儿园的足够重视，制定完善的检查制度，对园所环境、设备设施，采取定期、不定期相结合的检查方法，发现问题及时处理，并采取保护措施，消除安全隐患。

（二）事故案例

案例一 玩具、设施失修造成的事故

一天，一名幼儿在大型玩具上玩耍时掉下，脚部受伤，教师及时

把幼儿送到医务室进行治疗。事后，教师到现场进行了检查，发现幼儿掉下来是因大型玩具的螺丝松动、螺帽掉落，附近的部件松动，致使幼儿站立不稳从玩具上摔下来。

案例二 民办幼儿园房屋倒塌致2死28伤

2004年，河南一民办幼儿园发生房屋坍塌事故，39名幼儿被埋，2人死亡，28人受伤。初步查明事故发生的原因是幼儿园的教室是危房。

案例三 幼儿从高低床上铺摔下致伤

一天午睡时，一名不满6岁的幼儿从幼儿园的高低床上铺摔到地板上，伤势严重。经当地公安机关的法医鉴定，幼儿的右锁骨骨折，头部伤势严重，并出现阵发性失明、失听、抽搐、记忆力下降、反应迟钝等症状。幼儿的家长因与幼儿园就赔偿问题协商不成，一纸诉状将幼儿园告上法庭，要求幼儿园承担赔偿责任。

案例四 室内不慎绊倒，头部撞在写字台边上

广州市一家中英文幼儿园上课时，教师让小朋友上前交作业薄，小湛拿着作业薄走得快了些，不慎绊倒，头部撞在了写字台的边角上，其眉间鼻部被磕伤。老师抱起小湛，马上赶去医院治疗，并垫付了医疗费。经医治，小湛的伤痛消除了，但是两眉之间留下了明显的疤痕，为此，小湛的父亲向幼儿园提出索赔。

（三）安全隐患及适宜策略

1. 户外活动场地硬化、凹凸不平，塑胶块连接处起翘、缝隙过大等，都会导致幼儿户外活动时摔倒、磕伤。

适宜策略

（1）有条件的幼儿园可以选择铺设塑胶地垫，能够有效地防止幼儿摔伤。

（2）进行定期检查，发现问题及时修补。

（3）教师在组织幼儿户外活动前，先对场地进行检查。

2. 楼道、走廊、楼梯是幼儿每天的必经之路，但如果楼道里堆放了很多东西，会影响幼儿经过；一旦有火情，堆塞物会给疏散和灭火工作带来

难度。

适宜策略

（1）楼道、走廊等通道不堆放物品。

（2）楼梯拐角等易出事故的地方，可以组织幼儿找找不安全的地方，并共同设置警示标志，如在楼梯两边分别画上上行、下行"小脚丫"，引导幼儿有秩序地上下楼梯。

（3）提醒幼儿不在楼梯处奔跑、攀爬。

（4）教师组织幼儿集体出入上下楼梯时，班级间要拉开距离，不抢行，不推挤，以免摔倒后发生踩踏。

3. 幼儿园的消防设备主要为消防栓和灭火器，这些设备、设施必须每年更换，并定期对其进行检查。若破损未更换或被移做他用，一旦消防需要，无法保证正常使用。

适宜策略

（1）定期检查灭火器，及时更换并进行登记。

（2）定期检查消防栓内的消防设施是否齐备，并保证标识显著不被遮挡。

4. 园内开水房也是需要安全防护的重点部位，如果无专人负责，一旦发生水被污染的事故，或者儿童进入其中发生烫伤等，后果将不堪设想。

适宜策略

（1）安排专人管理开水房，定时开、关开水房，避免闲杂人员进入。

（2）定期检查水炉设备，做到及时检修。

（3）定期清理水垢。

5. 在各楼层间运送餐点的电梯，使用过程中如果出现故障，或未按要求及时关闭锁食梯的门，很可能发生安全事故。

适宜策略

（1）安排设专人管理电梯，定期检查维护。

（2）定时开关，使用时再开，并有专人看着使用，避免幼儿好奇钻进电梯玩耍，出现危险。

6. 幼儿使用的家具，桌椅床柜子等，如果出现螺丝松动或木板断裂，教师没有及时发现，很容易将幼儿的手划伤。

适宜策略

（1）设计制作幼儿家具时，要尽量向软、圆的标准靠近，如将桌椅柜的边角设计成弧形的，可以有效地避免磕碰致伤。

（2）定期检查，发现破损，停止使用，等维修后再投入使用。

7. 燃油燃气设施、供电设备、电线等老化，如果不及时维护，将发生火灾等严重事故。

适宜策略

燃油燃气设施、供电设备、电线的使用和管理必须符合安全要求。定期检查维修，必要时找专业人员帮忙维护。

8. 安全技防设施是预防安全事故发生及事后原因查询、分析的技术保障，如果不定期维护，一旦需要查询时会影响使用。

适宜策略

定期请安装或专业人员进行检查维护。

9. 幼儿园内各角落存在的不起眼的铁丝、铁片、墙壁拐角处锋利的棱角，都可能成为伤害幼儿的利器。

适宜策略

（1）每天请保洁人员检查地面、拐角等处，及时清理铁片、树枝、石子等。

（2）定期进行安全大检查，有棱角、尖角的地方及时进行包角处理。

10. 大型玩具年久失修、锈迹斑斑、螺丝松动、螺钉外露等状况，都有可能引发安全事故。

适宜策略

（1）定期检查器械是否有毛刺、松动、开裂等不安全因素，发现问题及时维修，修不好的要马上淘汰。

（2）维修过程中，贴"暂停"使用的提示语。

（3）教师在组织幼儿玩大型玩具前，先要对器械进行检查，保证没有问题再进行游戏。

二、安全演习

（一）安全演习的重要性

安全是幼儿园工作的重中之重，怎样做好安全工作？如何应对突如其来的火灾、地震、洪水等灾难呢？做好幼儿园的安全工作、应对突发灾难，在日常教学中组织各种形式的安全教育和处置预案演习活动是十分必要的。通过演习，师生可以掌握基本的逃生技能和方法，知道灾难到来时如何保护自己，更重要的是能让他们在模拟情景中积累实践经验，增强自我保护意识，提高自我保护能力。

演习可以检验平时的预案是否完善，可以检查教师在教育幼儿遇到险情时避险、逃生、自救等常识的掌握情况，增强全体师生的自我保护意识。当突然发生火灾、大水、地震等灾难或歹徒闯入幼儿园时，如果幼儿园没有组织过安全演习活动，师生没有相关的自救逃生知识，就会出现惊慌失措、不知如何处置的情况，现场将会乱成一团，人员伤亡也会增加。为保护幼儿的生命安全，幼儿园应结合生活中常见的自然灾害、人为伤害等具体情况，开展不同内容、不同形式的安全演习活动。

（二）安全演习案例

案例一　幼儿园的安全防暴演习

一天上午，某幼儿园在开展安全防暴演习活动。一大早，一位"歹徒"突然闯进幼儿园，保安见到"歹徒"立即冲上前，一边抓住"歹徒"的胳膊一边大喊："有歹徒，赶快报警！"一旁的老师听到后立即拨打"110"报警，并迅速通知园内其他老师，让各班紧闭门窗严防歹徒闯入。民警、联防队员等火速赶到了幼儿园，把"歹徒"扑倒在地，将他手中的菜刀夺下。一位民警迅速拿出手铐铐住了"歹徒"的双手，顺利地将其制服。演习结束后，警官还教给教师几招应急防身术，以提高教师的自我防卫能力。

安全防暴演习让教师了解了歹徒突然来袭时的安全防护流程，达到了遇事不慌、积极应对、自我保护的目的，提高了全体师生抗击突发事件的应变能力。

案例二　家园合作共同开展消防安全演习

幼儿园的家长开放日，幼儿和家长正在进行集体活动，一阵警报声突然响起，打破了欢乐的课堂。老师们马上意识到这是"火警警报声"，立即让大家停止活动，迅速地组织孩子和家长按照预定的"逃生路线"撤离。在疏散中，教师不断地提醒家长和孩子捂住口鼻，弯着腰前进。撤离到安全地带后，教师清点人数，确认每个孩子和家长都已安全地逃离了火场。

结合本次安全演习，幼儿园还为家长开展了"查找生活中安全隐患"的知识讲座，使家长了解了幼儿园的安全工作情况，引起家长对幼儿进行安全教育的重视，有效减少幼儿在家中安全事故的发生。

（三）安全演习预案

幼儿园开展安全演习的意义重大。首先，它能使教师和幼儿认识到保护人的生命是最重要的，能增强幼儿的自我保护意识。其次，通过演习幼儿能够掌握简单的自救方法。再则，这种教育形式直观生动，参与体验的过程更容易被幼儿接受。

幼儿园环境的特殊性决定了实施安全演习的不易，因此在设计幼儿园安全演习方案时要充分考虑其特殊性和演习时的安全性，下面以幼儿园消防演习为例进行说明。组织消防演习活动应注意做好以下几个环节的工作。

1.制定"火灾危急处理方案"

明确消防演习的目的，明确工作人员的分工（如发现火警后谁负责报警、谁负责拉电闸、谁负责通知各班，都要责任到人），明确如何疏散全园孩子，设定几种不同的疏散逃生路线等，将"火灾危急处理方案图"分发到全园职工手中，组织全园幼儿和职工参与演习。

2.讨论逃生方法

各班组织幼儿讨论：如果幼儿园起火了我们怎么办？怎样做才能最快逃离危险区？有哪些安全的逃生办法？

在"家长园地"设置专栏，请家长和幼儿在家中讨论：我们怎么做可以预防火灾？着火时哪些事情可以做，哪些事情不可以做？

3.演习实战

为了使演习更加接近自然状态，事先不要向教师和幼儿通报演习时间，可选择一日生活中的任何一个时段进行。在演习当中，所有工作人员应一切以幼儿为重，带领和帮助幼儿逃离危险区是首要任务，然后才是行政、后勤等人员在保护自身安全的情况下，模拟抢救财产、灭火等。

4.活动后小结

组织幼儿交流演习的感受、逃生的方法等，帮助幼儿加深印象，进一步巩固自救方法。幼儿园还应组织教师讨论演习情况，交流存在的问题和改进方法。

附：幼儿园消防应急演习预案

一、演习目的

为进一步增强幼儿园师生消防安全意识，提高自救防范能力，在发生火灾时，教师能够做到临危不乱，有序、迅速地按照消防逃生路线组织幼儿安全疏散，确保生命安全。通过紧急疏散演练，巩固幼儿所学的安全逃生常识，知道听从教师的引导不慌乱，跟随教师有序地撤离到指定的安全地点。让教职工掌握正确使用灭火器的方法及保护幼儿逃生的方法，提高抗击突发事件的应变能力。

二、演习时间和地点

时间：＿＿＿年＿＿＿月＿＿＿日＿＿＿点

地点：幼儿园操场

人数：＿＿＿人

三、演习所需器材

灭火器（教师学习如何使用灭火器）、哨子（用于指挥和疏散）、小毛巾（用于幼儿疏散防护）等。

四、演习活动组织机构

应急总指挥：园长

副应急总指挥：副园长

组　员：××教师、××教师等

五、工作小组

（一）协助指挥人员：各班教师和保育员。

职责：分别在各班级活动室，相互协助。

1. 演习前清点幼儿人数；

2. 带领幼儿沿安全路线疏散；

3. 到达安全地带后清点幼儿人数。

（二）疏散引导小组：××教师等。

职责：负责幼儿疏散时的撤离秩序，严防拥挤踩踏事故发生。

（三）现场警戒小组：××教师等。

职责：不让幼儿和其他闲杂人员进入警戒地带。

（四）救护小组：保健医生和门卫。

职责：负责疏散过程中发生"意外事故"的应急救护和拨打"119"电话和"120"急救电话等。

（五）撤退后幼儿的安全管理：各班教师。

职责：清点幼儿人数，安抚幼儿情绪，保证幼儿火灾后的安全。

（六）报警小组：值班教师。

职责：负责火警预报，向分管领导电话报警。

（七）业余消防队员：后勤人员。

职责：应急总指挥发出火灾警报提示。

六、疏散管理

（一）疏散命令：由应急总指挥根据情况发布疏散命令。

（二）疏散路线：教师领队，幼儿排成两队，分班按下列路线疏散。

第一组：大一班、大二班，从东边楼梯下，与小一班走南门到操场。

（小一、小二班位于一楼）

第二组：中二班、中一班，从西边楼梯下，与小二班走北门到户外。

采取应急疏散措施，选择最畅通的楼道疏散幼儿。要求依次快速、安全下楼，不能抢先下楼，以免发生拥挤踩踏事故，到操场排成两队，按做操顺序集合站立。

注意：具体疏散还要根据现场实际情况，听从疏散指挥教师的指挥，疏散通道必须保证时刻畅通。

（三）疏散引导：疏散引导小组的任务是维护疏散秩序，指明疏散方向和路径。在拐角处引导所有人员，避免幼儿误入危险区域；要阻止幼儿逆向跑、推搡、挤压情况发生；有人倒下，要立即扶起，防止踩踏事故发生。疏散引导小组应及时向总指挥报告疏散情况。

（四）撤离方向：采取就近安全出口撤离的原则。

（五）集合地点：操场。

（六）人员清点：各班教师在集合地点对疏散的幼儿人数进行清点，并继续寻找滞留在事故现场的幼儿和受伤人员，帮助其安全撤离。

七、演习准备阶段

（一）所有幼儿进入自己所在的活动室。

（二）各班老师清点幼儿人数。

（三）清理警戒区，各工作小组进入现场。

八、正式演习阶段

（一）总指挥：宣布消防演习与紧急疏散演习开始。

（二）后勤人员听到演习警报提示时，拨打报警电话。

（三）应急总指挥命令预警小组发布火警报告。（幼儿园迅速启动火灾事故应急处置预案）

（四）紧急疏散：在各层疏散引导人员的指挥下，全体幼儿在各班老师的带领下，按预定路线有序疏散，疏散时靠楼梯右边行走，让出左边通道让消防人员通行；用湿毛巾捂住鼻子，猫腰行走或匍匐前进，撤离到户外活动场地内。

1. 各班教师清点疏散人数，发现人员丢失，迅速与疏散总指挥部联系。

如发现有幼儿受伤，立即与现场救护小组联系，并展开紧急救护。

2. 应急疏散负责人向现场总指挥汇报疏散情况。

●疏散前的注意事项：

（1）关闭电、气设备，切断电源，关闭门窗。

（2）为保证快速、有序、安全地疏散，任何人在疏散时不应携带个人物品，更不允许逆向跑动寻找个人物品。

●疏散时的注意事项：

（1）疏散时安慰、鼓励幼儿避免出现惊慌与骚乱，确保他们安全撤出。

（2）现场警戒小组确保消防通道的畅通和现场秩序稳定。

（3）各工作小组本着对幼儿高度负责的态度，严肃认真地对待现场上出现的每一个突发情况。

三、与教职工层层签订安全责任书

（一）签订安全责任书的必要性

开学初，幼儿园全体教职员工在会议室内进行定期的安全培训，园长结合具体的安全案例，讲解着各岗位的安全职责。在讲到保育员的安全职责时，园长讲了一个案例：一名保育员将刚装满热水的保温壶直接放在了地上，一名幼儿不小心将暖瓶踢倒，把脚烫伤了。虽然幼儿园会定期对教职工进行此类安全培训，但有时仍然不能引起个别教职工的重视，一旦出现安全事故就会给幼儿带来极大的伤害。因此，为了使大家更加重视安全工作，幼儿园可以从管理的角度，针对岗位的不同特征与教职工签订安全责任书，以提高教职工做好安全防范工作的自觉性和主动性。

（二）安全责任书的内容与形式

安全责任书的形式可结合幼儿园的实际情况来定，从类别上可分为"岗位安全责任书""节假日安全责任书""外出安全责任书"等。虽然责任书的内容不同，但都应包含几个必要的共同要素，如签订的岗位对象、岗位安全职责、签署人员签字、签署日期等。

××岗位责任书

根据……，结合我园的实际情况，按照××岗位职责和应尽的义务，特制定××工作安全责任如下：

具体岗位安全职责：

…………

此责任书一式两份，签字有效。

园长（签字）：　　　　　　　　安全责任人（签字）：

日期：　　　　　　　　　　　　日期：

××节假日安全责任书

××节即将来临，为保证大家过一个安全、快乐的节日，特签订此安全责任书。

具体安全要求：

…………

此责任书一式两份，签字有效。

园长（签字）：　　　　　　　　安全责任人（签字）：

日　期：　　　　　　　　　　　日　期：

或以表格的形式简洁明了地请各个岗位的教职工进行安全自查后签字，以提示大家注意安全防范。

春节前各班组安全自查表

班组	检查内容	检查人签字	备注
大一班			
……			
食堂			
教师宿舍			

注：各单位将门、窗、水、电（食堂煤气）关好，并做好其他方面的安全工作自查后，在此表上签字，出现问题责任自负。

××年寒假（春节）期间安全自查登记表

班级		人员姓名		备　注
安全隐患				
请春节放假前，各班锁紧门窗，拔掉电源，关紧水龙头等再离园。祝大家过一个安全祥和的春节。				
春节期间自觉遵守安全规定	教职工签字： 　　　　　　　　　日期：			
班长（班级负责人）签字： 　　　　　　　　　日期：				

每次组织成人旅游或出京学习等可签署成人外出安全责任书，当组织儿童春游、秋游时可同教师签署保护幼儿的安全责任书。

（三）各岗位安全责任书

为进一步落实安全管理责任要求，层层落实一岗双责，保证在园幼儿的安全，充分发挥各管理部门和责任人的职能作用，全面实施安全教育、监督管理等工作，做到责任分工明确、职责内容清晰、管理要求严格、工作开展得力、问题处理得当等，学校将本着层层管理、层层负责的原则，逐级签订安全管理责任书。

附：各岗位安全责任书

幼儿园食堂工作人员安全责任书

为了进一步落实"安全第一，预防为主"的方针，切实做好幼儿园食堂的安全防护工作，落实安全工作责任制，特与食堂工作人员签订此书。

一、安全工作内容：食品卫生安全。

二、安全管理目标：无食物中毒、火灾、爆炸、液化气泄漏等事故的发生。

三、安全管理措施

1. 加强安全知识、安全工作法律法规的学习，坚持"安全第一，预防为主"的方针，不断提高食堂工作人员的专业知识水平和操作规范，依法运作；认真履行食堂安全工作责任，确保食堂安全。

2. 安全工作目标明确，责任到人。班长要合理安排，每天进行安全检查，及时排除隐患，落实防范措施，并制订食堂突发安全事故紧急处理预案。

3. 认真贯彻执行卫生系统有关食品卫生的规定，食堂班长必须严格把好食品质量验收关，生、熟分开，烧熟煮透，不吃隔夜和变质的事物。

四、安全管理承诺

1. 认真贯彻落实幼儿园食品安全规定，严格执行操作规范。

2. 建立健全食品验收管理制度，对照安全工作目标，分解落实责任到人。

3. 班长作为食堂的第一检查责任人，每周组织一次食堂安全检查，发现问题及时解决。

4. 食堂工作人员必须严把食品准入关，严防"三无"产品、过期食品入园。采购人员要建好台账，定时填写采购时间、品名、保质期、厂家及联系电话，并索取产品检验合格证。采购粮油、肉类、蔬菜必须走正规渠道，保证票证等手续齐全，且在运输、储藏方面无污染。采购人员如采购霉变、劣质、过期食品自己将承担所有费用及所产生的后果。食堂班长有义务监督、检查，把好食品及原材料验收关。

5. 严格执行饮食卫生要求，把好食物卫生合格关，食物要采取合理的烹调方法，避免食物中营养的流失，食物要烧熟烧透，保证幼儿吃到当日的新鲜饭菜，严防食物中毒事件发生，配合保健医生做好幼儿食品留样工作，时间不少于48小时。

6. 饭、菜制作要熟透，不供应生冷、霉变食品，严防食物中毒事件发生。

7. 食堂班长有义务监督工作人员认真执行食堂各环节的操作流程，严防拥挤、烫伤等事故的发生。

8. 严禁闲杂人员进入操作间。加强水源、电源、煤气等管理，使用电器必须规范操作，经常检查线路，防止火灾发生，定期清洁冰箱，保证用水卫生。

9. 要定期对食堂灶具进行消毒，定期打扫环境卫生，定期进行灭蝇、灭鼠工作，认真做好防疫工作。

10. 定期对餐具、煤气管道和灶具进行安全检查，及时发现安全隐患，及时保修，避免安全事故的发生。

11. 如果遇到节假日，班长负责检查好各种电器、煤气，避免发生火灾。若由于班长疏于检查，出现事故，所有损失由班长负全责。

12. 食堂工作人员因失职造成幼儿食品卫生安全事故的，一切费用由当事人承担。

13. 发生各类事故立即报告园长，并在第一时间做出反应和处理。食堂安全工作实行责任追究制，发生安全事故，视具体情况进行严肃处理，重大问题交由上级机关甚至司法机关处理。

本安全责任书每学期签订一次，一式两份，自签订之日起生效。

园　长（签字）：　　　　　　　年　　月　　日

食堂工作人员（签字）：　　　　　年　　月　　日

幼儿园采购人员安全工作责任书

为贯彻上级有关部门的指示精神，落实我园各项安全工作制度与条例，将各项安全措施落实到位，确保各部门、各环节工作的安全，杜绝事故的发生，现与采购员签订此书。

一、按食谱要求有计划地配合食堂，及时采购好所需物品，做到价廉物美、保质保量。如需要更改食谱须经园长同意方可执行。

二、食品采购必须符合国家有关卫生标准和规定，必须索取食品检验报告或化验单，并进行登记。严禁采购下列食品：

1. 有害、有毒、腐烂变质、油脂酸败、霉变、生虫、污秽不洁、混有异物或危害性状异常的食品；

2. 无检验合格证明的肉类食品；

3. 超过保质期限的食品；

4. 未标注厂名、厂址、生产日期、保质期等或标注不清及其他不符合食品标签规定的定型包装食品；

5. 无卫生许可证的食品生产经营者供应的食品。

因采购质量问题发生事故，根据情节轻重及责任大小追究采购员责任。

三、关心集体利益、尽量做到少花钱、多办事，节约开支，减少浪费。

四、执行物品验收入库制度；严格遵守财务制度，按规定时间报账，账目清楚，手续健全；严禁利用工作之便牟取私利。

本责任书一式三份，三方各执一份，签字有效，每学期签订一次。

园长（签字）：　　　　食堂班长（签字）：　　　　采购员（签字）：

　年　　月　　日　　　　年　　月　　日　　　　年　　月　　日

幼儿园门卫安全责任书

为了落实"安全第一，预防为主"的方针，认真贯彻上级及幼儿园安全工作的要求，保障师生有一个安全、良好的生活环境，做好幼儿园门卫安全防范工作，防止各类安全事故的发生，特与门卫人员签订此书。

一、坚守岗位做好保卫工作

1. 加强工作责任心，做到文明值班、礼貌待人；不断巡视，不让社会上闲杂人员入园，做好园舍保卫工作。

2. 密切注意幼儿的安全，严把入门关，特别在幼儿来园、离园时要注意大门管理和幼儿安全。绝不让幼儿独自外出，防止幼儿走失，如发生幼儿走失，按解聘处理并承担相应的法律责任。

3. 对外来人员做好来访登记工作，对家长要求办理的事情做好记录并及时传达；对其他来访者必须问清情况，认真履行登记手续，未经允许不得随意让其进入园内。

4. 凡发现职工将园内财产带出幼儿园必须立即制止并报告园领导，若隐瞒不报、弄虚作假或包庇，按有关规定追究责任，且幼儿园保留起诉权。如发现私自与职工串通将幼儿园物品、食品等带出园外，作辞退处理。

5. 负责园门口周边的安全检查，对各种异常情况进行观察，并对有危害幼儿及幼儿园的事件及时上报。

二、全天24小时对园内的安全情况进行有效监控。

1. 在幼儿离园、夜间和节假日加强对园内的安全巡查，并做好防火防盗工作，保证幼儿、园内所有财产的安全。

2. 做好双休日及节假日期间的值班工作，确保幼儿园一切财产安全。对园门口周边异常动态和不安全因素，要细心观察、随时记载、及时反映。树立防火、防盗、防破坏、防灾害事故的意识，把事故消灭在萌芽状态。

3. 做好幼儿入园、离园的治安保卫工作，引导家长把自行车、电动车、小汽车等交通工具摆放在规定的位置，防止车辆乱停乱放（接送时间校园门口一律不准停放汽车，以防堵塞交通）。

4. 下午接园前做好清理幼儿园门口小商小贩的工作，劝其离开，若遇到不能解决的问题及时与园领导联系，确保幼儿园周边道路卫生、畅通、安全。

5. 认真执行园内作息制度，按时开、关园门。上班时间严禁私自离开工作岗位。

6. 幼儿在园期间家长来访，门卫先与班主任联系，请班主任出来接见、处理。

7. 服从领导，虚心接受上级机关领导、园领导的检查、指导和工作安排。

三、外来人员入园必须按照要求登记时间、事由、姓名、证件号码等，外来人员在上班时间找本园职工不得随意放行，有事可在门卫室等候接待。

（四）遇到突发事件应第一时间向园领导报告，熟悉火警、匪警等报警电话，以便及时处置。

本责任书一式两份，保安和幼儿园各执一份，自签定（盖章）之日起生效。在责任期内，如因疏于管理而发生事故将严肃追究责任。

园长（签字）：　　　　　　　安全责任人（签字）：

　年　　月　　日　　　　　　　年　　月　　日

幼儿园教师安全责任书

幼儿园工作安全第一，安全工作教师先行，为了加强管理，落实责任，杜绝事故的发生，我园本着"安全工作，预防第一"的管理方针，特与教师签订安全责任书。

1. 教师在幼儿入园之时起便对幼儿的安全负责，教师是班级安全工作的第一责任人，各班幼儿出现安全问题，教师负主要责任，教师要高度重视幼儿的安全教育，加强安全管理，认真督促落实好班级各项安全措施，发现问题及时处理。

2. 不得将幼儿的个人资料泄露给陌生人或幼儿家庭以外的成员。

3. 要及时阻止幼儿与可疑的陌生人接触。

4. 当班上幼儿在园发生安全伤害事故或事件时，应在第一时间通知园长和保健医生，同时送孩子去医院就诊，并积极配合有关人员做好事故的处理和善后工作。

5. 当发生幼儿伤害事故或事件后，要及时与家长沟通，安抚幼儿的家人，并取得他们的谅解。

6. 户外游戏前要确保幼儿的安全。游戏前一定要先检查好场地和环境的安全情况，发现问题及时排除，当确认无安全隐患时方可进行活动。帮幼儿整理好衣服、鞋带等，告诉幼儿不掉队、不随便离队，并随时清点人数。教师要有计划地组织指导幼儿活动，确保每一名幼儿活动的安全。

7. 班级内注意用电安全，严禁幼儿触摸各种电器。

8. 经常对幼儿进行安全教育，并结合实际情况随时向幼儿进行自救、健康、安全等方面的教育，提高幼儿的自我保护意识。教育幼儿团结友爱，不打人、推人、抓人，不爬高、猛跑，不攀登栏杆，以免跌伤、碰伤，并教育幼儿发现别人或自己受伤时及时告诉老师。

9. 教师必须严格执行请假制度，不得私自外出，如果私自外出，幼儿出现安全问题，后果自负。

10. 在工作中，如果因教师管理不善或失职，造成对幼儿的伤害，教师要负相关责任。

11. 严格执行接送制度，有不熟悉的人接幼儿，一定要与幼儿家长取得联系，不允许未成年人接送孩子。

12. 组织好幼儿从入园到离园的各项活动，严禁体罚和变相体罚幼儿。任何时候幼儿都不能脱离教师的视线，如果因教师的擅离职守和不负责任而造成意外事故，教师负全部责任。

13. 幼儿带入园的药品要有固定的地方存放，教师一定要按家长填写的药单帮助每一个孩子服药，服药后的药瓶等及时处理掉，杜绝不安全事故的发生。

14. 认真做好晨午晚检。值班老师要通过看、闻、问、摸等手段了解幼儿的身体状况，看清楚口袋、书包等处有没有带着危险的物品，若因为此环节的疏忽而发生危险事故，则由本班教师负责。

15. 细心观察幼儿的就餐情况，注意用筷子的安全，吃鱼、排骨时，防止鱼刺、碎骨头卡伤喉咙，防止食物进入气管。

16. 注意幼儿的午睡情况，教师在幼儿午睡值班时保持安静，并坚守岗位，勤巡视，发现异常情况及时处理。午睡前检查幼儿的口袋有无危险物品，如小刀、钉子、小球、小瓶等，不让幼儿把这些东西带到床上，确保他们安全、健康。

17. 不让幼儿单独到厨房、开水间、锅炉房等易发生危险的地方去。

18. 无论何时不得把幼儿单独留在室内。在室内活动时，防止幼儿单独外出，特别要防止新入园的幼儿独自离开班级；在室外活动时，确保班级内在园的每位幼儿都在场。

19. 认真执行幼儿园安全、卫生保健制度，能指导保育员、配合保育员管理幼儿一日生活和卫生保健工作。

20. 要细心照顾幼儿的衣食住行，注意观察幼儿的情绪，鼓励幼儿有不舒服的地方及时告诉老师，发现病后报给医务人员，不得擅自处理。

21. 教师工作时段不留长指甲、不梳长发、不穿高跟鞋等，因自身原因引起事故，由本人负全部责任。

22. 一旦发生事故，当班教师要在晚上或幼儿离园时向家长当面说明事情的原由，一定要妥善做好家长工作，缓解家长的不满情绪。当幼儿发生骨折、缝合等较严重的伤情时，应及时与家长取得联系。

以上各项规定中凡幼儿出现不安全事故的，视其情节追究当事人的责任。教师应处处、事事、时时都把幼儿的安全放在首位，让每个孩子都平安健康地度过童年的美好时光，快乐、自由地成长。

此责任书一式两份，签字有效。

园长（签字）：　　　　　　　　安全责任人（签字）：

　年　　月　　日　　　　　　　年　　月　　日

幼儿园保育员安全责任书

根据上级安全、卫生工作要求，结合我园的实际情况，按照幼儿保育员职责和应尽的义务，特制定保育员工作安全责任书。

1. 保育员在幼儿入园之时起便与教师一起共同对幼儿的安全负责，协助班级教师加强安全管理，认真督促落实好班级各项安全措施，配合教师做好安全预演工作，发现问题及时处理。

2. 按幼儿园保育工作量化要求和消毒制度，做好本班室内、外清洁卫生和消毒工作。走廊、教室、厕所地面保持干燥，避免因地滑导致幼儿摔跤。做好每日一小扫，每周一大扫的清洁工作，且卫生检查达标。

3. 在教师和保健医生的指导下，精心照顾幼儿的一日生活。每天供给幼儿足量的饭菜、足量的开水、温热的牛奶，注意幼儿的水、菜、饭、汤的温度，保证幼儿饮食温度适宜，杜绝烫伤。

4. 确保幼儿户外游戏、运动安全，定时到岗到位，保障幼儿活动的安全。

5. 午睡时要加强巡视，观察幼儿面色，纠正他们的不良睡姿，帮助幼儿盖好被子，发现异常情况及时处理，提高幼儿的午睡质量。

6. 外出参观、踏青或其他活动时，协助教师维护幼儿集体秩序，确保幼儿安全。

7. 每周对班级进行一次安全检查，并及时将检查情况报告给班级教师。

8. 各种物品应放于固定、安全的位置。不携带私人用品进班，特别是带有尖锐棱角的物品、金属物品、有壳及核的食物、外用药水以及热源等一律不准进入班级；药物、剪刀、针等应放到幼儿拿不到的地方。

9. 离开教室时，巡视一下教室安全，关好门窗及盥洗室的水龙头，节假日期间切断电器设备电源，发现隐患及时报修。

10. 当班内幼儿在园期间发生安全伤害事故或事件，应及时配合教师做好善后处理工作。

此责任书一式两份，签字有效。

园长（签字）：　　　　　　　　　安全责任人（签字）：

　年　　月　　日　　　　　　　　　年　　月　　日

第三节 │ 后勤工作的安全管理

一、幼儿园的物品购置原则

（一）不合格物品的危害

　　幼儿用品的质量安全直接关系到幼儿的健康，近年来，幼儿园用品因质量安全问题多次被监管部门查处，被媒体曝光。

　　我们经常会在新闻媒体中看到类似这样的报道，安全检验机构对儿童产品中重金属含量进行检测，在随机购买的500件儿童产品中检测到6种有害重金属的总含量超标，包括铅、锑、砷、镉、铬和汞。500件产品中有163件至少含有一种有害重金属，有些产品铅含量超过了国际标准的几倍。这些重金属超标的产品，若被儿童长期使用，会影响他们的感官、行动、认知和行为，会产生学习障碍、难以集中注意力等后果；还可能影响儿童协调、视觉、空间和语言能力的发展，引起贫血。幼儿期接触铅所造成的健康危害会持续到青少年和成年阶段。此外还有用"黑心棉"给儿童做棉被、棉衣；塑料产品质量不过关或儿童木制玩具含甲醛、易松动等多重质量问题；这些会严重影响到孩子们的健康。

　　因此，幼儿园在购置儿童物品时必须把好质量关，为幼儿挑选符合国家卫生标准、安全标准的用品，避免妨碍幼儿身体健康或者威胁幼儿生命安全的物品接近他们。

（二）事故案例

案例一　幼儿用品质量不过关

　　某民办幼儿园的托班幼儿入园后，发现许多孩子身上都有小红疙瘩，着急的家长带幼儿到医院就诊，医生诊断是过敏了。经排查，罪魁祸首原来是幼儿园的日常用品、用具。采购的老师为了给幼儿园节省经费，一些日常用品、用具都是在小商品市场买的，如购置的木制玩具有很浓的油漆味，塑料制品有严重的异味。为了幼儿的安全健康，在购置幼儿玩具时一定要把好关，在正规的地方购置。

<h2 style="text-align:center">案例二　都是"眼睛"惹得祸</h2>

幼儿正在活动区游戏，一幼儿突然呼吸困难、脸色发紫，幸亏老师发现得及时，将孩子抱到医务室。医生判断出幼儿是被异物卡住了喉咙，迅速采取了急救措施促使幼儿将异物排出。原来，幼儿游戏时将娃娃的"眼睛"抠下来放到嘴里，卡住了咽喉。劣质的布艺、毛绒等玩具存在着危害幼儿生命的隐患，在购置时一定要遵循坚固耐用的原则。

（三）安全隐患及适宜策略

1. 幼儿园购置的床上用品、园服、毛巾等棉制品，棉质不过关，造成幼儿过敏等不良反应。

适宜策略

（1）购买棉被时，向商家要求看棉花的质量。购买人学习判断棉花质量的一些技巧，如：看颜色，太白的有可能是用劣质棉漂过的；摸手感，要有蓬松的感觉，不能感觉涩滑。

（2）有条件的幼儿园可在棉花的种植地，委托当地人收购棉花制作棉胎，这样最能保证安全。

（3）床单、被罩等布制品要触摸时手感柔软，颜色柔和，没有异味；必要时可以从布上拆下一根棉线，用火烧一下，棉质布没有异味、不卷、成灰沫。选择毛巾时，毛巾不能有掉毛现象。

（4）挑选枕头时，要让商家打开看一下填充物。大批订货送到幼儿园后，一定要再做抽检。

（5）购买园服时以纯棉为宜，做工要精细，帽子或领子上没有带子，扣子或拉链等缝制要结实。

2. 购置了假的或质量有问题的不锈钢制品，会影响孩子的使用和健康。

适宜策略

（1）购买时要看表面是否光滑，有无磕碰、划伤和砂眼等毛病。器皿的形状要对称规矩，材质不能太薄，要有一定的厚度。

（2）为了鉴别不锈钢制品的真伪，购置时可带一块磁铁去，不吸附磁铁的不锈钢制品基本是真的。

3. 幼儿用了劣质、大小不合适、规格不标准的玩具游戏，会给幼儿造成严重的安全和健康问题。如色彩鲜艳、形象逼真的毛绒玩具，孩子们玩时出现掉毛现象，甚至在老师洗了之后，里面的填充棉拧成了一团；塑料玩具、塑料泡沫地垫等异味严重，孩子接触后，出现头晕恶心现象；木制玩具在玩的过程中，出现松动、异味等现象，给孩子的游戏带来障碍，甚至给孩子的身体造成影响。

适宜策略

（1）选择毛绒玩具时不易过大，以免遮挡孩子的视线。挑选时用手来回蹭玩具表面，看是否掉毛；颜色要柔和，不选择过于鲜艳的，防止毛绒布面是用劣质染色剂漂染的。

（2）购买塑料玩具时，要有一定的厚度，通过嗅、闻检查是否有异味，看塑料的质地是否平滑，尽可能地看塑料标号。

（3）选择木制和金属玩具主要用手摸表面、边缘、孔缝处是否平滑，有无粗糙、锐利的感觉；检查是否有异味，是否是劣质漆。

（4）购买电动玩具时一定要试用，同时检查开关系统、玩具表面是否绝缘安全。

4. 劣质的大型玩具，会给幼儿的生命和健康带来无可挽回的危险。

适宜策略

（1）购买时与信誉好的玩具供货商合作，并签订购置合同。

（2）到货时查看玩具的材质是否与订制时一致。

（3）安装时检查玩具安装的结实程度，检查每一个螺丝是否拧紧。

5. 购置了含有甲醛的家具会给幼儿的健康和生命带来威胁。桌、椅、床、柜子等木制家具，厂家送货时还有呛鼻的气味，床板的质量有问题，好动的幼儿在床上蹦跳时将床板压折，出现危险。

适宜策略

（1）购置时观察木质是否干燥、洁白，质地是否紧密、细腻。如果制作材料中加入了刨花板、密度板及一次成型板等，坚决不要。

（2）看细节，检查抛光面是否平滑，特别要查看桌腿、椅腿等部位是否毛糙，颜料涂刷得是否过厚、是否有裂痕或气泡。打开柜门或抽屉，嗅闻是否有刺激性气味。

（3）结构要牢固，框架不得松动，不允许断榫、断料等。背板部位，也必须检查是否镶好，并且上好螺钉。

（4）主要受力部位如立柱、连接立柱之间靠近地面的承重横条，不应有大的节疤或裂纹。

6. 购置多媒体、电视、录音机、投影仪、复印机、塑封机、空调和电脑等电器设备时贪图便宜，未在正规厂家购置，出现图像、声音不清晰，甚至出现爆炸或冒烟等严重安全问题。如果电器里面的装置或电路出现问题，会造成爆炸、着火、触电等危险。

适宜策略

重视电器产品的质量。市场上的品牌电器通常在质量上比较有保障，厂家的质保卡通常包括质保期、质保项目、赔付方式，以及真实可寻的制造商名称地址和电话。

掌握购置物品的原则：（1）查验防伪标志；（2）做到货比三家。

二、卫生保健工作的安全管理

（一）卫生保健工作的必要性

学前期儿童正处在生长发育的关键时期，他们生长发育迅速，但身体尚未发育完善，适应环境的能力和对疾病的抵抗力不足，容易受到外界各种疾病的干扰，从而影响他们的身体健康。所以，保证供给幼儿全面合理的营养，加强体格锻炼，落实扎实有效的防病毒措施，是提高幼儿健康水平的重要环节，也是幼儿园工作的重点。卫生保健工作实施的好与坏，直接影响和制约着幼儿园的发展。

幼儿园是幼儿最集中的场所之一。幼儿抵御疾病的能力弱，如果没有严格的卫生措施，病菌极易在园内传播。这就需要保健医生在晨、午检和卫生监督方面严格把关，如果保健医生在工作过程中马虎大意，漫不经心，会对孩子的生命健康造成危害，如：晨检时不认真，让患疑似传染病的幼儿进班，造成传染病在幼儿园爆发；未正确处理幼儿常见病，或在意外事故的急救处理中出现差错；幼儿预防注射登记本记录不详细，使幼儿重复注射同种预防针等，都会造成不可想象的后果。

（二）事故案例

案例一　幼儿自带食品引发腹泻

某幼儿园在新年到来之际，组织各班进行迎新年联欢活动，中班某教师请班内的幼儿分别带一些食品到班上，在联欢活动中进行分享。谁知第二天就有五六个家长不约而同地给老师打电话，反映自己的孩子在联欢会结束的当天晚上出现不同程度的腹泻症状，询问老师孩子当天晚餐吃了什么。

经调查分析，其他班级的幼儿并无此情况发生，因此不应是幼儿园的午餐、晚餐的食品问题引发的。经过一系列排查，最终老师发现是联欢会上某幼儿带来的牛肉干出了问题，独立包装的牛肉干已过了保质期限。

案例二　坚持工作人员健康体检制度

某幼儿园因为班里的老师临时离岗，接收了三名从学校来的实习教师，按规定在进班之前需要进行上岗前的健康体检，保健医生带着这三名实习教师去了医院。通常情况下，从学校过来实习的毕业生体检结果都是合格的。班长因班里急缺教师，询问园长能否让实习教师先进班，因检查结果没出来园长没有同意。后来体检结果显示，其中的一名教师的体检结果不合格（肝功呈澳抗阳性）。如果不严格遵守工作人员健康体检制度，就会给孩子的健康带来隐患。

（三）卫生保健工作管理中的安全隐患及适宜策略

1.清洁卫生环节隐患

班级的清洁卫生工作不彻底，留有死角。如：柜子里面不经常清洁；盥洗室的下水沟、防滑垫下面、柜子、床、钢琴的下面等不经常清扫，很容易滋生细菌，但保健医生在监督、检查中未及时指出。

适宜策略

医务人员管理好幼儿园室内外环境清洁卫生工作，明确责任区与责任人，按照卫生清洁要求，指导、检查、督促各岗人员做好卫生工作。

2. 消毒环节隐患

班级内的各项消毒工作很重要，稍有疏忽，病菌就会侵入。通风是空气消毒最简单、有效的方法。因儿童生活、活动场地狭小，环境欠佳，如果活动室通风不良，病毒很容易在室内传播；水杯、毛巾忘记消毒，孩子重复或交叉使用了带病毒的水杯、毛巾，会引发严重的后果。

适宜策略

（1）物品消毒是关键，幼儿毛巾、水杯、牙具做到专人专用，所用日常用品及活动场所定期消毒。

物品消毒方法及时间

消毒周期	消毒物品、方位	消毒方法
每日消毒	餐具	高温
	水杯	消毒柜
	毛巾	消毒水泡后晾晒
	刷牙杯	消毒水泡洗
	盥洗室、活动室、睡眠室	开窗通风
	便池	消毒水泡
	大中型玩具	日晒、清洁
每周消毒	桌面玩具	消毒水泡后冲洗干净，通风处控干
	图书	阳光照晒
每月消毒	被褥	每两周晒一次

（2）消毒液、洗涤剂等妥善保管好，放置在幼儿接触不到的地方，班内不得存放盐酸、硫酸、爆炸物等有毒有害物品。

（3）消毒工作是幼儿身体健康的保障。保健室经常指导保育员和食堂工作人员做好消毒工作，使他们能全面掌握消毒方法。

3. 传染病预防环节隐患

传染病的预防措施做的不到位，容易造成传染病在幼儿园内爆发。坚持晨、午检及全日观察是杜绝传染病传播的重要方法，如果保健医生、教师检查时不够细致，没有将疑似传染病的患儿查出，或查出后没能及时采取隔离措施，会造成传染病在幼儿园内爆发；如手足口、水痘等常见、多发性传染病流行期间，保健医生晨检时未判断出幼儿出现的病状特征，回园后造成传染病在幼儿园传播；幼儿离京后，没有采取隔离措施，因在路途中感染病毒，造成传染病在班级中传播；幼儿传染病还未完全痊愈，没有出具医院开具的痊愈证明，班级就接收幼儿进班，或医务室疏忽准许幼儿进班等。

适宜策略

（1）幼儿需要跟随家长去外地前，教师需提醒家长幼儿回来后要在家休息、隔离一段时间再入园。

（2）传染病流行期间，幼儿园积极采取防范措施，加强晨、午检和各项消毒工作，对活动室、盥洗室的环境和所有物品进行消毒，并进行详细记录。

（3）发现幼儿患疑似传染病时及时隔离，并在第一时间与家长取得联系，带幼儿到医院确诊，并打电话回访幼儿的病情。

（4）幼儿园发现传染病患儿，及时按规定进行报告，在疾病防控机构的指导下，对生活环境进行严格的消毒处理。

（5）患传染病的幼儿痊愈后，请家长将医生开具的痊愈证明交给保健医生查验后再进班。

（6）为防止传染病的交叉感染，对与传染病患儿接触过的幼儿进行检疫、隔离、观察。不混班、不串班，隔离期满后没有带病症状者方可解除隔离。

（7）做好防疫接种工作，麻疹、脊髓灰质炎的接种率在95%以上，白百破、卡介苗接种率在90%以上，预防接种建卡率达100%。

4. 预防接种环节隐患

幼儿的疾病防疫接种是幼儿园卫生保健的重要工作，必须提醒家长按时为幼儿接种，稍有疏忽，就会造成漏种或复种。如：幼儿入园时或家长带孩子接种后，保健医生未及时请家长交来预防接种本或预防接种本丢失；保健医生没有及时填好预防接种卡或保健医生没有及时根据孩子的接种情况，向家长发放接种通知单。

适宜策略

（1）幼儿入园时，请家长将预防接种证交到医务室认真查验，未按规定接种的幼儿，需督促家长带幼儿到当地规定的接种单位补种。

（2）保健医生根据每个孩子的接种情况，按时向家长发放接种通知单，及时通知家长带幼儿打预防针，并回收预防接种本。

（3）建立预防接种本档案，有序开展防疫接种。

5. 健康体检环节的隐患

保健医生对幼儿健康检查缺乏重视，造成体检缺项。如：由于体检制度不健全或其他原因，未认真执行体检制度，造成幼儿未体检就入园或未做到定期体检；医务室和班级工作脱节，造成未见到幼儿的体检单就让幼儿进班；幼儿两个月未到园，保健医生没有强调让幼儿体检，幼儿直接回班；保健医生工作不细致，造成定期体检缺项。因未严格遵守工作人员入职前的健康体检而给幼儿的在园健康造成隐患，或在接待实习教师等其他与幼儿长时间密切接触的人员入园时，未执行健康体检制度。

适宜策略

（1）严格执行体检制度，保健医生查看幼儿入园体检单后，再通知班上接收幼儿进班。

（2）幼儿两个月没有出勤，保健医生通知家长带幼儿体检后方可回班。

（3）定期为幼儿进行全面体格检查。幼儿园每年体检一次，每半年测一次身高、体重；并进行健康分析、评价、疾病统计，建立健康卡片或档案。

（4）加强日常保育护理工作，对体检中不达标的幼儿进行专案管理。

6. 保健医生不具备任职资格

保健医生要具备基本的事故应急处理知识或幼儿常见病的应急诊断，否则会造成孩子发生意外事故后处理不当。保健医生对于幼儿常见病不能正确诊断或进行盲目诊治，会延误最佳治疗时间，处理不当则会加重病情。

适宜策略

（1）保健医生平时应加强学习，提高医疗保健知识。

（2）幼儿出现紧急病情或发生意外事故时，对不能确诊的病情，应根据幼儿具体情况，请示园领导后，迅速送幼儿到医院救治，同时通知家长。

（3）幼儿常见病，如发烧等，不盲目给幼儿用药，应通知家长带幼儿到医院就医。

7. 药品管理不到位

对幼儿带来的药品未妥善保管，造成幼儿误服；没有请家长对幼儿带来的药品进行登记，造成漏服；药品放的位置不当使幼儿轻易拿到，易出现幼儿误服；医务室存放的应急药品、有毒药品等保管不到位，造成过期等问题，都会引发难以想象的严重后果。

适宜策略

（1）保健医生要按照保健制度，对应急药品进行管理，在正规药店购买药品，定期查对日期、清点数量，做好登记。

（2）班级幼儿药品管理应做到：一登记，请家长认真填写服药条；二查对，吃药前、中、后查对姓名、药名、剂量、时间、用法，避免误服或过量；三留存，服药登记单保存一周。

（3）保健医生每日到班级巡视，检查家长自带药品情况；了解、观察幼儿服药情况及幼儿情绪；指导、检查班级交接本的填写。

（4）班级对药品应妥善保管，放置在幼儿拿不到的固定位置，并贴上标签。有甜味的药品一定要放好，防止幼儿自己服用。

（5）家长带药安全管理，不能将熬制的中成药带到幼儿园服用，同时由医院提供的治疗疾病的药物要有独立的原药品包装；幼儿园只收当天的药量，糖浆除外；不存儿童当天服用后剩下的药物；严格按家长所留药单内容保存和服药；保健医生对药物进行把关；当天保存药品的包装，药单保存一周；特殊药放冰箱。

（6）不要用带有其他药品的空瓶去装消毒片，不要让幼儿接触到消毒药品，以免发生意外。

（7）对于有毒或腐蚀性药品（如灭蟑药、灭鼠药、84消毒液等），医务室要单独存放、妥善保管，一用一领，领取时按一次的使用量领取。

8. 班级幼儿食品管理中的隐患

教师在日常生活中未管理好班级内幼儿食品会造成严重后果。如：在幼儿哭闹时给他们吃零食很容易卡到嗓子里；对幼儿从家中带到园里的零食未检查，使幼儿误食过期食品；给幼儿食用了家长送来的变质食品，造成幼儿腹泻、呕吐等；对班级内哪些幼儿食物过敏不清楚，导致幼儿发生食物过敏等都很危险。

适宜策略

（1）教师不能给幼儿食用幼儿园之外提供的食品，对幼儿的饭菜仔细观察后再给幼儿食用。

（2）保健医生开学初将食物过敏幼儿的名单发到班上，提醒教师分餐时注意个别幼儿的过敏现象。

9.体能测试环节隐患

体能测试过程中经常会出现磕碰现象。如：测试前对幼儿体能测试器材的安全未提前检查，如平衡木木板松动造成摔伤、碰伤；测试过程中，保健医生和教师的注意力都在被测试的孩子身上，而没有组织好大部分等待测试的幼儿，造成幼儿打闹碰撞而发生磕碰事故。

适宜策略

（1）幼儿测试之前，检查场地及器械是否安全。

（2）测试过程中，组织幼儿进行分组测试。

三、食堂工作人员的安全管理

（一）食堂工作安全的重要性

幼儿园食品卫生安全工作是一项重要的基础性工作。增强食堂工作人员的安全意识，确保幼儿的饮食安全，是幼儿健康发展的物质保障。

（二）事故案例

案例一　未按程序操作引发事故

某幼儿园食堂师傅刘某，在使用绞肉机时没有使用专用工具（木锤）往机器转刀处顺肉，直接用手将机器中的肉馅往下按，致使右手食指、无名指被绞肉机绞伤致残。刘师傅如果按照绞肉机的安全操作规程操作，事故便可避免。

无论做任何工作都不能马虎大意，特别是熟悉的工作，即使再熟练也必须按章操作，不得违反操作程序，否则将造成严重后果。

案例二　食堂卫生不合格导致细菌性痢疾暴发

银川市某中心幼儿园因食堂卫生工作没做到位，导致该园的大多数幼儿拉肚子，182名幼儿出现细菌性痢疾，继而引发全园爆发细菌性痢疾。

（三）安全隐患及适宜策略

1.消防安全中的隐患

（1）由于设备未定期维修保养，引起火灾，造成无法挽回的严重事故。如：食堂线路老化，炊事器械的电压与电源不匹配，油烟机不按时清理等，都容易引起火灾。

（2）厨师烹制完食物后忘记关煤气或不懂安全知识，遇到紧急情况时不知道第一时间关闭煤气，造成火灾。

适宜策略

（1）食堂配备符合消防规范及足够的消防设备，如灭火器，并定期对所有的消防设施进行检查。

（2）加强火源管理，油灶、煤气炉灶、电热设备及电源控制柜有专人负责，下班前，检查所有电源是否切断。

（3）随时消除油渍污物，将易燃物品置于远离火源的地方，厨房和仓库内应禁止吸烟。

（4）定期对厨房工作人员进行消防教育培训。

2. 食物污染的隐患

（1）购买了过期食品或食品贮存不当，很容易造成食物中毒。特别是夏季，气温较高，食品及原材料易受到微生物污染，尤其是奶制品、豆制品等。

（2）工作人员体检不合格或生病后，由于食堂人手紧张或其他原因，存有侥幸心理，带病上岗，造成病毒传染。

（3）食堂卫生较差，炊具、餐具消毒不到位，造成交叉感染。

适宜策略

（1）个人卫生

①食堂工作人员应定期体检，有不合格的体征指标，应治疗、休息好了再上岗。为食堂送货的人员，同样要进行健康检查。

②要讲究个人卫生，工作时穿戴好清洁的工作衣帽，勤洗手，勤剪指甲，勤洗澡和理发，工作服勤洗、勤换。加工直接入口的食品应戴口罩，避免说话、咳嗽、打喷嚏时对着食品。

③烹饪食物前、便后、接触不洁物后及时用肥皂洗手。

（2）环境卫生

①保持厨房整洁，做到地面干净，墙壁、门窗、天花板无污痕、无灰尘、无蜘蛛网、无臭味、无卫生死角等。垃圾桶遮盖严密，并及时处理垃圾。

②食堂周围水槽、水沟、剩饭菜池（桶）要经常清洗、清扫，保持水

沟通畅。

③设置相应的消毒、盥洗、采光、通风、防腐、防尘、防蝇、防鼠、洗涤、污水排放、存放垃圾和废弃物等设施。

（4）炊具、餐具的清洁、消毒

①锅灶、水池、炊具、台板、砧板、食品橱柜、冰柜及厨具、餐具等执行防疫站的清洁要求。所使用的洗涤、消毒剂符合卫生标准。

②餐具每餐使用后都要消毒，幼儿进餐不使用一次性餐具。

③所有炊具都要及时保养、擦拭并保持清洁。

④生食熟食菜板、红白案板等不要混合使用，盛放生、熟食品的容器也要做好标记，分开存放和使用。

（5）食品储存

①食品储存场所不要存放有毒、有害物品及个人生活物品，防止食品接触到有毒物、不洁物。

②对于保存食品的冷藏设备，必须贴有标志，食品储存做到分类、分架、隔墙、离地存放。特别是加工后的熟制品应当与食品原料或半成品分开存放，防止交叉感染。

3. 食品采购、加工制作中的隐患

（1）幼儿食用健康食品的第一关就是要把住进货关，如果炊事人员验货时不认真，将劣质、变质、超保质期的不符合卫生要求和规定的食品采购进来，会为食物中毒埋下隐患。

（2）炊事员在烹饪之前，对食物及原材料有腐败变质的情况，没有进行认真检查，直接加工，易造成食物中毒。

（3）对某些特殊食品加工不到位，易造成中毒。如：豆角没有加工透，土豆发芽后继续食用，且发芽的部分没挖干净。

适宜策略

（1）食品采购

①食堂采购人员把好进货关，应采购新鲜、卫生、无污染的菜、肉、米面等食品，不采购腐败变质、劣质、超过保质期的、不符合卫生要求和规定的食品，不得购买无QS标志的面粉、食用油、调料、食盐等。

②采购食品应到持有有效卫生许可证的经营单位采购，并向供货方索要产品合格证，检验报告及发票。

③食堂建立严格的安全保卫措施，不许非食堂工作人员随意进入食堂

的操作间及食品原料存放库房，防止投毒事件发生。

④凡采购进入食堂的食物，必须经两人验收后方可使用。主要看食物的品质是否完好，有无污染变质，是否有齐全的生产厂家、商标、生产日期等标志，是否过保质期，有无产品合格证等。不合格的与供货商联系退货，禁止不合格的食物进入食堂。

（2）食品加工

①食品加工前炊事员认真检查食物及原料是否有腐败变质或感观性状异常的现象，发现异常立即停止加工。

②食品加工要坚持一择、二洗、三切的操作程序，不加工未清洗干净的原料。

③肉类、蔬菜、水产品要分池清洗、分案板切装。盛装肉类、蔬菜、水产品的容器应分开使用，并有明显标志。

④烹调加工过程中，刀、案、容器等必须生熟、荤素分开使用，用后洗净、定位存放，并保持清洁。

⑤加工制作的食品须烧熟煮透，不制作冷荤凉菜。

⑥每餐、每种食品必须留样，放置专用冰箱，保存48小时以上，并做好记录。

⑦做好的饭菜盛入容器后，及时盖上盖儿，给班级送餐途中防止细菌、灰尘污染。

4. 工作人员防烧烫伤、刀伤、机械伤等

（1）工作人员因在操作器械过程中走神或不规范操作，造成安全事故，如将手绞入绞面机内等。

（2）在食品的制作加工过程中，不注意细节造成伤害，如收拾鱼时被鱼刺扎了手，切菜时不注意切伤手，端热水时没有避开人将水撒到别人身上造成烫伤。

（3）食堂地面没及时擦干，工作人员滑倒摔伤。

适宜策略

①当事人员要掌握灭火知识和技能，煤气管线应定期检查，每次使用后及时关闭煤气。

②在炊事器械使用、操作过程中，严格遵守操作规程和安全制度。

③加强刀具管理，设置专用刀具柜和刀具架，使用过程中注意不要切手。

④在灶台上操作的人员，烹制、挪移食品过程中，应避免直接接触高

温炊具炉具，必要时，应戴上手套或用布巾隔热，以防烫伤灼伤。

⑤员工如受到伤害，立即送医院治疗，并通知其家属，在伤口未愈之前，伤员不应与食品再有接触。

⑥食堂地面易溅上油和水，要及时擦干净，防止不小心滑倒。

四、幼儿园门卫的安全管理

（一）门卫工作的重要性

门卫是保障幼儿园安全的重要屏障，幼儿园的门卫肩负着园所安全的重要责任，是幼儿园安全的第一道防线。幼儿园发生的部分安全事故，特别是来自校园外的暴力伤害事故，以及在园幼儿被冒领和走失事件，往往与幼儿园的门卫制度存在漏洞不无关系。园门是联系幼儿园和外部世界的纽带，幼儿园应当建立完善的门卫制度，通过对进出幼儿园的人员和物品进行有效监控和严格管理，最大限度地将来自园外的各种安全隐患阻挡在幼儿园之外，从而构筑起幼儿园安全保卫工作的第一道防线。幼儿园门卫制度不健全，很容易导致各种危险因素乘虚而入，危及在园师生的生命和财产安全。保卫幼儿园安全，应从守好幼儿园的大门做起。

（二）事故案例

案例一 门卫猥亵女童

2011年，昌平区某幼儿园6岁女童小雨在家长的陪同下，到派出所指认猥亵自己的幼儿园门卫。据小雨的妈妈说，一天下午孩子从幼儿园回家后，一直沉默寡言，一问就哭，最后说自己下身痒。给她洗时，发现她下身红肿得很厉害。当天晚上，孩子不能撒尿，一尿就疼，一直憋着，孩子疼得哇哇哭。最后孩子说，在我接她回家之前，幼儿园的门卫杜某用手摸她的下身。

据了解，58岁的幼儿园门卫杜某在警察的追问下承认了性侵女童十余次。杜某因性侵女童，涉嫌犯罪，被警方控制。

案例二 幼儿园的师生被歹徒杀害

2004年的一天夜晚，风雨大作，北京某幼儿园的贺老师正在一楼哄4个寄宿的幼儿入睡，这时一个陌生男子闯进来，用毛巾捂住了贺老师的嘴，贺老师拼命与歹徒撕扯并呼叫，歹徒见状将贺老师杀害。一个孩子从睡梦中惊醒，大声哭闹，歹徒便残忍地将其杀害。由于风雨声较大，在楼上值班的老师没有听见楼下搏斗挣扎的声音，歹徒行凶后从后门离开了。据家长们反映，幼儿园一直没有专门的保安，只有一名男职工。

（三）安全隐患及适宜策略

1. 门卫的聘用：幼儿园对聘用的门卫，没有严格的把关，聘用了责任心不强或心胸狭窄、有精神分裂症的人员，门卫本身就成为了安全隐患。

适宜策略

幼儿园在聘用门卫时，一定要看其工作简历，并从与其熟悉的人员那里了解其脾气性格，做到知根知底。选择工作主动性强，有责任心的人员；避免聘用心胸狭窄，精神有问题的人员。必要时可结合派出所的安全要求对聘用的人员做精神测试。

2. 门卫人员值班时，擅自离开岗位或做与值班无关的事情。如：接待外人进入值班室闲谈，打扑克、下棋，长时间打电话等，注意力不在工作上，造成幼儿走失或不法人员进园等重大事故。

适宜策略

门卫人员上岗时，要做到衣着整洁，讲究仪表，值班时一定要坚守岗位，坚持二十四小时值班制度，有事需临时离开也要请园领导安排其他人员替班。不擅离职守，不打盹，不从事与值班值勤无关的活动。值班电话要时刻保持畅通，不私用或转借他人使用。

3. 门卫安全意识薄弱，大门总是随意敞开，不遵守开关门时间；对来访人员不询问，不登记，有闲杂人员进入也不知道。

适宜策略

认真执行园内作息制度，严格按幼儿接送时间开关大门；平时大门保持上锁关闭状态。有客来访时，对来园人员严格履行询问、登记、请示、放行程序，即一定要问明身份及简单来访原因，确认后做好《来访登记》方可请来访者进园。发现可疑人员应及时报告相关人员和部门，不得让其入园，以防止园内安全事故的发生。

4. 入园、离园环节门口人多，很容易造成秩序混乱，很多不法人员趁这个时间混入幼儿园。

适宜策略

幼儿入园、离园时，门卫人员要在大门口巡视，有效地维持秩序。防止无关人员混入幼儿园；幼儿入园、离园后及时关闭大门。离园期间，严格审视不让幼儿单独一人出幼儿园大门。

5. 夜深人静的夜里，是不法人员作案最多的时间，此时，门卫如果放松警惕，不加强巡视，再加上门窗没有关好等问题，会让不法人员有可乘之机。

适宜策略

门卫值夜班时，夜间加强巡视，重点检查门窗是否关紧、是否有可疑人员出入等，值班时不得缺勤，不得随意找人代班。

6. 交接班时，门卫人员因着急下班或其他原因，交接不认真，延误工作。

适宜策略

严格交接手续。门卫工作人员将每天需要交接的事情逐条记录下来，并明确事宜要求，交接时将记录本上的每条事宜一一交接，并口头交代清楚。

7. 当发生紧急情况时，门卫慌乱之中未能及时拨打报警电话，造成事故不能在第一时间得到控制。

适宜策略

值班、值勤人员要熟记园领导联系电话。将火警、匪警等应急电话贴在传达室，出现紧急情况及时向领导报告并拨打求救电话。

8. 门卫人员不会使用技防设备，如：对监控的使用不熟练，将摄录的图像不小心删除，一旦需要重放录像时无法查看，给安全工作造成不便。

适宜策略

对门卫人员进行技防培训，做到会熟练地使用技防设施，技防设施发生故障时要及时报告、维修。如有监控设备的录像或者扩散监控影像资料、报警记录等，不能随意删除。

9. 门卫人员综合素质不佳，情急之下，采用暴力或者以暴力相威胁的方式处置纠纷，将事情造成无法挽回的局面。

适宜策略

门卫人员应做到以礼待人，语言文明。处理事情时不得限制他人的人身自由、侵犯个人隐私，不得搜查他人身体，不得采用暴力或者以暴力相威胁的方式处置纠纷（如侮辱、殴打他人），不得扣押、没收别人的证件、财物，不得阻碍依法执行公务。

第四节 │ 安全工作的制度管理及预案

完善的安全保障措施可以做到防患于未然。幼儿园服务对象是尚无自我保护能力的幼儿，所以应将"预防"置于防止伤害发生的首位。而预防，靠的就是规章制度。

规章制度是幼儿园管理的重要手段，它将幼儿园的各项工作和对各类人员的要求条理化、系统化，并具体规定为人人必须遵守的条文。幼儿园意外事故的发生，很大程度上是因为教师的安全意识薄弱，自救措施不当而引发的。那么，如何从根本上预防和减少幼儿园意外伤害事故的发生？可以借助"幼儿园安全管理制度"及"幼儿园安全工作预案"的制定与执行来帮助幼儿园减少及避免事故的发生。

在制定的过程中，根据各岗位的不同性质制定安全制度，并结合预设的各种安全突发事件，制定安全预案，应涵盖食品安全、各岗位安全、器械安全以及消防、用电等领域。本着少而精、实用、管用的原则，以增强教职员工安全意识、掌握安全常识和防范技能为重点制定。

一、幼儿园安全管理制度

幼儿园安全巡查制度

安全巡查制度是杜绝幼儿园安全事故的最有效办法，为了确保幼儿园的安全，幼儿园建立了24小时校园巡查制，特别加强对幼儿园重点部位的巡视查看。具体制度如下：

1. 幼儿园实行24小时巡查值班制度，值班人员要严格遵守值班纪律，坚守岗位，尽职尽责，不得擅自离岗或私自让他人替岗，严禁进行与值班职责无关的任何活动。定时对自己负责的范围进行巡查，细致地检查每一个角落，认真做好巡查记录。

2. 白天巡查的主要任务是维护幼儿园正常秩序，结合岗位的要求做好巡查工作，各班由班长负责本班活动室及所管辖楼道的安全巡视；食堂由一名保健医生和一名厨房工作人员负责巡视，医务室每天上、下午分别对食堂进行巡视，重点检查留样、消毒、卫生、煤气、器械的安全使用等，包括开水房；公共院落和教学楼内的公共区域由传达室人员和保洁人员负责巡视，保护好师生的安全。

3. 离园时间的巡查，主要由各班负责，要注意巡查各楼层、各教室的门窗、用电设备的关闭情况，做好防火防盗、防触电工作，确保师生人身安全，保证财物不受损失。

4. 师生离园后及夜间的巡查由传达室人员负责，主要任务是保护好各楼层及各专用教室、公共设施、财产和物资的安全。

5. 值班巡查人员必须具有良好的思想素质和业务能力，要有应对突发事件的能力，会妥善处理本岗位的事故险情，并及时报警。

6. 值班巡查人员必须保持高度警惕，危险时刻挺身而出，勇于同违法、违规、违纪人员做斗争，发现问题及时采取措施加以制止或处理，遇到难以解决的问题及时报告有关领导。

7. 在值班巡查期间擅自外出、玩忽职守，发生治安案件和灾害事故，造成集体财产、人身安全损害者，幼儿园将追究其责任。

幼儿安全管理制度

1. 幼儿来园时要由家长负责护理、照顾。接待幼儿入园的教师要加强每天晨检工作，教育幼儿不要带危险物品到幼儿园（如别针、钮扣、针、小刀等物品），防止异物落入鼻腔、口腔。

2. 幼儿离园时，对不熟悉的家长，教师要问明情况方可让其接走幼儿。教师在给班级活动室大门上锁时，要对本班各个房间进行检查，防止幼儿遗留在室内。

3. 教师交接班时需清点人数做好出勤记录。

4. 值班教师负责幼儿用药的管理，请家长填写儿童用药登记表，给幼儿服药必须核对姓名、日期、剂量，医务人员为幼儿打针必须核对药名、日期，防止服药及注射发生错误。过期变质的药物及时处理，消毒水等化学药品要放在幼儿拿不到的地方。

5. 园内紫外线消毒灯要有专人负责（紫外线灯要有标记，不用时盖好开关盖），防止外泄辐射到幼儿。

6. 食堂火种，煤气等要有专人负责（开关煤气时间要做好记录），不能让幼儿进入厨房。

7. 各部门负责人每天要对负责的范围进行巡视，教职工在活动中发现不安全因素，应及时报告园领导进行处理。发生责任事故，追究相关的责任。

8. 每月要检查大型玩具及运动器械，如有损坏，立刻停止使用，尽快修理。

9. 厨房严禁幼儿入内，热汤、热菜、开水，应放在安全的地方，不准放在地上，开饭时一定要注意幼儿安全，防止烫伤事故。

10. 不允许在安全通道堆放各种杂物，幼儿上下楼一定要有教师看护。

11. 幼儿外出活动要有明确的目标，要注意动静交替，要适合幼儿年龄特点，时间不宜过长。过马路、上下车、进出口时要清点幼儿人数，确保幼儿安全。

12. 对幼儿进行安全教育，不要乱奔乱跑，进园后不能擅自离开幼儿园，不能让幼儿自己回家取放物品；增强幼儿的自我保护意识，让幼儿记住幼儿园名称、家庭地址、父母姓名等，防止意外事故，提高幼儿的自我保护能力。

安全保卫制度

1. 成立由园领导、各班班长组成的安全工作小组，定期检查全园的设施、设备等。

2. 来园的任何客人都要登记，教职工不在园内接待家属、朋友等，不得随意留宿他人。

3. 安全小组协同后勤人员定期检查房屋、设备、场地及大型玩具和安全设备。节假日安排专人值班，有事及时处理，搞好安全保卫工作。

4. 节假日清园后，门卫及值班人员要对全园进行巡逻，值班人员要及时向园领导传达上级发下的紧急通知及发生的异常情况。

5. 重视安全设备的使用，会计室、库房、厨房等场所工作人员离开时要锁好防盗门窗，有关人员及值班人员了解灭火器及消防栓的位置，清除水井盖上的障碍物。

6. 发生意外时要以保护幼儿生命安全为第一原则，各班按照疏散预案从班门口最近的安全出口撤离。

7. 健全接送制度，家长送幼儿入园时要将幼儿亲自交给教师，离园时由教师亲自将幼儿交给家长。为防止幼儿擅自离园，门卫要坚守岗位，锁好大门，对来访人员仔细询问后方可放行。

8. 安全使用电器，严格遵守操作规程，发生故障请专人维修，保证电器完好。

9. 工作人员下班时要关好门窗、水龙头、电灯、电扇、录音机、电视机等。食堂工作人员关好煤气，各班组最后离开的人员全面检查后将门锁好，下班后值班人员要对全园进行一次巡视。

10. 安全保卫小组定期向教职工及家长进行安全教育，节假日前重点进行宣传教育。

11. 园内出现安全事故后应追究相应的责任，根据情节轻重及责任大小给予不同的处理。

12. 幼儿园设立安全巡视员2名（医务室1人、门卫1人），负责巡视园内各处安全隐患。

大型玩具使用制度

1. 教师应根据幼儿的年龄特点和实际情况，为幼儿选择适合的大型玩具进行游戏。

2. 在组织幼儿活动前，教师应检查玩具有无异常，位置摆放是否适当，玩具有无损坏。

3. 开始游戏前，教师应先介绍玩具的名称，帮助幼儿认识各个部位，指出游戏时的注意事项。针对本班幼儿情况，讲解游戏的玩法，提醒幼儿注意安全。

4. 幼儿游戏时，教师在场地中的站位要合适，对于哪些地方要格外留意应心中有数，加强巡视。

5. 活动中，教师要注意幼儿身上佩戴的饰物是否收好，幼儿的衣裤是否穿好，以免影响幼儿的活动造成安全隐患。

6. 幼儿游戏中，教师应根据游戏情况及运动量，安排幼儿进行适当休息，注意活动内容动静交替、时间适宜，保证幼儿有充足的体力和良好的情绪。

7. 对于动作不协调的幼儿和有受伤史的幼儿，要特别关注他们的活动，给予适当的帮助。

8. 玩滑梯时，提示幼儿不带玩具上滑梯；玩滑梯时要坐好，不倒滑，手扶滑梯边；滑下去后立刻站起来，不停留；后面的小朋友要等前面的小朋友走开后再滑。

9. 游戏结束时，教师不要急于让幼儿集合，应站在能看到全体幼儿的位置上环顾幼儿，并引导幼儿依次从大型玩具上下来，确保幼儿安全。

10. 当幼儿在大型联合玩具上游戏时，教师应提示幼儿集中在一定区域内游戏，这样便于教师给予照顾和保护。

11. 幼儿游戏时，应有两名教师同时在场，相互配合，多巡视幼儿的活动，教师不要固定在一个位置上，应随着幼儿位置的变动而变换位置。

12. 教师要根据天气情况（如下雪、下雨或刮风后），在活动前检查玩具上有无积雪、雨水、断树枝及其他杂物，及时清理之后再让幼儿游戏。

13. 发现大型玩具有磨损、螺丝松动等问题时应及时上报，并提醒幼儿不到有安全隐患的地方去玩。

卫生防疫与食品卫生安全工作追究制度

1. 食堂的主管领导、保健医生对食堂的各项工作进行监督、检查时，发现问题未及时处理而造成不良后果的，将追究责任者责任。

2. 食堂班长对违反操作规程人员未及时制止，对购置的食品未认真仔细检查而造成不良后果的，将追究其责任。

3. 食堂采购人员采购的食品要新鲜，不得采购腐烂、霉变、有异味、生虫、污秽不洁或《食品卫生法（试行）》第七条所规定的禁售食品。在运输中，车辆、容器要清洁卫生，要生熟分开存放，防蝇防尘。

4. 装卸食品时注意卫生，食品不能直接接触地面，不能在马路上堆放直接入口的食品。

5. 食堂验货人员因购置的食品不合格，幼儿使用后造成不良后果的将追究其责任。

6. 非食堂人员未经允许擅自进入幼儿食堂而造成不良后果的，将追究其责任。

7. 库房管理人员对库房管理不当，造成食品污染及出现不良后果的，将追究其责任。

8. 食堂工作人员在食品制作、加工过程中违反操作规程，出现不良后果的，将追究其责任。

9. 食堂工作人员离园前未对食堂进行安全检查，造成不良后果的，将追究其责任。

10. 教师违反日常卫生消毒常规使幼儿身体受到伤害，将追究其责任。

天然气安全操作规程及锅炉房安全制度

1. 定期请维修人员对天然气、锅炉进行检验，确保燃气管线和阀门无损坏、无漏气，合格后方可进行操作。

2. 点火时，先点燃点火棒，然后伸进炉膛小火处，再打开小火节门引燃小火。取出点火棒，目视小火确实引燃后，再打开大火节门，如未点燃大火，则应立即关闭大小火节门。检查原因后，仍须按上述要求重新进行操作。

3. 火力的大小可通过大节门的开度进行调节，如停止使用时，应先关大火，后关小火。一旦违反操作规程而引起爆炸，应立即关闭大小火节门。

4. 非本岗位人员不得进行操作。

5. 严禁在锅炉房附近搭建易燃建筑，严禁堆放易燃物品，严禁在锅炉房内存放或烘烤可燃物品。

6. 炊事人员必须严格遵守操作规程及有关规章制度。

7. 锅炉点火前应对锅炉本体、附件及管道进行全面检查。

8. 锅炉房内放置MF8型干粉灭火器一个。

9. 锅炉房内应具备良好的通风条件。

10. 暂时不使用灶火时，则关闭对应的燃气阀门。

11. 离岗前须确认燃气阀门已关闭。

12. 锅炉房工作人员认真负责，在点火前必须保证锅炉内有不低于出水口位置的冷水，按时烧水，保证幼儿和教师饮用开水。

13. 严禁无关人员擅自动锅炉设置或烧水。

14. 幼儿一律不得进入锅炉房、开水间，以免烫伤。

15. 每月彻底检查一次锅炉，每年清理一次水碱。

16. 锅炉工发现问题及时汇报。

财 产 保 管 制 度

1. 对于幼儿园财产，每学期应定期检查各类财产的使用情况及磨损情况，并进行登记。在检查过程中，发现有安全隐患的物品及时清理、回收，保证各类财产的正常、安全使用。

2. 每学期各班班长对各班的各类财产进行检查登记，有磨损的进行登记并报请领导，经批准后给予补齐；有丢失的，给予记录，并由班长签字，视其原因，经领导批准后，给予补齐或由当事人进行赔偿；如无任何丢失、损坏的，班长要登记签字。

3. 对有危险性的物品（如剪刀、水果刀、各类药品、大头针等），存放在幼儿接触不到的安全地点。幼儿使用的有危险性的物品（如剪刀、曲别针、小纽扣、豆类、各种笔等），在使用过程中，教师要对幼儿进行必要的安全教育，并在使用过程中及时观察，提醒幼儿注意安全。

4. 各部门负责保管、使用本部门的财产，在使用过程中，发现有安全隐患或磨损不能继续使用的（尤其是灭火器材，食堂使用的各种厨房用具、财务部门的各种保险物品等），及时上报领导进行更换。

5. 没有园长批准，任何人不能携带园内财产出园。

财务人员安全防范管理制度

1. 财务室房屋门窗要牢固。存放现金、支票、印章必须用保险柜，保险柜钥匙由专人管理，妥善保管，保险柜必须设立密码。

2. 到银行取送款必须使用专用安全包及车辆，两人同行。

3. 加强对支票和其他票证的管理。用款和支票必须由领导批准、经手人签名方可领取。支票要写明签发日期、限额、用途，开出的支票要求在五天左右销账。不使用空白支票，支票不外借、不转让。坚持检验、复核制度，及时入账，堵塞漏洞，防止被盗、受骗。

4. 凡违反岗位制度的给予罚款。发生被盗、诈骗等刑事案件，造成损失的由相关责任人赔偿全部或部分经济损失。

5. 财务室内严禁闲杂人员出入。

6. 下班人走灯熄，检查门窗、切断电源。

用火、用电、设施安全管理制度

（一）用火管理制度

1. 幼儿园为禁烟单位，所有员工和家长禁止在园内吸烟。

2. 炊事员上岗前须进行"安全操作培训"，能安全使用燃气设备后，方可独立操作。

3. 各部门除食堂外，禁止使用明火。园内因建筑、装修、维修等工程须动用明火时，要向园里提出申请，经批准后，在确保安全的情况下方可动火。

（二）用电管理制度

1. 园内所有照明、电器、机械设备用电，均按国家安全标准进行统一的线路负荷管控。

2. 任何部门和个人不得私自乱拉电线，不得超负荷用电（包括集体宿舍）。

3. 所有电源插座需使用国家安检合格产品。

4. 各部门实行岗位责任制，做到人走断电，确保安全。

（三）设施安全管理制度

1. 每天检查监控器是否插好。

2. 每月由后勤园长、医务人员对全楼报警器、消防栓、灭火器、应急灯、安全指示标志灯进行检查，做好记录，并做好保洁工作。

3. 每年请物业对灭火器进行一次年检。

4. 对安有防盗窗、防盗门的部门，随时进行自检，保证安全。

5. 每天对幼儿户外活动场地进行清扫，检查有无异物，保证幼儿的安全。

传染病预防和管理制度

1. 建立园内传染病预防管理制度，定期检查，记录备案。

2. 坚持预防为主的方针，根据季节和疾病流行情况，利用各种方式进行防病宣传，每月至少一次（放假除外），做好经常性的疾病预防工作，引导幼儿养成良好的卫生习惯，降低传染病的发病率。

3. 设立隔离室，对疑似传染病儿童进行临时隔离。

（1）隔离室要远离健康班。

（2）隔离室用品：准备成人隔离衣、毛巾、脸盆等，以及儿童玩具等用品。做到一人一用一消毒，不得混作他用。

（3）隔离室每日进行清洁，通风换气，定期清扫，病儿转走后，应进行全面清理消毒。

4. 一旦发现传染病人，要立即按传染病报告程序逐级报告，并进行登记管理。对传染病儿要立即隔离，并根据不同病种对污染对象及时彻底地做好消毒处理。

5. 严格执行传染病预防和管理制度，做到"六早"：早预防、早发现、早报告、早诊断、早隔离、早治疗。

6. 把好"三关"：进园体检关，晨、午检关，消毒、隔离关。

7. 对患病幼儿所在的班级以及与患病幼儿接触者应进行检疫观察，检疫期间不混班、不串班，并张贴检疫标志。

8. 工作人员及幼儿家长发现传染病应报告园领导，由园领导或园内保健医生及时向上级部门报告，上报时间不超过6小时。

医务室查对工作制度

1. 入园登记时，务必要求幼儿家长登记幼儿有无既往病史及过敏史。既往病史主要是指入园前幼儿曾患有的严重疾病或先天疾病，如：心脏病或由于先天性心脏病做过手术，血液病、哮喘、癫痫、严重过敏性疾病，高烧惊厥症及主要脏器做过的大手术等。每次为幼儿做计划免疫时，注意向家长询问及核查有无过敏史，见家长签字的回执后，才能为幼儿吃药。同时服用多种药物时应注意搭配禁忌。

2. 在为幼儿看病、实施计划免疫预防、吃药时，应查对幼儿姓名、性别、年龄。

3. 执行医嘱前要进行"三查七对"。

三查：查姓名、查药名、查质量及药品的保质期；

七对：对医嘱、对药名、对剂量、对时间、对姓名、对性别、对年龄。

4. 清点药品时和使用药品前要检查质量、标签、有效期、批号，如不符合要求不得使用。

晨、午检制度

1. 晨、午检采用保健医生和班级教师分别检查的方式，保证检查到每一位幼儿，发现问题及时处理。把好入园关，预防传染病。

2. 保健医生在晨、午检前应先洗手，并按规定着装，做到干净、整洁。

3. 晨间入园时，保健医生及班级负责晨检人员应向家长询问幼儿在家的健康状况，并按程序对幼儿进行检查，午睡后对在园幼儿进行健康观察。

4. 对幼儿晨检的程序为"一摸二看三问四查"。

一摸：幼儿有无发热现象（可疑者测量体温）；二看：精神状态、面色、体表伤痕等，咽部、眼结膜、皮肤有无皮疹及某些传染病的早期表现；三问：饮食、睡眠、大小便情况；四查：有无携带不安全的物品，发现问题迅速处理。

5. 晨检时发现发热、皮疹等情况，告知家长将幼儿带回，在家观察或入医院就诊。晨检后，保健医生需将健康观察中发现的其他异常情况记录下来，并告知教师关注当日幼儿情况，如有异常及时联系家长。

6. 班级教师配合保健医生对幼儿进行午检，重点观察幼儿的精神状态、体温及有无皮疹等，发现问题及时采取措施。

7. 对在园幼儿的晨、午检以及全日健康观察中发现的异常情况，由检查者负责记录，班上老师登记在"班级交接班本"及"幼儿缺勤排查表"上，保健医生登记在"晨检及全日健康观察登记册"上。"交接班本"和"晨检及全日健康观察登记册"上的记录要求时间准确、语句通顺、表达清楚。

幼儿用药安全管理制度

幼儿在园用药必须经监护人委托或同意，在做好登记、妥善保管药物的基础上方可给幼儿用药，并在幼儿服药后观察幼儿的精神状况，以保证幼儿用药的绝对安全。

1. 儿童自带药品需在园内服用的，要有医院盖章处方，必须由家长详细填写儿童服药单并签名。儿童服药单及药品药袋要保留三天。

2. 儿童服药单要求家长填写清晰、完整，一种药物填写一行，如有禁忌等注意事项，要在注意事项栏填写清楚。班级老师在给幼儿喂药后，在执行人签字栏内对应上、下午的时间签字。

3. 家长要将医院处方复印件及填写好的儿童服药单亲自交给带班老师，老师在交接班时要核对幼儿的服药情况。

4. 毒、麻药品拒绝在园内服用。

5. 药品放在班级药袋内，不可随意乱放，班级药袋要放在幼儿够不到的地方，以免孩子误服。

6. 用药时必须做到"三查七对"，如发现有错服、误服、过敏等不良反应，立即上报有关部门，进行对症处理。

7.喂药教师将当天本班幼儿服药情况如实填写到儿童带药登记本上。

附：　　　　　　　　　　　儿童服药单

日期		幼儿姓名		班级		症状	
药物名称	服药剂量	服药时间	服用方法	家长签字	执行人签字		
						上午	下午
			口服/外用				
			口服/外用				
注意事项							

幼儿园食品安全制度

　　为了做好食堂安全管理，确保全园幼儿及工作人员的饮食安全和幼儿园食堂工作的正常运行，杜绝幼儿园食品安全事故的发生，特制定幼儿园食品安全制度。

　　1.食堂的工作人员必须持健康证上岗，按要求如期进行健康检查和卫生知识培训，每年进行一次体检，发现传染病要及时调离岗位。治愈后，有医院的痊愈证明后方可上岗。新参加工作的炊事人员必须在上岗前进行体检，取得健康证后方能上岗。

　　2.食堂的工作人员要注意个人卫生，操作前要坚持用肥皂洗手，操作时衣帽整洁整齐，禁止随地吐痰，不留长指甲，不戴戒指，要坚持勤洗澡、勤理发、勤换衣物，如厕、外出时要脱掉工作服，便后洗手，工作服要每周清洗。

　　3.严格执行食品的验收制度，做到专人采买，副食和肉类必须由大型超市定点送货，送货人员必须有健康证明，送货单位必须有卫生许可证，不得在其他单位随意购买。

　　4.注意食品采购、运输中的卫生清洁，做到人不离物。

　　5.不收腐烂、变质、有异味、生虫、污秽不洁的食品，不收无厂家、无出厂日期、无保质期的食品。货物不新鲜时验收人员有权退货。

　　6.严格卫生消毒制度，餐具一用一消，生熟食物的用具、容器严格分开，并有标记。

300

7. 切菜墩、刀、案板要按荤素分开，且生、熟分开使用，并有标记。

8. 冰箱冰柜必须生、熟分开，标志醒目，熟食冰箱要保持零上4℃左右，生食冰箱要保持在0~10℃之间，冰柜要保持在－5℃以下，冰箱、冰柜定期擦拭清理，保持干净，无异味。

9. 库房需主、副分开，按生产日期、入库先后顺序摆放，做到先进先出，库房内严禁存放变质、变味、过期食品。

10. 库房要做到用具、容器清洁，要有良好的通风环境，湿度、温度要低，室内无蝇、无鼠、无蟑螂及其他昆虫，库房门口要有挡鼠板。储藏粮食、干杂粮等食品要隔墙离地10厘米，分类、分架，摆列整齐，挂牌存放。

11. 操作间需做到清洁卫生，无垃圾，无积水，无污垢，墙脚、屋顶、屋脚无蜘蛛网，洗碗池无沉渣，下水道通畅无阻，抽油烟机无油垢。

12. 幼儿每餐的食品花样都要留样，不可漏掉，食品小样只由负责制作的工作人员留取、登记样品。留取样品时，要在制作完成后马上盛取，不要有长时间的等待或者移动食品，防止食品污染。

13. 每样食物留取的量不少于100克，放置冰箱存储48小时后才能弃掉留样的小盒，要有留餐的时间标记，不要浑浊。

传达室人员安全防范制度

1. 做好幼儿园的安全保卫工作，坚持24小时值班，不可随意离开岗位，如有特殊情况需要离开时，要有人替班，注意门口出入人员，做好来客登记工作。

2. 严防幼儿擅自离开幼儿园。

3. 工作时间不做与工作无关的事，时刻保持电话畅通，做好电话记录，保管好报刊。无急事不接私人电话，不在园内接待家属或朋友，不得留宿他人。

4. 按时开关幼儿园大门，每天要多次巡视幼儿园内外，发现非园内人员要进行询问，确保安全。

5. 按时巡视，重点部位密切观察，坚守岗位，不得擅离职守，并做好巡视检查记录。

6. 要熟记火警、匪警电话（火警"119"、匪警"110"），会使用灭火器。

7. 大风天气检查门窗是否关闭，雨天注意楼内有无漏雨和上下水道是否畅通。

8. 出现突发事件要反应迅速，采取必要的手段，通知领导、报警或及时阻击。

9. 完成领导交给的其他任务，如有危险时，立即报告，注意防火防盗。

寄宿班工作制度

1. 负责照顾寄宿班幼儿晚间活动、生活起居，保证幼儿的生命安全。教师必须保证儿童在自己的视野范围内，不得离开幼儿。

2. 严格执行交接班制度，注意交接人数、健康状况和特殊情况等，并认真填写交接班记录。

3. 严格执行寄宿制幼儿作息制度，根据教育原则有目的、有计划地组织幼儿的晚间活动，培养住宿幼儿的生活常规。

4. 认真贯彻保育员和教育相结合的原则，为幼儿创设良好睡眠条件，注意安全，仔细观察每个儿童的健康状况，及时发现病情，及时报告，妥善处理，并按时服药，加强个别照顾。熟知每个季节传染病的名称、症状，知道怎样预防和护理。

5. 对儿童要勤巡视、勤盖被子，要注意室内通风换气，要培养幼儿良好的睡姿，掌握儿童小便规律。（冬季叫尿要披衣服、穿鞋子，夏季及时擦汗，随时扑打蚊蝇。）

6. 在生活上细心护理幼儿，如喂水、喂药，根据天气变化增减衣服和被褥，发现幼儿尿裤子、尿床及时换洗，不得让幼儿穿尿湿的裤子、睡尿湿的被褥。

7. 认真按照值夜班人员工作常规完成月、周、日工作，搞好规定的公共卫生。

8. 幼儿每晚就寝前，认真为幼儿做好洗漱工作，春、秋、冬季为幼儿洗脸、洗屁股、洗脚，夏季每日洗澡，都由教师负责。每周三、五由各班保育员负责给幼儿换洗衣服。

寄宿班安全服务措施

1. 夜班人员要在规定的时间内（17：30～次日7：00）坚守岗位，不可擅自离开。

2. 值班期间确保幼儿安全，如出现意外事故、外伤或疾病，要立即通知保健医生，及时处理。

3. 做好安全防范工作，入睡前要检查门窗、电器、水管及各种设施，消除安全隐患。

4. 随时提高警惕，注意周围环境及陌生人的动态，如出现突发性刑事案件，要采取各种措施保护幼儿，并立即通知各有关部门。

5. 一旦有各种自然性灾害（火灾、水灾、地震等）出现，要沉着应对，带领幼儿向安全地带转移，并及时与园领导取得联系，等待救援。

寄宿班管理制度

1. 寄宿班对幼儿实行每周一至周五寄宿服务（五昼四夜），每周中间无特殊情况不允许以各种理由动员家长接幼儿离园，不得在每周五（或节日的前一天）统一要求家长中午或下午早接幼儿。

2. 寄宿班配备一名责任心强、工作细致的专职保育员。

3. 夜间设行政值班员，由行政人员及保健医生担任，履行管理职责，有事及时处理，确保幼儿夜间的安全。

4. 行政值班员负责检查夜间值班人员的各项工作，保证幼儿寄宿的生活质量。

5. 行政值班人员要注意安全巡视，杜绝隐患，防止意外发生。

6. 幼儿园的门卫夜间注意巡视，锁好各处楼门，发现问题及时处理并向领导汇报。

二、幼儿园安全工作预案

幼儿园大型活动安全保卫预案的要素

1. 指导思想

本着严格管理、抓住重点、有序安排的原则，认真做到精心组织、周密部署、确保安全。

2. 工作目标

（1）落实责任，确保参加人员的人身安全。

（2）加强检查和巡视，消除安全隐患，防止治安、交通和食物中毒等事故的发生，加强防火、反恐防暴工作。

（3）加强对重点人的控制，确保活动稳定。

3. 组织领导

成立安全保卫工作领导小组。

组长：××（园长）；成员：办公室人员，各班组长。

4. 现场情况

例1："六一"活动、家长学校、集体会议等。

会议设在音体室，可容纳300人，共有两个出入口，其中一个直接通往操场，现场一旦出现火灾等安全事故，安全保卫人员要及时疏散在场人员，维持好现场秩序，并及时拨打"119"等急救电话，防止发生伤害事故。

例2：组织幼儿游园等集体外出活动。

与旅游公司联系，选择安全、适合幼儿游玩的场所，保证外出每班配备四名教师，车上保证每人一座，不拥挤，游玩过程中照顾到每一名幼儿。给幼儿上当天的保险。办公室人员负责全天的保卫工作，一旦发生意外情况，立即与同行的旅游公司相关人员联系，采取有效措施，防止事故发生。

5. 紧急情况的处置办法

详见各类突发事件处理预案。

6. 工作要求

统一思想，提高认识，恪尽职守，服从命令，听从指挥，保卫人员要做到文明执勤，热情服务，加强请示汇报制度，确保信息通畅和活动的安全稳定。

附：各类突发事件处理预案

意外伤害事故应急处理预案

为了尽可能杜绝幼儿园意外伤害事故的发生，尽可能减少事故人员伤亡和财物损失，保护师生的生命安全，特制定意外伤害事故应急处理预案。

一、加强领导，完善组织结构

成立幼儿园意外伤害事故应急处理领导小组，成员为园长、副园长、保健医生。

二、可能引发幼儿意外伤害事故的原因

可能引发幼儿意外伤害事故的原因很多，主要原因有：体育活动中不慎碰撞、摔倒；自由活动时幼儿追逐、打闹；家长接到幼儿后滞留在幼儿园游戏、玩大型玩具；幼儿园使用的教学和生活设施、设备不符合国家和本市的安全标准；幼儿园的场地、房屋和设备等维护、管理不当；幼儿园组织教育教学活动未采取必要的安全防护措施或未进行必要的安全教育；极个别教师体罚或变相体罚幼儿等。

三、预防办法

1. 运用各种形式对幼儿进行行为规范教育、安全教育，增强幼儿的自我保护意识。

2. 加强对教师的师德教育，增强责任意识和法制意识。

3. 加强对幼儿园教育、教学和生活设施、设备以及场地、房屋和设备的安全检查，发现隐患立即整改。

4. 幼儿园按照安全工作和社会治安综合治理工作要求，分年级或者部门确定安全责任包干区，年级或者部门负责人为安全责任包干区责任人。

四、处理程序

一旦发生幼儿意外伤害事件，应按下列程序处理。

1. 事故报告人：一旦发生意外伤害事故，与事故第一接触的幼儿园所有教职员工，均为事故报告人。

2. 一旦出现意外事故要沉着、迅速地进行急救处理。事故报告人应当在发现事故的第一时间内，立即向应急处理领导小组汇报事故情况，并保护事故现场。

3. 发生一般的损伤后，事故报告人应立即送伤者到医务室进行清创、包扎等处理。医务室处理有困难时，在简单急救处理后，保健医生和当日主班教师应立即带幼儿到医院治疗。

4. 如伤势严重，应立即送往医院治疗，特殊情况时可送至相关的专科医院（如口腔医院等）治疗。

5. 幼儿园领导要召开突发事件工作小组会议，研究情况，制定有效措施，具体落实人员分工。

6. 事故处理阶段的原则和注意事项。

（1）依法调解原则:根据教育部颁发《幼儿伤害事故处理办法》的有关条款规定接待幼儿家长，注意不信口开河、随心所欲，掌握合法、合理、合情、有情操作的分寸。

（2）一次性解决原则:幼儿事故善后处理坚持一个事故一次解决的原

则，不留尾巴，不搞分段解决，如家长不同意可提醒家长依法保护自己的合法权益。

（3）认真分析事故原因，对全园职工进行安全教育，改进工作。按照规章制度及事故性质、严重性对责任人进行处理。

食物中毒应急处理预案

一、成立预防食物中毒领导小组，落实各部门职责

1. 成立由园长、后勤园长、保健人员、后勤班长、各班班长、保育班长组成的领导小组。

2. 保健医生协助医疗人员负责救护工作。

二、日常防范措施

1. 食品原材料要到信誉好的正规厂家或商家购买。除调料外，所有食品全部由食堂加工制作，不购买现成的食品。

2. 掌握好食品原材料库存量及存放时间，妥善管理，不得出现发霉变质现象；仓库内要做好灭鼠、灭蟑工作。

3. 原材料的储存要分类、分架、离墙、离地。食品的存放、加工、分发要生熟分开。

4. 已加工完的饭菜盛桶后要及时加盖、离地，做好防蝇、防尘工作。

5. 饭菜按量制作与分发，不得存放剩饭菜。

6. 饭菜实行48小时留样并做好详细记录。

7. 非食堂人员严禁进入食堂，禁止工作人员一人单独在食堂。

8. 各班教师加强对幼儿的观察，以便及时发现异常现象。

三、事故应急处理

1. 保健医生在各班巡视全园幼儿的发病情况，指导各班教师对本班幼儿进行密切观察（幼儿情绪、症状等），如确诊为食物中毒及疑似食物中毒时，做好应急处理准备。

2. 当班上发现多名幼儿出现呕吐、腹泻、腹痛等症状时，应马上通知医务室，同时立即上报园领导。

3. 在园领导的统一安排下，保健医生指导各班教师做好全园各班幼儿的健康监测工作。

4. 保健医生负责指导留取儿童呕吐物及食堂食物样本，保留好饭样及餐

具，并送往卫生防疫部门进行检验。在此期间，严禁无关人员进入食堂。

5. 积极配合上级医务部门，对出现症状的儿童进行初步治疗或转送相关定点医院。

6. 及时通知患儿家长，稳定家长情绪，做好家长的安抚工作。

7. 组织陪护队伍，具体负责陪护事宜。

9. 及时向上级主管部门及卫生防疫部门报告有关处理情况。

突发刑事案件应急处理预案

一、成立突发事件领导小组，落实各部门职责

成立由园长、后勤园长、保健人员、各班班长、保安班长组成的领导小组。

二、日常防范措施

1. 领导小组要定期检查，发现安全隐患及时处理。

2. 幼儿入园、离园时，园领导、保健医生、门卫要在大门口巡视，幼儿入园、离园后及时关闭大门，防止无关人员进入幼儿园。

3. 幼儿园大门保持上锁关闭状态，有外人进入时，必须查明身份，做好记录后方可入内。

三、事件应急处理

1. 全园人员应随时提高警惕，提高安全防范意识，每个人都应懂得应对突发刑事案件的方法及报警电话。

2. 一旦出现突发刑事案件，要反应灵敏、沉着。首先要保护幼儿，使犯罪嫌疑人远离幼儿，尽可能地创造条件将伤害降到最低程度。

3. 事发现场的教职工应设法马上报警或用呼救等方式引起周围人的注意请其帮忙报警，力求在最短的时间通知园领导及上级主管部门，并保护好现场。

4. 在现场附近的教职员工，发现发生紧急情况后，应把保护幼儿的生命安全放在首位，对犯罪嫌疑人未接触到的幼儿，应立即组织转移到安全地方，在保证幼儿生命安全的前提下，利用各种手段及时报警。

5. 保健医生对已受到伤害的幼儿进行现场救护，处理后及时转至相关医院治疗。

6. 在第一时间电话通知家长，做好家长的安抚工作。

防汛抢险预案

为切实做好安全防汛工作，深刻认识做好防汛工作的重要性和紧迫性，强化安全意识，落实安全防汛工作，确保幼儿园的生命财产安全，特制定本防汛预案。

一、完善组织体系，建立安全机制

1. 成立以园长为组长的安全防汛小组，履行防汛、抢险的组织指挥工作。

2. 组织班组长作为防汛小组成员，协助领导做好安全防汛工作。

二、强化安全意识，确保安全防汛工作落到实处

1. 安全防汛期间，对全园教职工进行经常性的防汛教育，不断增强全体人员的安全意识和防汛工作的自觉性。

2. 设立24小时值班制度，时刻注意天气变化，遇到大风暴雨的天气，园领导和防汛小组成员要及时到达现场，对园内进行检查，发现问题果断处理。

3. 加强防汛工作的管理，做到分工明确，责任到人，排除隐患。每周一由保育员及清洁人员对所负责卫生区域的排水口进行清洁，确保排水通畅。每天幼儿离园后，班上值班教师负责检查门窗、电源是否关闭，以免大雨来临时出现异常状况。

4. 大雨过后，检查操场上是否有积水出现，要及时排水，确保幼儿正常出操及户外活动的开展。

消防处理预案

一、成立防火工作领导小组，落实各部门职责

1. 成立由园长、后勤园长、消防安全员、保健人员、各班班长组成的防火领导小组。

2. 后勤人员组成灭火行动组，积极协助专业灭火人员的工作。

3. 各班教师、保育员负责疏散引导幼儿。

4. 保健人员协助医疗人员负责救护工作。

二、日常防范措施

1. 防火领导小组要定期检查，不断完善防火设施，保证绿色通道标志明显，每班配有紧急疏散图，应急灯能正常使用。

2. 对可能造成人员伤亡、发生爆炸事故、烧毁重要物资、形成大面积燃烧等影响全局的情况，应及时处理。

3. 幼儿在园活动时，活动室前后门、走廊门必须处于随时打开状态，各通道必须保持畅通。

4. 食堂操作间、加工间保持通风，排油烟机要定期清洗，不留油垢。

5. 加强对幼儿和工作人员防火安全知识的教育与培训，如：火灾时扑救固体物品，使用灭火器；扑救液体物品，使用灭火器、沙土、湿的棉被等，不可用水等。工作人员做到会使用灭火器，结合教育内容进行防火演习，使师生掌握紧急情况下的逃生技能。

三、突发事件处理方案

1. 第一个发现者应立即通过对讲机上报园办公室，同时大声呼救。

2. 园领导负责组织对火情的处理，并报警（火警"119"）。在报警电话中，要说明以下情况：起火单位、位置、着火物、火势大小、火场内有无化学物品及类型、着火部位、报警人姓名、单位及所用电话等，并派人员在醒目处等候接车。

3. 如果情况允许，现场人员应立即采取补救措施，在第一时间进行自救：首先保证幼儿的生命安全，将幼儿疏散到安全的地方，然后对火情进行处理。

（1）火势不大时，可从最近的地方取灭火器对准火苗进行喷射灭火。

（2）发生火情后应立即切断班级内相关电器设施的电源。

（3）晚上寄宿班的值班人员取出应急灯（夜班人员负责充电，随时保证电量充足）。

（4）在传达室值班的门卫人员负责打开所有通道门。

4. 立即将所有儿童按照安全通道疏散到远离火情的室外，行政人员应到小班帮忙疏散幼儿。

5. 火情严重时，班上教师在条件允许的情况下，把幼儿身上打湿，并拿湿毛巾捂上鼻子、嘴，或采取其他有效措施。

后　记

　　作为一名长期工作在学前教育一线的专业人士，我深知孩子的人身安全对于每一名老师、家长意味着什么。媒体报道的幼儿意外事故案例、身边发生的及同行间交流的大大小小的安全事故，使得园所管理者在安全问题上如履薄冰、小心翼翼。但是思想上的小心谨慎并不能就此杜绝幼儿意外事故的发生，怎样有效减少幼儿意外事故的发生，成为编写这本书的初衷。世间万事皆有规律可循，掌握规律可以帮助我们条理清晰地处理和解决问题。我园借助开展幼儿园安全教育及安全管理的课题研究，将课题成果予以归纳提升，针对目前各类幼儿园教职工队伍普遍年轻化的现状，通过归纳幼儿园各岗人员日常工作的安全常规及相关安全管理措施，创编了此书。希望能给同行提供一些安全管理工作的经验参照，从而提升幼儿园安全管理工作的水平，达到减少或避免安全事故发生的目的。

　　作为一名工作于基层的教师，我善于行而拙于笔，生活中因笔拙而常常会羡慕他人笔下的妙语连珠、神来之笔；同时又常将琐事缠身作为理由，故本书在成稿过程中写写停停，反复修改，甚至一度想放弃。幸得出版社赵勤主任、梁艳萍编辑不离不弃地耐心等候，才使得本书未中途流产，历经三年有余终成正果。回顾书写、整理书稿的过程，确实是一个痛并快乐着的成长历程，它好比是怀胎十月的生产过程，只是较之前者过程更为漫长。

在此要感谢北京市早教所的何桂香老师，在课题开展过程中给予我具体帮助和指导，并鼓励我将课题成果及时进行梳理、固化，正是由于她的鼓励才产生了写这本书的动力。

最后，希望我们的一些实践能为广大的幼教同行在安全管理方面提供实际的帮助和借鉴，提升园所安全工作的管理水平，使幼儿健康幸福地成长。

图书在版编目（CIP）数据

幼儿园安全管理实用手册 / 苏晖主编. —北京：
中国农业出版社，2016.3（2024.8重印）
ISBN 978-7-109-21427-9

Ⅰ．①幼…　Ⅱ．①苏…　Ⅲ．①幼儿园 - 安全管理 - 手
册　Ⅳ.①G617-62

中国版本图书馆CIP数据核字（2016）第020966号

中国农业出版社出版
（北京市朝阳区麦子店街18号楼）
（邮政编码 100125）
责任编辑　张　志　梁艳萍
————————————
三河市国英印务有限公司印刷　新华书店北京发行所发行
2016年4月第1版　2024年8月河北第6次印刷
————————————
开本：700mm×1000mm　1/16　印张：20.75
字数：498千字
定价：58.00元
（凡本版图书出现印刷、装订错误，请向出版社发行部调换）